Insurance
fund
application

高 慧 / 编著

保险资金运用

法律合规与风险控制

中国法制出版社
CHINA LEGAL PUBLISHING HOUSE

序 言

证券公司在实体产业借助资本市场转型升级中扮演“证券投行”的角色，信托公司则扮演“实业投行”的角色，而银行和保险公司则扮演“投行的投行”的角色。

保险投资作为“投行的投行”，为中国实体产业转型升级和规模化、全球化战略提供了重要的金融支持。

保险公司的一端是保险负债，也就是我们日常所见的保单，另一端是保险投资，是我们不常见的专业化资产配置。保险金融机构作为专业从事保险资金资产配置和资产管理的金融机构，始终以保障保险资金安全作为底线原则。因此，保险投资的合规审核和风险控制是确保保险资金运用安全的最后一道屏障。

作为保险金融机构专门从事保险资金投资的专业人士，不仅要熟悉险资配置的基本法律法规，洞悉国家产业政策，洞悉实体经济转型升级带来的不确定性，洞悉实体经济的金融杠杆风险，还要具备可以深度尽职调查、深度分析产业业态以及判断产业抵抗风险的能力，更为重要的是要洞悉国家金融委员会关于金融监管的最新政策，熟悉保险资金运用的法律、法规，始终将合规和风险控制作为保险投资职业生涯的法律底线。

本书作为一本专门针对保险金融机构开展保险投资的书籍，并没有去深入讨论保险资金运用法律法规的深层次问题。本书的主要贡献是系统地梳理了保险资金运用监管法律、法规、案例，并结合实践经验予以总结，希望通过我们的努力推动保险投资的合规、规范运作。

在本书付梓之际，要特别感谢我的团队在本书形成过程中给予的支持，更要感谢中国法制出版社的刘晓霞老师、王彤老师，他们对本书的结构和内容都提出了很多宝贵的意见。

高 慧

二零一九年六月于上海

目 录
CONTENTS

第一章

保险资金投资
——综合业务法律合规与风险控制

第一节　保险资金与金融机构

保险公司、保险资产管理公司是国家特许开展保险资金投资运用的金融机构，保险金融机构的经营属性决定了保险资金投资运用需符合国家金融监管的基本要求，从事保险资金投资运用的专业投资人需熟悉国家金融监管法律法规，熟悉金融机构及其管理的金融产品，具备资产负债管理能力、大类资产配置能力、投资管理能力和风险管理能力，从而使保险资金投资运用的合规与风险控制规范化。

一、保险资金

保险资金是指保险集团（控股）公司、保险公司以本外币计价的资本金、公积金、未分配利润、各项准备金以及其他资金。

因此，除了资本金、公积金、未分配利润外，保险资金还包括以下准备金和其他资金。

（一）各项准备金，主要指未到期责任准备金和未决赔款准备金

1. 未到期责任准备金，是指保险公司为尚未发生保险事故的保单责任提取的责任准备金。

2. 未决赔款准备金，是指保险公司为已经发生但尚未结案的保险事故提取的准备金，包括已发生已报案未决赔款准备金和已发生未报案未决赔款准备金。

（二）其他资金，包括应付赔付款、应付保户红利、保户储金、应付分保款项等

1. 应付赔付款，是指保险公司已经结案但尚未支付的各种赔款和给付款项，包括已发生保险事故并已结案、已到支付期、保单已经满期或者已经办理退保手续尚未支付给保单持有人的赔款、保险金或退保金等。对于财产保险、健康保险和意外伤害保险业务，主要指已经结案但尚未支付的赔款和死伤医疗给付等。对于人寿保险业务，主要指已到保险合同规定的支付期尚未支付的保险金和养老金、应当给付的效力终止保单的现金价值以及已办退保手续但尚未支付给保单持有人的退保金等。

2. 应付保户红利，是指保险公司已经预计但尚未支付给分红保险保单持有人的红利。

3. 保户储金，是指财产保险公司向投保人收取的、在保险合同到期时必须返还的资金及相应的投资回报。

4. 应付分保款项，是指保险公司由于分保业务而形成的各种应付、预收等结算款项，包括分出业务产生的应付分出保费、预收分保摊回赔款、存入分保保证金及利息等，以及分入业务产生的应付手续费、应付分保赔款、应付分保税金及附加等。

二、保险资金投资范围

《保险法》（2018 修正）对保险资金运用形式进行了明确规定，保险资金运用形式限于：（1）银行存款；（2）买卖债券、股票、证券投资基金份额等有价证券；（3）投资不动产；（4）国务院规定的其他资金运用形式。

根据《国务院关于加快发展现代保险服务业的若干意见》（国发〔2014〕29号），国务院关于保险资金运用形式的规定包括债权，债权投资计划，股权投资

计划，资产支持计划，夹层基金、并购基金、不动产基金等私募基金，创业投资基金，资产证券化产品，另类投资等。

保险公司资金运用的具体管理办法，由国务院保险监督管理机构依照上述规定制定。

三、金融机构及业务构成

金融机构发行或管理的金融产品是保险公司重要的投资标的。根据国家金融监管特许经营的有关规定，金融机构是指接受中国人民银行、中国银保监会①、中国证监会②分类监管，并持有金融牌照的营利性法人或者合伙企业。

依据《中国人民银行关于印发〈金融机构编码规范〉的通知》（银发〔2009〕363 号），国家特许金融机构为 28 类，加上中国证监会《证券期货投资者适当性管理办法》（中国证券监督管理委员会令第 130 号），经有关金融监管部门批准设立的金融机构，包括证券公司、期货公司、基金管理公司及其子公司、商业银行、保险公司、信托公司、财务公司、商业银行理财子公司、金融资产管理公司等；经行业协会备案或者登记的证券公司子公司、期货公司子公司、私募基金管理人，合计为 34 类，详见附表一。

附表一：34 类金融机构及业务构成

序号	金融机构	业务领域
1	银行	依法设立的吸收公众存款、发放贷款、办理结算等业务的企业法人。
2	城市信用合作社	依照有关规定在城市市区内由城市居民、个体工商户和中小企业法人出资设立的，主要为社员提供服务，具有独立企业法人资格的合作金融组织。

① 2018 年 3 月，中国银行业监督管理委员会（简称中国银监会）和中国保险业监督管理委员会（简称中国保监会）合并为中国银行保险监督管理委员会，以下简称中国银保监会。

② 中国证券监督管理委员会，以下简称中国证监会。

续表

序号	金融机构	业务领域
3	农村信用合作社	经相关国家部门批准设立，由社员入股组成、实行社员民主管理、主要为社员提供金融服务的农村合作金融机构。
4	农村合作银行	由辖内农民、农村工商户、企业法人和其他经济组织入股组成的股份合作制社区性地方金融机构。
5	农村商业银行	由辖内农民、农村工商户、企业法人和其他经济组织共同发起成立的股份制地方性金融机构。
6	村镇银行	经中国银行业监督管理委员会依据有关法律、法规批准，由境内外金融机构、境内非金融机构企业法人、境内自然人出资，在农村地区设立的主要为当地农民、农业和农村经济发展提供金融服务的金融机构。
7	农村资金互助社	经中国银行业监督管理机构批准，由乡（镇）、行政村农民和农村小企业自愿入股组成，为社员提供存款、贷款、结算等业务的社区互助性金融机构。
8	财务公司	以加强企业集团资金集中管理和提高企业集团资金使用效率为目的，为企业集团成员单位提供财务管理服务的金融机构。
9	信托公司	依照《公司法》和《信托公司管理办法》设立的主要经营信托业务的金融机构。
10	金融资产管理公司	经国务院决定设立的，收购、管理和处置金融机构、公司及其他企业（集团）不良资产，兼营金融租赁、投资银行等业务的金融机构。
11	金融租赁公司	经中国银行业监督管理委员会批准，以经营融资租赁业务为主的金融机构。
12	汽车金融公司	经中国银行业监督管理委员会批准设立的，为中国境内的汽车购买者及销售者提供金融服务的金融机构。
13	贷款公司	经中国银行业监督管理委员会依据有关法律、法规批准，由境内商业银行或农村合作银行在农村地区设立的专门为县域农民、农业和农村经济发展提供贷款服务的金融机构。
14	货币经纪公司	经中国银行业监督管理委员会批准在中国境内设立的，通过电子技术或其他手段，专门从事促进金融机构间资金融通和外汇交易等经纪服务，并从中收取佣金的金融机构。
15	证券公司	依照《公司法》规定设立的并经国务院证券监督管理机构审查批准而成立的专门经营证券业务，具有独立法人地位的金融机构。

续表

序号	金融机构	业务领域
16	证券投资基金管理公司	经中国证券监督管理委员会批准，在中华人民共和国境内设立，从事证券投资基金管理业务的企业法人。
17	期货公司	依照《公司法》和《期货交易管理条例》规定设立的经营期货业务的金融机构。
18	投资咨询公司	经中国证券监督管理委员会批准设立，为证券、期货投资人或者客户提供证券、期货投资分析、预测或者建议等直接或者间接有偿咨询服务的金融机构。
19	财产保险公司	经中国保险监督管理委员会批准设立，依法登记注册，从事经营财产损失保险、责任保险、信用保险、短期健康保险和意外伤害保险等财产保险业务的保险公司。
20	人身保险公司	经中国保险监督管理委员会批准设立，依法登记注册，从事意外伤害保险、健康保险、人寿保险等人身保险业务的保险公司。
21	再保险公司	经中国保险监督管理机构批准设立，并依法登记注册的，专门从事再保险业务、不直接向投保人签发保单的保险公司。
22	保险资产管理公司	经中国保险监督管理委员会会同有关部门批准，依法登记注册、受托管理保险资金的金融机构。
23	保险经纪公司	经中国保险监督管理委员会批准设立，基于投保人的利益，为投保人与保险人订立保险合同提供中介服务，并依法收取佣金的金融机构。
24	保险代理公司	经中国保险监督管理委员会批准设立，根据保险公司的委托，向保险公司收取代理佣金，并在保险公司授权的范围内代为办理保险业务的金融机构。
25	保险公估公司	经中国保险监督管理委员会批准设立的，接受保险当事人委托，专门从事保险标的的评估勘验、鉴定、估损、理算等业务的单位。
26	金融控股公司	依据《公司法》设立，拥有或控制一个或多个金融性公司，并且这些金融性公司净资产占全部控股公司合并净资产的50%以上，所属的受监管实体应是至少明显地在从事两种以上的银行、证券和保险业务独立企业法人。
27	小额贷款公司	由自然人、企业法人或其他社会组织依法设立，不吸收公众存款，经营小额贷款业务的有限责任公司或股份有限公司。

续表

序号	金融机构	业务领域
28	消费金融公司	经中国银行业监督管理委员会批准，在中华人民共和国境内设立的，不吸收公众存款，以小额、分散为原则，为中国境内居民个人提供以消费为目的的贷款的非银行金融机构。
29	证券公司子公司	证券公司子公司是指依照《公司法》和《证券法》设立，由一家证券公司控股，经营经中国证券监督管理委员会批准的单项或者多项证券业务的证券公司。
30	期货公司子公司	期货公司子公司（风险管理公司），是指由一家期货公司控股50%以上的子公司，根据《公司法》设立的以开展风险管理服务为主要业务的有限责任公司或股份有限公司。
31	基金管理子公司	基金管理子公司是指经中国证券监督管理委员会批准，基金管理公司在境内全资设立或者与其他股东共同出资设立的公司法人。
32	私募基金管理人	中国证券投资基金业协会按照《私募投资基金管理人登记和基金备案办法（试行）》规定办理私募基金管理人登记及私募基金备案，对私募基金业务活动进行自律管理。
33	商业银行理财子公司	商业银行经国务院银行业监督管理机构批准，在中华人民共和国境内设立的主要从事理财业务的非银行金融机构。
34	金融资产投资公司	金融资产投资公司是指经国务院银行业监督管理机构批准，在中华人民共和国境内设立的，主要从事银行债权转股权及配套支持业务的非银行金融机构。

第二节 资产配置合规与风险控制

保险公司资产配置，如果以房地产投资作比较，决定房地产投资价值的原则第一是地段，第二是地段，第三还是地段；那么决定保险投资资产配置的原则第一是安全，第二是安全，第三还是安全。因此，做好保险资金运用的资产配置最关键是把控好保险资产配置中的合规和风险控制。

保险公司资产配置首先考虑安全性，其次才是收益性和流动性。因此，从安全性的角度看，银行存款的配置最高，其次是相对安全的债券，再其次是另类投资，最后是股票和证券投资。但是，随着银行存款收益的降低和债券违约风险的加大，保险投资创新业务的比重越来越高，因此，另类投资将会成为保险投资的一个重要的资产配置领域。

一、流动性资产、固定收益类资产、权益类资产、不动产类资产和其他金融资产

《保险资产风险五级分类指引》（保监发〔2014〕82 号）和《中国保监会关于加强和改进保险资金运用比例监管的通知》（保监发〔2014〕13 号）从投前监管比例和投后风险管理的监管要求对保险投资资产进行了分类，将保险投资的

资产划分为流动性资产、固定收益类资产、权益类资产、不动产类资产和其他金融资产五大类。

（一）流动性资产

流动性资产是指库存现金和可以随时用于支付的存款，以及期限短、流动性强、易于转换为确定金额现金，且价值变动风险较小的资产。

境内品种主要包括现金、货币市场基金、银行活期存款、银行通知存款、货币市场类保险资产管理产品和剩余期限不超过1年的政府债券、准政府债券、逆回购协议，境外品种主要包括银行活期存款、货币市场基金、隔夜拆出和剩余期限不超过1年的商业票据、银行票据、大额可转让存单、逆回购协议、短期政府债券、政府支持性债券、国际金融组织债券、公司债券、可转换债券，以及其他经中国银保监会认定属于此类的工具或产品。

（二）固定收益类资产

固定收益类资产是指具有明确存续到期时间、按照预定的利率和形式偿付利息和本金等特征的资产，以及主要价值依赖于上述资产价值变动的资产。

境内品种主要包括银行定期存款、银行协议存款、债券型基金、固定收益类保险资产管理产品、金融企业（公司）债券、非金融企业（公司）债券和剩余期限在1年以上的政府债券、准政府债券，境外品种主要包括银行定期存款、具有银行保本承诺的结构性存款、固定收益类证券投资基金和剩余期限在1年以上的政府债券、政府支持性债券、国际金融组织债券、公司债券、可转换债券，以及其他经中国银保监会认定属于此类的工具或产品。

根据《保险资产风险五级分类指引》（保监发〔2014〕82号）的规定，固定收益类资产主要形式包括：基础设施债权投资计划、不动产债权投资计划、持有到期的企业（公司）债券，以及具有固定收益资产特征的项目资产支持计划、信贷资产支持证券、证券公司专项资产管理计划、商业银行理财产品、集合资金信托计划、保险资产管理产品等。

具有固定收益特征的信贷资产支持证券、证券公司专项资产管理计划、商业银行理财产品、集合资金信托计划、保险资产管理产品等金融产品的分类，应主要考虑发行主体及偿债主体的声誉、信用评级、内部风险控制体系，以及产品交易结构、产品增信措施等因素，同时采用穿透法，考虑标的基础资产的质量和风险状况。

其中，信用状况包括声誉、信用评级、征信记录、偿还记录、偿还意愿等；偿还能力包括财务状况、盈利能力、影响偿还的非财务因素等。

（三）权益类资产

权益类资产包括上市权益类资产和未上市权益类资产。

上市权益类资产是指在证券交易所或符合国家法律法规规定的金融资产交易场所（统称交易所）公开上市交易的、代表企业股权或者其他剩余收益权的权属证明，以及主要价值依赖于上述资产价值变动的资产。

未上市权益类资产是指依法设立和注册登记，且未在交易所公开上市的企业股权或者其他剩余收益权，以及主要价值依赖于上述资产价值变动的资产。

境内上市权益类资产品种主要包括股票、股票型基金、混合型基金、权益类保险资产管理产品，境外上市权益类资产品种主要包括普通股、优先股、全球存托凭证、美国存托凭证和权益类证券投资基金，以及其他经中国银保监会认定属于此类的工具或产品。

根据《保险资产风险五级分类指引》（保监发〔2014〕82 号）的规定，权益类资产主要是指股权金融产品。股权金融产品是指保险机构投资的由股权投资管理机构发起设立的股权投资类金融产品，包括未上市股权投资基金、基础设施股权投资计划、不动产股权投资计划、权益类集合资金信托计划、权益类项目资产支持计划及权益类保险资产管理产品等。

股权金融产品的分类，主要采用穿透法，重点对股权所指向企业的质量和风险状况进行评估，同时考虑股权投资管理机构的资信状况、投资管理能力、风险控制措施、投资权益保护机制、股权退出机制安排等因素，合理确定该类产品的风险分类。

保险资金投资股权的风险分类，对于可以获得被投资企业股权公允市场价格的，按投资成本与公允市场价格孰低法进行分类。公允市场价格的确定原则为：如存在活跃市场的，其市价即为公允市场价格；如不存在活跃市场，但类似股权存在活跃市场的，该股权的公允市场价格应比照相关类似股权的市价确定。类似股权建议选择上市公司，参考标准为：公司所属行业、总资产、净资产、每股收益、净资产收益率等方面的指标基本相同。

对于无法获得被投资企业股权公允市场价格的，应综合考虑被投资企业的经营状况、财务状况、盈利能力、净资产等因素，以及股权的退出机制安排，整体评价其风险状况和预计损失程度。

（四）不动产类资产

不动产类资产指购买或投资的土地、建筑物及其他依附于土地上的定着物等，以及主要价值依赖于上述资产价值变动的资产。

境内品种主要包括不动产、基础设施投资计划、不动产投资计划、不动产类保险资产管理产品及其他不动产相关金融产品等，境外品种主要包括商业不动产、办公不动产和房地产信托投资基金（REITs），以及其他经中国银保监会认定属于此类的工具或产品。

根据《保险资产风险五级分类指引》（保监发〔2014〕82 号）的规定，不动产类资产风险监管需按照以下方式进行分类：

1. 需要进行风险分类的资产为以成本法计量的非自用性不动产，其主要形式包括：商业不动产、办公不动产、符合条件的政府土地储备项目，与保险业务相关的养老、医疗、汽车服务等符合中国银保监会规定的投资不动产类别。

2. 非自用性不动产的分类主要考虑不动产的公允评估价值。

公允评估价值的确定原则为：如存在活跃市场的，则其市场价值即为其公允评估价值；如不存在活跃市场，但类似资产存在活跃市场的，该不动产的公允评估价值应比照相关类似资产的市场价值确定；如本身不存在活跃市场，也不存在类似的资产活跃市场，则公允评估价值采用近一年内全国性资产评估公司做出的评估价值。

（五）其他金融资产

其他金融资产是指风险收益特征、流动性状况等与上述各资产类别存在明显差异，且没有归入上述大类的其他可投资资产。

境内品种主要包括商业银行理财产品、银行业金融机构信贷资产支持证券、信托公司集合资金信托计划、证券公司专项资产管理计划、保险资产管理公司项目资产支持计划、其他保险资产管理产品，境外品种主要包括不具有银行保本承诺的结构性存款，以及其他经中国银保监会认定属于此类的工具或产品。

二、银行间市场及证券交易所交易的资产、非标资产、另类资产和永续债

根据保险投资资产是否可在公开交易平台交易的属性，行业内又可将保险投资资产划分为银行间市场及证券交易所交易的资产、非标资产、另类投资和永续债等。

（一）银行间市场及证券交易所交易的资产

银行间市场是由银行间债券市场、同业拆借市场、外汇市场、票据市场和黄金市场构成，证券交易所市场主要是指上海证券交易所和深圳证券交易所。

1. 在银行间市场交易的资产主要分类如下[①]：

① 参见中国银行间市场交易商协会，网址：http：//www.nafmii.org.cn/，最后访问时间：2018年9月1日。

债券种类		发行主体	发行主管部门	分类	发行、交易与托管	常见品种
政府债券	国债	中央政府（信用等级最高）	财政部	1. 记账式国债 2. 储蓄式国债	1. 记账式：中央结算公司招标发行，在银行间债权市场、交易所债券市场交易，在中央结算公司总托管； 2. 储蓄式：通过商业银行柜台面向个人投资者发行，分为凭证式和电子式，电子式储蓄国债在中央结算公司总托管。	1. 记账国债：贴现国债有 91 天、182 天、273 天 3 个品种。 2. 附息国债有 1 年、3 年、5 年、7 年、10 年、15 年、20 年、30 年、50 年期等品种。
	地方政府债券	地方政府	财政厅	1. 一般债券 2. 专向债券	通过中央结算公司招标或定向承销发行，在银行间债券市场、交易所债券市场交易，在中央结算公司总托管。	1. 一般债券：1 年、3 年、5 年、7 年、10 年 5 个品种。 2. 专向债券：1 年、2 年、3 年、5 年、7 年、10 年 6 个品种。
中央银行票据		中国人民银行。目的是为了调节货币供应量面向商业银行（一级交易商）发行的债务凭证	—	—	通过央行公开市场操作系统发行，在银行间债券市场交易，在中央结算公司托管。	期限一般不超过 1 年，但也有长至 3 年的品种。
政府支持机构债券	铁道债券	中国铁路总公司	发改委	—	通过中央结算公司发行，在银行间债券市场交易，在中央结算公司托管。	—
	中央汇金债券	中央汇金投资有限责任公司	中国人民银行	—		—

续表

债券种类		发行主体	发行主管部门	分类	发行、交易与托管	常见品种
金融债券	政策性金融债券	开发性金融机构（国家开发银行）和政策性银行（中国进出口银行、中国农业发展银行）	—	—	通过中央结算公司发行，在银行间债券市场交易，在中央结算公司托管。	—
	商业银行债券	境内设立的商业银行法人	—	—		一般金融债券、小微企业贷款专项债、次级债券、二级资本工具等品种。
	非银行金融债券	境内设立的非银行金融机构法人（包括财务公司、金融租赁公司等银行业金融机构、证券公司、保险机构）	—	—		—
企业信用债券	企业债券	企业	经发改委核准	—	通过中央结算公司发行系统面向银行间债券市场和交易所市场统一发行，在银行间及交易所债券市场交易，在中央结算公司总登记托管。	1. 企业债券。发行主体为企业。经发改委核准，企业债券通过中央结算公司发行系统面向银行间债券市场和交易所市场统一发行，在银行间及交易所债券市场交易，在中央结算公司总登记托管。 2. 中小企业集合债券。是企业债券的一种，由牵头人组织，发债主体为多个中小企业所构成的集合。发行企业各自确定发行额度分别

续表

债券种类		发行主体	发行主管部门	分类	发行、交易与托管	常见品种
						负债，使用统一的债券名称，统收统付。期限一般为3-5年。 3. 项目收益债券。发行主体为项目实施主体或其实际控制人，债券募集资金用于特定项目的投资与建设，本息偿还资金完全或主要来源于项目建成后的运营收益。 4. 可续期债券。是企业债券的一种，发行主体为非金融企业，在银行间债券市场发行。无固定期限，嵌入发行人续期选择权，内含发行人赎回权，具有混合资本属性。
	非金融企业债务融资工具	具有法人资格的非金融企业	—	—	在交易商协会注册发行，面向银行间债券市场发行，在银行间债券市场交易，在上清所登记托管（2010年前在中央结算公司托管）。	1. 短期融资券（CP），期限在1年以内。 2. 超短期融资券(SCP)，期限为270天以内。 3. 中期票据期（MTN），期限在1年以上，其中永续中期票据是中期票据的一种，无固定期限，内含发行人赎回权。 4. 中小企业集合票据（SMECN），发行主体为2-10个具有法人资格的中小非金融企业，以统一产品设计、统一券种冠名、统一信用增进、统一发行注册方式共同发行。 5. 非公开定向债务融资

续表

债券种类	发行主体	发行主管部门	分类	发行、交易与托管	常见品种
					工具（PPN），采用非公开发行，面向银行间债券市场特定机构投资人发行，只在特定机构投资人范围内流通转让。 6. 资产支持票据（ABN），由企业基础资产产生的现金流作为还款支持。 7. 项目收益票据（PRN），发行主体为非金融企业，在银行间债券市场发行，募集资金用于项目建设且以项目产生的经营性现金流为主要偿债来源。 8. 债务融资工具（DFI），是指具有法人资格的非金融企业在银行间债券市场发行的，约定在一定期限内还本付息的有价证券。 9. 绿色债务融资工具（GN），绿色债券是指，募集资金主要用于支持节能减排技术改造、绿色城镇化、能源清洁高效利用、新能源开发利用、循环经济发展、水资源节约和非常规水资源开发利用、污染防治、生态农林业、节能环保产业、低碳产业、生态文明先行示范实验、低碳试点示范等绿色循环低碳发展项目的企业债券。

续表

债券种类		发行主体	发行主管部门	分类	发行、交易与托管	常见品种
	公司债券	上市公司或非上市公众公司	经证监会核准	—	在交易所债券市场公开或非公开发行，在证券交易所上市交易或在全国中小企业股份转让系统转让，在中国证券登记结算有限公司（简称中证登）登记托管。	—
	可转换公司债券	境内的上市公司	—	—	在交易所债券市场发行、交易，在中证登登记托管。	1. 可转换债券，在一定期间内（不得早于自发行之日起6个月）依据约定条件可以转换成股份，期限为3－5年。 2. 可分离债券，是认股权和债券分离交易的可转换公司债券，期限最短为1年。
资产支持证券	信贷资产支持证券	特定目的信托受托机构（信托公司），代表特定目的信托的信托受益权份额，受托机构以信托财产为限向投资机构支付资产支持证券收益。	—	—	主要在银行间债券市场发行和交易，也可跨市场发行和交易，在中央结算公司登记托管。	—
	企业资产支持证券	券商，以券商集合理财计划形式出现，基础资产为信贷资产以外的其他资产、收费权等。	—	—	在交易所市场发行和交易，在中证登登记托管。	—

续表

债券种类	发行主体	发行主管部门	分类	发行、交易与托管	常见品种
熊猫债券	国际开发机构和境外银行。境外机构在中国境内发行的人民币债券。	—	—	熊猫债券在银行间债券市场发行、交易，一部分在中央结算公司登记托管，另一部分在上海清算所登记托管。	—
同业存单	存款类金融机构法人。	—	—	采用电子化方式通过外汇交易中心公开或定向发行，投资和交易主体为同业拆借市场成员、基金管理公司及基金类产品，在上清所登记托管。	固定利率存单期限包括1个月、3个月、6个月、9个月和1年；浮动利率存单期限包括1年、2年和3年。

2. 在证券交易所交易的资产主要分类如下：

证券产品	分类、特点
股票	**A股**，即人民币普通股，是由我国境内公司发行，供境内机构、组织或个人（不含台、港、澳投资者）以人民币认购和交易的普通股股票。 **B股**，即人民币特种股票，是以人民币标明流通面值，以外币认购和交易的特种股股票。 **优先股**，是指依照公司法，在一般规定的普通种类股份之外，另行规定的其他种类股份，其股份持有人优先于普通股股东分配公司利润和剩余财产，但参与公司决策管理等权利受到限制。优先股股东按照约定的票面股息率，优先于普通股股东分配公司利润。公司因解散、破产等原因进行清算时，公司财产在按照公司法等有关规定进行清偿后的剩余财产，应当优先向优先股股东支付未派发的股息和公司章程约定的清算金额，不足以支付的按照优先股股东持股比例分配。优先股股东的表决权受到限制。除特殊情况外，优先股股东不出席股东大会会议，所持股份没有表决权。但是公司累计3个会计年度或连续2个会计年度未按约定支付优先股股息的，优先股股东有权出席股东大会，每股优先股股份享有公司章程规定的表决权。

续表

证券产品		分类、特点
基金	交易型开放式指数证券投资基金	“交易型开放式指数证券投资基金”（Exchange Traded Fund，以下简称 ETF），简称“交易型开放式指数基金”，又称“交易所交易基金”。 ETF 是一种跟踪“标的指数”变化，且在证券交易所上市交易的基金。投资人可以如买卖股票那么简单地去买卖“标的指数”的 ETF，可以获得与该指数基本相同的报酬率。 ETF 是一种特殊的开放式基金，既吸收了封闭式基金可以当日实时交易的优点，投资者可以像买卖封闭式基金或者股票一样，在二级市场买卖 ETF 份额；同时，ETF 也具备了开放式基金可自由申购赎回的优点，投资者可以如买卖开放式基金一样，向基金管理公司申购或赎回 ETF 份额。 ETF 通常由基金管理公司管理，基金资产为一篮子股票组合，组合中的股票种类与某一特定指数（如上证 50 指数）包含的成分股票相同，股票数量比例与该指数的成分股构成比例一致。例如，上证 50 指数包含中国银行、中国石化等 50 只股票，上证 50 指数 ETF 的投资组合也应该包含中国银行、中国石化等 50 只股票，且投资比例同指数样本中各只股票的权重对应一致。换句话说，指数不变，ETF 的股票组合不变；指数调整，ETF 投资组合要作相应调整。
	实时申赎货币基金	实时申赎货币基金是指货币基金通过交易所场内系统进行实时申购和赎回业务。场内货币基金实时申购业务是指投资者在上交所规定的交易时间提交符合规范的货币基金申购申报，上交所系统实时确认申购申报是否有效，确认有效申购的基金份额当日享受基金收益，下一交易日可赎回；实时赎回业务是指投资者在交易时间提交符合规范的赎回申报，上交所实时确认赎回申报是否有效，确认有效赎回的基金份额对应的资金款项当日可用，下一交易日可提取。
	交易型货币市场基金	交易型货币市场基金，是指符合本所上市条件并在本所交易系统以竞价方式进行交易，以基金净值申购或者赎回的货币市场基金，基金份额总额不固定且永久存续。
	上市开放式基金	上市开放式基金（以下简称 LOF 基金），是指可在上海证券交易所认购、申购、赎回及交易的开放式证券投资基金。投资者既可通过上海证券交易所场内证券经营机构认购、申购、赎回及交易上市开放式基金份额，也可通过场外基金销售机构认购、申购和赎回上市开放式基金份额。 LOF 基金的主要特点如下： （1）上市开放式基金本质上仍是开放式基金，基金份额总额不固定，基金份额可以在基金合同约定的时间和场所申购、赎回。 （2）上市开放式基金发售结合了银行等代销机构与上交所交易网络二者的销售优势。 （3）上市开放式基金获准在上交所上市交易后，投资者既可以选择在银行等代销机构按当日收市的基金份额净值申购、赎回基金份额，也可以选择在上交所各会员证券营业部按撮合成交价买卖基金份额。

续表

证券产品		分类、特点
基金	分级LOF基金	分级基金是指通过事先约定基金的风险收益分配，将母基金份额分为预期风险收益不同的子份额，并可将其中部分或全部类别份额上市交易的结构化证券投资基金。上证分级基金的母份额为LOF基金（可由基金管理人选择是否上市交易），可通过上海证券交易所场内证券经营机构申购、赎回，可实时分拆为子份额；子份额在上交所场内上市交易，可实时合并为母份额，但子份额不可单独申购、赎回。 分级基金份额结构说明如下（以融资性分级为例）： 份额结构：分级基金包括母基金份额、A份额和B份额，其中A份额和B份额的基金份额配比始终保持约定的比率不变。 收益约定：A份额获得按照基金合同约定的年收益率，基金收益首先分配给A份额，剩余的收益归B份额。
债券	国债	国债是国家为筹集财政资金，以其信用为基础，通过向社会筹集资金所形成的债权债务关系。目前，我国国债主要有记账式国债和储蓄国债两种。记账式国债可以上市和流通转让，储蓄国债不可以上市流通。托管在交易所市场的均为记账式国债。记账式国债又分为附息国债和贴现国债两类。附息国债定期支付利息、到期还本付息、期限为1年以上（含1年）。贴现国债以低于面值的价格贴现发行、到期按面值还本、期限为1年以下（不含1年）。
	地方债	地方债是指地方政府、地方公共机构发行的债券。一般用于交通、通讯、住宅、教育、医院和污水处理系统等的建设，以当地政府的税收能力和其他收入作为还本付息的担保。2015年3月，财政部印发《地方政府一般债券发行管理暂行办法》和《2015年地方政府专项债券预算管理办法》，办法规定一般债券由地方政府按照市场化原则自发自还，采用记账式固定利率附息形式；专项债券收入、安排的支持、还本付息、发行费用纳入政府性基金预算管理。
	政策性银行金融债	政策性银行金融债是由我国政策性银行（国家开发银行、中国农业发展银行和中国进出口银行）为筹集信贷资金，经国务院批准向银行金融机构及其他机构发行的金融债券。按性质分为浮动利率债券、固定利率债券、投资人选择权债券、发行人选择权债券以及增发债券等。2013年国开行获准并成功在上交所试点发行政策性银行金融债，首批发行额度300亿元。
	公司债	公司债券是指公司依照法定程序发行、约定在一定期限内还本付息的有价证券。公司债以公司制法人作为发行主体，按照法定程序发行，期限在1年期以上，到期还本付息的有价证券。2015年1月15日，证监会发布《公司债券发行与交易管理办法》，规定公司债发行按照大公募债、小公募债和私募债进行分类审核。

续表

证券产品		分类、特点
	企业债	根据《企业债券管理条例》的规定，企业债券是指企业依照法定程序发行、约定在一定期限内还本付息的有价证券。企业债由国家发展和改革委员会作为主管机关，负责发行核准工作。企业债可在银行间市场和交易所市场发行交易，是目前我国唯一的可以跨市场上市交易的信用债品种。
	可转换公司债券	可转换公司债券是指在一定时间内可以按照既定的转股价格转换为指定股票的债券。转股权是转债持有者的权利，而非义务，投资者可以选择转股也可以选择继续持有转债。可转债可以看作“债券＋股票期权”的组合。除了转股权外，可转债还包含了发行人向下修正条款、赎回条款、回售条款等。
	可交换债券	可交换债券是指上市公司的股东依法发行、在一定期限内依据约定的条件可以交换成该股东所持有的上市公司股份的债券品种。可交换债的持有人有权按一定条件将债券交换为标的公司的股票，在此之前可定期获得如纯债一样的票息，若持有到期未行权可获得到期本息偿付。除了换股条款外，常见于可转债的赎回条款、回售条款以及向下修正转（换）股价条款也常出现在可交换债上。
	可分离债券	可分离债券，是上市公司公开发行的认股权和债券分离交易的可转换公司债券，是公司债券加上认股权证的组合产品。分离交易可转债由可转债和股票权证两大部分组成，将传统可转换公司债券的转股权利剥离出来，以认股权证的形式送给债券购买者，该认股权证可以独立于债券本身进行转让交易。
	资产支持证券（ABS）	资产支持证券，是指企业或其他融资主体将合法享有的、缺乏流动性但具有可预测的稳定现金流的资产或资产组合（基础资产）出售给特定的机构或载体（SPV），SPV 以该基础资产产生的现金流为支持发行证券，以获得融资并最大化提高资产流动性的一种结构性融资手段。基础资产类型包括：企业应收款、租赁债权、信贷资产、信托受益权等财产权利，基础设施、商业物业等不动产财产或不动产收益权，以及中国证监会认可的其他财产或财产权利。
		2014 年 11 月，证监会发布《证券公司及基金管理公司子公司资产证券化业务管理规定》及配套规则，改事前行政审批为事后备案，实施负面清单管理制度。
	债券基金	债券基金是指专门投资于债券的基金，它通过集中众多投资者的资金，对债券进行组合投资管理，寻求较为稳定的收益，根据中国证监会对于基金类别的分类标准，基金资产 80% 以上投资于债券的基金为债券基金。债券基金也可以有一小部分资金投资于股票市场，投资于可转债和打新股也是债券基金获得收益的重要渠道。
	债券回购交易	债券回购交易是指债券持有人将债券进行质押融资，交易双方约定在回购期满后返还资金和解除质押的交易。资金融入方为正回购方，资金融出方为逆回购方。上交所债券回购交易分为债券质押式回购、债券质押式报价回购和债券质押式协议回购。

续表

证券产品	分类、特点
股票期权	股票期权合约为上交所统一制定的、规定买方有权在将来特定时间以特定价格买入或者卖出约定股票或者跟踪股票指数的交易型开放式指数基金（ETF）等标的物的标准化合约。 期权是交易双方关于未来买卖权利达成的合约。就个股期权来说，期权的买方（权利方）通过向卖方（义务方）支付一定的费用（权利金），获得一种权利，即有权在约定的时间以约定的价格向期权卖方买入或卖出约定数量的特定股票或 ETF。当然，买方（权利方）也可以选择放弃行使权利。如果买方决定行使权利，卖方就有义务配合。

注：

（1）封闭式基金采用封闭式运作方式，是指经核准的基金份额总额在基金合同期限内固定不变，基金份额可以在依法设立的证券交易场所交易，但基金份额持有人不得申请赎回的基金。

（2）创新封闭式基金是封闭式基金的一种，采用封闭式运作方式，是指经核准的基金份额总额在基金合同期限内固定不变，基金份额可以在依法设立的证券交易场所交易，但基金份额持有人不得申请赎回的基金。与传统封闭式基金不同的是，创新封闭式基金的投资标的范围和投资者买卖门槛不同。创新封闭式基金不仅仅投资于二级市场股票及债券等，其投资范围还包括非上市公司股权以及其他经证券监督管理机构认可的产品。投资者通过二级市场买入创新封闭式基金（如嘉实元和），最小买入单位为 10,000 份，买入数量应为 10,000 份的整数倍。

（3）开放式基金采用开放式运作方式，是指基金份额总额不固定，基金份额可以在基金合同约定的时间和场所申购或者赎回的基金。

（4）交易所交易基金是经依法募集的，投资特定证券指数所对应组合证券的开放式基金，其基金份额用组合证券进行申购、赎回，并在证券交易所上市交易。①

（二）非标资产、另类资产

对于未在公开交易平台交易的债权性资产一般均可称为非标资产或另类资产，但是另类资产除了非标资产外还包括非上市权益类资产。

1. 非标准化债权资产

中国人民银行、中国银行保险监督管理委员会、中国证券监督管理委员会、

① 参见上海证券交易所，网址：http：//www.sse.com.cn，最后访问时间：2018 年 7 月 30 日。

国家外汇管理局发布的《关于规范金融机构资产管理业务的指导意见》（银发〔2018〕106号）明确规定，标准化债权类资产应当同时符合以下条件：（1）等分化，可交易。（2）信息披露充分。（3）集中登记，独立托管。（4）公允定价，流动性机制完善。（5）在银行间市场、证券交易所市场等经国务院同意设立的交易市场交易。

按照上述规定，根据《中国保险监督管理委员会关于加强和改进保险资金运用比例监管的通知》（保监发〔2014〕13号），保险资金投资的权益类资产中的非上市股权投资、私募基金投资，不动产中的基础设施投资计划、不动产投资计划、不动产类保险资产管理产品，以及其他金融资产均属于非标资产。

2. 另类资产

一般地，金融市场将银行间市场及证券交易所市场、期货交易所等公开交易平台之外的投资方式均归为另类投资，其概念的内涵和外延都大于非标资产，包括非上市权益类股权投资和未在银行间市场及证券交易所市场、期货交易所等公开交易平台交易的债权投资，比较典型的另类投资包括私募股权（Private Equity）、风险投资（Venture Capital）、杠杆并购（Leveraged Buyout）、基金的基金（Fund of Funds）以及债权投资计划、信托计划、商业银行理财产品等金融产品和类证券化金融产品以及大宗商品、艺术品投资等。

中国银保监会相关法规对保险资金投资另类资产做了限制，《保险资产配置管理暂行办法》明确保险公司各类账户配置的资产，主要分为流动性资产、固定收益类资产、权益类资产、另类及其他投资资产。因此，在保险领域，另类投资是不包括权益类的非上市股权投资、私募基金投资及其他投资资产的，根据《中国保监会关于加强组合类保险资产管理产品业务监管的通知》（保监资金〔2016〕104号）规定，另类投资产品系指60%以上资产投资于基础设施投资计划、股权投资计划、资产支持计划的产品。

按照前述规定，保险领域的另类投资只能理解为狭义的另类投资，而非金融领域一般所指的另类投资。

（三）永续债

世界上第一只永续债券起源于18世纪的拿破仑时代，当时的英国财政部为筹备英法战争所需要的资金而发行了一只没有到期期限的债券，开创了永续债券的先河。永续债在中国企业融资应用起步相对于其他金融产品较晚，武汉地铁集团有限公司2013年11月发行了国内首只可续期企业债，2013年12月18日，国电电力发展股份有限公司发行我国债券市场首只永续中票。

永续债对于保险投资的吸引力在于永续债可以提供一个稳定的可预测的收益，利息的支付约定了明确的日期，一般都会在一定期限内设置一个高票息的赎回机制，约束发行人选择赎回。

1. 法规导航

《财政部关于印发〈永续债相关会计处理的规定〉的通知》（财会〔2019〕2号）

《关于永续债企业所得税政策问题的公告》（财政部、税务总局公告2019年第64号）

《企业会计准则第37号——金融工具列报（2017修订）》（财会〔2017〕14号）

《企业会计准则第22号——金融工具确认和计量（2017修订）》（财会〔2017〕7号）

2. 永续债的定义

永续债是指经国家发展改革委员会、中国人民银行、中国银行保险监督管理委员会、中国证券监督管理委员会核准，或经中国银行间市场交易商协会注册、中国证券监督管理委员会授权的证券自律组织备案，依照法定程序发行、附赎回（续期）选择权或无明确到期日的债券，包括可续期企业债、可续期公司债、永续债务融资工具（含永续票据）、无固定期限资本债券等。

3. 金融负债与权益工具的区分

金融负债	权益工具	备注
企业符合下列条件之一的负债（列举法）	指能证明拥有某个企业在扣除所有负债后的资产中的剩余权益的合同。 金融工具同时满足下列条件的，符合权益工具的定义，应当将该金融工具分类为权益工具（列举法）	（1）如果一项金融工具须用或可用企业自身权益工具进行结算，需要考虑用于结算该工具的企业自身权益工具，是作为现金或其他金融资产的替代品，还是为了使该工具持有方享有在发行方扣除所有负债后的资产中的剩余权益。如果是前者，该工具是发行方的金融负债；如果是后者，该工具是发行方的权益工具。在某些情况下，一项金融工具合同规定企业须用或可用自身权益工具结算该金融工具，其中合同权利或合同义务的金额等于可获取或需交付的自身权益工具的数量乘以其结算时的公允价值，则无论该合同权利或合同义务的金额是固定的，还是完全或部分地基于除企业自身权益工具的市场价格以外变量（例如利率、某种商品的价格或某项金融工具的价格）的变动而变动的，该合同应当分类为金融负债。
（1）向其他方交付现金或其他金融资产的合同义务； （2）在潜在不利条件下，与其他方交换金融资产或金融负债的合同义务； （3）将来须用或可用企业自身权益工具进行结算的非衍生工具合同，且企业根据该合同将交付可变数量的自身权益工具； ④将来须用或可用企业自身权益工具进行结算的衍生工具合同。 （4）对于附有或有结算条款的金融工具，发行方不能无条件地避免交付现金、其他金融资产或以其他导致该工具成为金融负债的方式进行结算的，应当分类为金融负债。	（1）该金融工具应当不包括交付现金或其他金融资产给其他方，或在潜在不利条件下与其他方交换金融资产或金融负债的合同义务。 （2）将来须用或可用企业自身权益工具结算该金融工具。如为非衍生工具，该金融工具应当不包括交付可变数量的自身权益工具进行结算的合同义务；如为衍生工具，企业只能通过以固定数量的自身权益工具交换固定金额的现金或其他金融资产结算该金融工具。 （3）要求以现金、其他金融资产或以其他导致该工具成为金融负债的方式进行结算的或有结算条款几乎不具有可能性，即相关情形极端罕见、显著异常且几乎不可能发生。 （4）只有在发行方清算时，才需以现金、其他金融资产或以其他导致该工具成为金融负债的方式进行结算。 （5）符合金融负债定义，但同时具有下列特征的可回售工具，应当分类为权益工具： ①赋予持有方在企业清算时按比例份额获得该企业净资产的权利。这里所指企业净资产是扣除所有优先于该工具对企业资产要求权之后的剩余资产；这里所指按比例份额是清算时将企业的净资产分拆为金额相等的单位，并且将单位金额乘以持有方所持有的单位数量。 ②该工具所属的类别次于其他所有工具类别，即该工具在归属于该类别前无须转换	

续表

金融负债	权益工具	备注
	为另一种工具，且在清算时对企业资产没有优先于其他工具的要求权。 ③该工具所属的类别中（该类别次于其他所有工具类别），所有工具具有相同的特征（例如它们必须都具有可回售特征，并且用于计算回购或赎回价格的公式或其他方法都相同）。 ④除了发行方应当以现金或其他金融资产回购或赎回该工具的合同义务外，该工具不满足本准则规定的金融负债定义中的任何其他特征。 ⑤该工具在存续期内的预计现金流量总额，应当实质上基于该工具存续期内企业的损益、已确认净资产的变动、已确认和未确认净资产的公允价值变动（不包括该工具的任何影响）。 可回售工具，是指根据合同约定，持有方有权将该工具回售给发行方以获取现金或其他金融资产的权利，或者在未来某一不确定事项发生或者持有方死亡或退休时，自动回售给发行方的金融工具。 （6）符合金融负债定义，但同时具有下列特征的发行方仅在清算时才有义务向另一方按比例交付其净资产的金融工具，应当分类为权益工具： ①赋予持有方在企业清算时按比例份额获得该企业净资产的权利； ②该工具所属的类别次于其他所有工具类别； ③该工具所属的类别中（该类别次于其他所有工具类别），发行方对该类别中所有工具都应当在清算时承担按比例份额交付其净资产的同等合同义务。	（2）如果一项合同使发行方承担了以现金或其他金融资产回购自身权益工具的义务，即使发行方的回购义务取决于合同对手方是否行使回售权，发行方应当在初始确认时将该义务确认为一项金融负债，其金额等于回购所需支付金额的现值（如远期回购价格的现值、期权行权价格的现值或其他回售金额的现值）。如果最终发行方无需以现金或其他金融资产回购自身权益工具，应当在合同到期时将该项金融负债按照账面价值重分类为权益工具。 （3）对于存在结算选择权的衍生工具（例如合同规定发行方或持有方能选择以现金净额或以发行股份交换现金等方式进行结算的衍生工具），发行方应当将其确认为金融资产或金融负债，但所有可供选择的结算方式均表明该衍生工具应当确认为权益工具的除外。

4. 关于永续债发行方会计分类

永续债发行方在确定永续债的会计分类是权益工具还是金融负债（以下简称会计分类）时，应当根据第 37 号准则的规定，并同时考虑下列因素：

（1）关于到期日

永续债发行方在确定永续债会计分类时，应当以合同到期日等条款内含的经济实质为基础，谨慎判断是否能无条件地避免交付现金或其他金融资产的合同义务。当永续债合同其他条款未导致发行方承担交付现金或其他金融资产的合同义务时，发行方应当区分下列情况处理：

①永续债合同明确规定无固定到期日且持有方在任何情况下均无权要求发行方赎回该永续债或清算的，通常表明发行方没有交付现金或其他金融资产的合同义务。

②永续债合同未规定固定到期日且同时规定了未来赎回时间（即“初始期限”）的：

1）当该初始期限仅约定为发行方清算日时，通常表明发行方没有交付现金或其他金融资产的合同义务。但清算确定将会发生且不受发行方控制，或者清算发生与否取决于该永续债持有方的，发行方仍具有交付现金或其他金融资产的合同义务。

2）当该初始期限不是发行方清算日且发行方能自主决定是否赎回永续债时，发行方应当谨慎分析自身是否能无条件地自主决定不行使赎回权。如不能，通常表明发行方有交付现金或其他金融资产的合同义务。

（2）关于清偿顺序

永续债发行方在确定永续债会计分类时，应当考虑合同中关于清偿顺序的条款。当永续债合同其他条款未导致发行方承担交付现金或其他金融资产的合同义务时，发行方应当区分下列情况处理：

①合同规定发行方清算时永续债劣后于发行方发行的普通债券和其他债务的，通常表明发行方没有交付现金或其他金融资产的合同义务。

②合同规定发行方清算时永续债与发行方发行的普通债券和其他债务处于相同清偿顺序的，应当审慎考虑此清偿顺序是否会导致持有方对发行方承担交付现金或其他金融资产合同义务的预期，并据此确定其会计分类。

（3）关于利率跳升和间接义务

永续债发行方在确定永续债会计分类时，应当考虑第 37 号准则规定的“间接义务”。永续债合同规定没有固定到期日、同时规定了未来赎回时间、发行方有权自主决定未来是否赎回且如果发行方决定不赎回则永续债票息率上浮（即“利率跳升”或“票息递增”）的，发行方应当结合所处实际环境考虑该利率跳升条款是否构成交付现金或其他金融资产的合同义务。如果跳升次数有限、有最高票息限制（即“封顶”）且封顶利率未超过同期同行业同类型工具平均的利率水平，或者跳升总幅度较小且封顶利率未超过同期同行业同类型工具平均的利率水平，可能不构成间接义务；如果永续债合同条款虽然规定了票息封顶，但该封顶票息水平超过同期同行业同类型工具平均的利率水平，通常构成间接义务。

5. 保险资金投资永续债的风险控制

保险资金配置永续债除了考虑融资方资信状况和偿债能力，还需要特别关注永续债以下几个方面的法律风险：

（1）长期信用风险，如政府或政府投资融资平台企业的破产；

（2）发行人选择提前赎回的风险，资金错配和机会成本的损失；

（3）利率风险，随着时间的增加，永续债的利率有可能低于当前的利率；

（4）流动性低，在当前设置高票息的情况下，届时出现低利率的情形，发行人选择不赎回的风险。

第三节　信用增级合规与风险控制

一、关于保险投资金融产品增信措施的安排

（一）《关于保险资金投资有关金融产品的通知》（保监发〔2012〕91号）有关信用增级的规定。

1. 信用增级安排，其中保证担保的，应当为本息全额无条件不可撤销连带责任保证担保，且担保人信用等级不低于被担保人信用等级；抵押或质押担保的，担保财产应当权属清晰，未被设定其他担保或者采取保全措施，经评估的担保财产价值不低于待偿还本息，且担保行为已经履行必要法律程序。

2. 保险资金投资的金融产品，募集资金投资方向应当符合国家宏观政策、产业政策和监管政策；产品结构简单，基础资产清晰，信用增级安排确凿，具有稳定可预期的现金流；建立信息披露机制和风险隔离机制，并实行资产托（保）管。

3. 保险机构投资的信贷资产支持证券、集合资金信托计划、专项资产管理计划、基础设施投资计划、不动产投资计划和项目资产支持计划，应当充分关注产品交易结构、基础资产状况和信用增级安排，切实防范信用风险、流动性风险、操作风险和法律风险。

（二）关于保险投资信用增级的理解

1.《关于保险资金投资有关金融产品的通知》所要求的增信措施包括保证、抵押、质押等担保方式，也包括独立保函、流动性支持协议、差额补足协议、财产份额回购协议等其他类担保的契约方式。

2. 独立保函适用《最高人民法院关于审理独立保函纠纷案件若干问题的规定》，流动性支持协议、差额补足协议、财产份额回购协议适用《合同法》《合伙企业法》等法律法规。

3. 保证担保需明确是连带责任担保，且对担保的范围作明确约定，即本息全额（投资本金 + 收益）。

4. 抵押、质押的要求：因为抵押权的实现是有清偿顺序的，因此保险投资金融产品涉及抵押的，抵押登记需明确是第一顺位，且不存在同时办理的其他抵押；同时，需要调查核实抵押标的和质押标的是否已经被司法机关采取保全措施，避免出现瑕疵担保。

二、独立保函在保险投资中的应用

法规导航：最高人民法院关于审理独立保函纠纷案件若干问题的规定（法释〔2016〕24 号）

（一）独立保函的性质

独立保函是指银行或非银行金融机构作为开立人，以书面形式向受益人出具的，同意在受益人请求付款并提交符合保函要求的单据时，向其支付特定款项或在保函最高金额内付款的承诺。

保函是银行广泛使用的一种担保方式，尤其是在国际贸易、商事活动中，在国际商会《见索即付保函统一规则》中，见索即付保函或保函是指无论其如何命名或描述，根据提交的相符索赔进行付款的任何签署的承诺。

在中华人民共和国民商法体系下，保函一直以从合同的形式存在，即其是主合同项下的保证担保方式。但是，实践中往往因其书写形式多样，或者缺乏担保合同形式要件等情形产生法律争议。

最高人民法院将保函第一次以司法解释的方式明确为独立保函，其独立在于明确担保的性质，它是一种见索即付的类信用证，与保证担保的区别在于独立保函必须具备两项要素：一是据以付款的单据；二是最高金额。

（二）可以开具独立保函的机构

根据最高法的司法解释可以开具独立保函的机构包括：

1. 银行；

2. 非银行金融机构。

（三）独立保函应当具备的实质要件和形式要件

1. 实质要件

（1）有据以付款的单据；

（2）有最高金额。

2. 形式要件，满足下列条件之一：

（1）保函载明见索即付。

例如：本行无条件地且不可撤销地承诺：一旦贵方向本行提交符合下列全部条件的索偿通知，本行将在收到该索偿通知后 5 个工作日内无条件地将贵方索偿的款项一次性付往贵方在该索偿通知中指定的贵方账户：①贵方在索偿通知中声明申请人未能完全适当地履行基础合同项下的义务及/或责任，并引述申请人所违反的基础合同条款原文；②索偿通知由贵方以书面信函（须注明作成日期并加盖贵方公章）方式出具，注明基础合同的编号（如有）和名称及本保函的编号。

（2）保函载明适用国际商会《见索即付保函统一规则》等独立保函交易示范规则。

例如：开立和生效、保函和反担保函的独立性、单据与货物、服务或履约行为非单据条件、指示和保函的内容、未被执行的申请、保函或保函修改书的通知、保函金额的变动、交单、索赔通知、索赔的相互独立性、审单、索赔的审核时间、付款等。

（3）根据保函文本内容，开立人的付款义务独立于基础交易关系及保函申请法律关系，其仅承担相符交单的付款责任。

开立人的付款义务独立于基础交易关系，即不以基础交易作为款项条件，且开立人的付款义务独立于保函申请的法律关系，如委托出具保函的法律关系。

实践中，保险金融机构可以根据保险资金投资的资产配置方式，要求债权人通过提供独立保函的方式为项目公司融资提供增信。

三、安慰函（承诺函）、流动性支持协议、差额补足协议、回购协议的法律性质及效力

（一）安慰函（承诺函）

安慰函（承诺函）：通常是指政府（财政部门）或政府融资平台、国有控股企业母公司为借款方融资而向贷款方出具的书面陈述文件，内容或者为表明对借款人清偿债务承担道义上的义务，或者为督促借款人清偿债务，或者为表示愿意帮助借款方还款等内容。

依据通常的商业惯例，安慰函一般不具有履行担保的法律责任，其本质是一种信用责任。

因此，在司法实践中，人民法院基于商业惯例和安慰函的内容，判定安慰函并没有作出代为清偿责任的意思表示，不符合《担保法》中有关保证的规定，不能构成法律意义上的保证。

因此，除了从安慰函的内容判断其是否具有担保的法律效力外，根据《中华人民共和国担保法》第 8 条规定，国家机关不得为保证人……

《中华人民共和国预算法》第 35 条第 4 款规定，除法律另有规定外，地方政

府及其所属部门不得为任何单位和个人的债务以任何方式提供担保。

因此，从政府行政管理的角度，政府部门出具的安慰函也不能具有担保的性质，政府部门出具的安慰函是真正意义上的仅仅起到安慰作用的具有公信力的函件，最终要看政府的财力和政府信用。

案例导航 1. 甲银行（中华人民共和国）有限公司沈阳分行与中华人民共和国乙股份有限公司合同纠纷案（〔2016〕京民申 3103 号）

案情简介：

2010 年 9 月 16 日、2011 年 11 月 30 日甲银行（中华人民共和国）有限公司沈阳分行（以下简称“甲银行”）向葫芦岛丙股份有限公司（以下简称“丙公司”）出具《授信函》，给予其最高不超过 1 亿元的循环贷款授信，同时，中华人民共和国乙股份有限公司（以下简称“乙公司”）向甲银行出具《安慰函》，承诺保持对丙公司的控制权，维持丙公司的运营以使其能够履行该额度下所负的义务等。同时，在该《安慰函》中亦明确表示其并非担保。

2010 年 9 月至 2012 年 7 月，甲银行与丙公司签订了 8 份循环贷款合同，并履行了放款义务，但丙公司在履行合同过程中未能清偿全部贷款本息，尚拖部分本息未还。

2012 年 12 月 31 日，乙公司以人民币 1 元的对价将其持有的丙公司的集团公司丁集团 51.06% 的股权转让给了乙公司的控股股东戊集团，并公告了相关内容。

2013 年 1 月 31 日，葫芦岛市中级人民法院受理葫芦岛银行股份有限公司龙港支行分别对丙公司、丁集团的重整申请。后甲银行提交了债权申报表。经丙公司破产管理人确认，截至 2013 年 3 月 21 日丙公司欠付甲银行本息共计 4, 209, 9081. 59 元。

2013 年 12 月 31 日，丙公司重整完毕，甲银行获得清偿款 2, 247, 454. 08 元。

甲银行以乙公司擅自转让丁集团股权，通过股权转让逃避《安慰函》项下义务，不履行维持丙公司存在和运营的责任，导致丙公司无法清偿债务，构成违约为由，向法院起诉要求乙公司承担违约责任。

争议焦点：

《安慰函》的定性及内容即为本案争议焦点。

裁判要点：

法院认为，安慰函通常是指政府或企业控股母公司为借款方融资而向贷款方出具的书面陈述文件，内容或者为表明对借款人清偿债务承担道义上的义务，或者为督促借款人清偿债务，或者为表示愿意帮助借款方还款等内容。具体说来，乙公司在《安慰函》中确认事项有7项，分别为：其一继续保持通过丁集团对借款人的控股权和实际控制力；其二承诺在对全部或部分持股做出决定处分时立即通知银行；其三只要额度仍在使用，将继续维持借款人的存在和运营，以使其能够履行该额度下所负的义务；其四在任何时刻都不会采取任何行为致使借款人无法继续经营或使其能够履行该额度下所负的义务；其五承诺在出现任何可能影响到借款人持续经营的情况时立即通知银行；其六将向银行提供年度经审计合并财务报表，并促使借款人向贵行提供年度经审计财务报表以及贵行可能合理要求的其他财务信息；其七将在权限范围内依照法定程序催促借款人切实履行其与银行之间的信贷责任。

《安慰函》中并未明确禁止进行股权转让，乙公司虽将其所持有的丁集团股权转让给戊集团，但丁集团对丙公司的控股权并未发生变化，且戊集团为乙公司的控股股东，乙公司与戊集团存在关联关系，通过丁集团仍可实现对丙公司的实际控制力，该股权转让并不存在恶意规避债务的意图，丙公司的经营亏损也并非因该股权转让而导致，乙公司转让股权的行为并无明显不妥。乙公司转让股权已发布了《关联交易公告》及《关于转让丁集团股权的公告》，公众通过公司网站及公共平台均可查询，应视为其已完成通知行为，乙公司未单独通知甲银行转让股权虽然存在瑕疵，但亦无明显不妥。乙公司转让股权前，乙公司累计向丁集团及其子公司提供了77亿多元的借款，乙公司已尽力维持丙公司的运营。丙公司与丁集团经营困难，资不抵债，经其他债权人申请进入了破产重整程序，破产管理人及时公告通知了甲银行，甲银行也申报了债权，在破产重整程序中得到了部分清偿，丙公司与丁集团作为法人主体仍然存在并运营，无明显证据证明乙公司采取了致使丙公司无法经营的行为，乙公司参与破产重整程序的行为亦无明显不妥。综上，乙公司并无根本违反《安慰函》承诺，作出影响甲银行行使债权的不当行为。

乙公司在《安慰函》中已明确乙公司对丙公司的债务并无担保责任，乙公司也未在《安慰函》中明确约定或承诺违反相关承诺后应向甲银行承担的具体违约责任，故甲银行依据《安慰函》要求乙公司承担因违约而产生的损失赔偿责任，依据不足，一审法院驳回甲银行的诉讼请求，并无不当，本院予以确认。甲银行作为专业的金融机构，在从事信贷业务的过程中，拥有更为专业的风险防范措施和经验，其选择向丙公司放款，但仅接受《安慰函》，未再要求提供其他形式的担保，相应贷款违约法律风险应自行承担。

案例导航 2. 中国银行（香港）有限公司与台山市经济开发公司、台山市人民政府、台山市发展和改革局担保合同纠纷案（〔2011〕民申字第1206 号）

案情简介：

原甲银行香港分行（以下简称“甲银行”）从 1992 年开始给予借款人乙发展有限公司（以下简称“乙公司”）银行信用额度贷款。

台山市人民政府（以下简称“台山市政府”）分别于 1992 年 12 月 26 日、1993 年 9 月 20 日出具《承诺函》《承诺书》，承诺如乙公司不能还款时将负责解决，不让银行在经济上蒙受损失。

台山市丙开发公司（以下简称“丙开发公司”）分别于 1992 年 12 月 30 日、1993 年 9 月 20 日出具《不可撤销担保书》。

台山市发展和改革局（以下简称“台山市发改局”）的前身台山市计划委员会分别于 1992 年 12 月 30 日、1993 年 9 月 20 日出具《不可撤销担保书》。

1998年2月至12月间，乙公司向甲银行申请开立12份不可撤销信用证，形成对甲银行的欠款。因乙公司未能清偿到期债务，至2005年8月11日，乙公司在透支贷款项下的欠款本金为港币1621172.68元，透支额度到期日为2001年3月31日。

甲银行已于2001年10月1日并入香港中银，甲银行的债权和债务由香港中银承继。香港中银与台山市政府曾于2002年5月28日达成《和解协议》，约定由台山市政府代为偿还乙公司所欠的部分债务，但其并未按约定履行，致使《和解协议》解除。

对于乙公司所欠的款项，香港特别行政区高等法院于2006年8月3日作出判决，判乙公司应偿还香港中银信用证及信托提货额度项下货款本金港币18466047.77元及利息；透支额度项下贷款本金港币1621172.68元及利息。

因乙公司未能清偿债务，而台山市政府、丙开发公司、台山市发改局亦未履行担保责任，香港中银据此向法院提起对台山市政府、丙开发公司、台山市发改局的起诉。

争议焦点：

台山市政府出具的《承诺函》《承诺书》是否构成我国担保法规定的保证。

裁判要点：

法院认为，从名称上看，台山市政府出具的《承诺函》《承诺书》均非担保函，故对于其是否可以构成法律意义上的保证应当根据其内容来决定。从该《承诺函》《承诺书》的内容看，台山市政府只是承诺督促乙公司切实履行还款责任，按时归还甲银行贷款本息。如乙公司出现逾期或拖欠甲银行贷款本息情况，台山市政府将“负责解决”“不让贵行在经济上蒙受损失”，其中并未明确承担保证责任或者代为还款。2002年5月28日，台山市政府、香港中银、南洋商业银行有限公司、金现有限公司签订的《和解协议》，就对乙公司在内的台山市部分企业所欠的债务如何清偿进行了约定。该《和解协议》中，并未明确台山市政府为涉案债务担保人。故香港中银关于台山市政府应当根据《承诺函》《承诺书》承担担保责任的主张没有事实依据和法律依据。原审判决对于香港中银的主张不予支持并无不当。

（二）流动性支持协议、差额补足协议

在金融市场中，除了安慰函（承诺函）外，常见的还有流动性支持函或者流动性支持协议、差额补足协议、回购协议等。

流动性是金融市场的活力体现，因此，一旦母公司对融资方承诺提供流动性支持，一定程度上表明了融资方的还款能力和实力。但是，融资方母公司通过提供流动性支持而不是提供保证担保，主要是基于降低财务杠杆的需要。从现有的监管机制及风险控制上看，母公司财务杠杆已达到警戒线，因此，对于提供流动性承诺函的融资主体及增信措施安排应当给予特别关注。

一般地，银行等金融机构出具的流动性支持承诺函实际上是一种附条件的合同，一旦条件不具备，流动性支持承诺函也就失去增信的作用。而母公司对子公司出具的流动性支持函需要根据合同构成的要件进行判断，如类似于承诺出现融资方不能按约履行义务时，母公司提供流动性支持，或者承诺不转让股权等，其本质上是安慰函，不具有增信的作用。

案例导航3. 雷某与甲建投公司证券托管纠纷案（〔2014〕朝民〔商〕初字第27934号）

案情简介：

上海乙太阳能科技股份有限公司（以下简称“乙公司”）于2012年4月发行2011年公司债券（以下简称“乙债券”）10亿元。甲建投证券股份有限公司（以下简称“甲建投公司”）是乙债券的受托管理人。2013年3月初，雷某分两次买入当时信用评级为AA-级的乙债券2170张。4月11日，乙公司公告乙债券信用等级下调为BBB+。5月21日，乙公司公告乙债券信用等级下调为CCC。

2014年3月5日，乙公司发布公告称不能全额支付乙债券共计8980万元的利

息，只能支付利息400万元。雷某所持乙债券未能得到18618.6元利息。

2014年5月30日乙债券被终止上市。

2014年6月26日至12月26日，乙公司重整完毕。雷某收回了投入的本金，并取得了截至2014年6月26日的利息。

雷某认为，甲建投公司未尽受托管理人的义务，致使其损失了利息与罚息，故起诉法院要求甲建投予以赔偿。

裁判要点：

法院认为，雷某与甲建投公司之间成立证券托管关系。甲建投公司应按照募集说明书以及其与乙公司所签债券受托管理协议的约定全面履行自己的义务。但现有的证据不足以证明甲建投公司未履行相应义务，故判决驳回雷某的诉讼请求。

其中法院特别提到："偿债应急保障方案中说明有专项偿债流动资金支持协议，以保障债券本息的偿付，并列明了乙公司与两家银行的协议主要条款。但是从所列内容看，两家银行提供给乙公司的是授信额度，双方就每笔流动性支持资金需要另行签订贷款合同，两家银行需要根据乙公司提供的材料进行授信审核。可见，两家银行提供贷款只是一种可能，并非必然。"

一般地，如果融资主体的母公司提供的流动性支持协议或者差额补足协议明确在协议中约定融资方不能按约履行义务时，债权人有权要求签订流动性支持协议或者差额补足协议方履行义务的，则该等协议构成法定的合同义务，其实质上构成了担保，具有增信的作用。

案例导航4. 厦门三维丝环保股份有限公司（300056）关于为三维丝华鑫股权投资基金提供差额补足增信的公告

本次拟签订的差额补足协议中约定，公司对优先级合伙人、华鑫宽众的预期投资收益及实缴出资额负有差额补足的义务。差额补足事宜属于实质意义上的担保行为，本次为国泰君安及华鑫宽众提供担保的金额不超过48,990万元，占公司最近一期经审计净资产的65.99%。

案例导航5. 新疆同济堂健康产业股份有限公司（600090）关于签署《有限合伙份额远期受让及差额补足协议》的公告

根据公司与信达证券签订的《有限合伙份额远期受让及差额补足协议》，公司主要承担如下义务：在发生《有限合伙份额远期受让及差额补足协议》约定的条件时，公司按照约定无条件不可撤销地受让信达证券届时持有的全部优先级有限合伙份额及对信达证券的固定收益进行差额补足。……公司负有义务按《有限合伙份额远期受让及差额补足协议》的约定受让信达证券持有的全部有限合伙份额及对信达证券的固定收益进行差额补足。因此，公司存在承担债务清偿责任的法律风险。

综上，除了金融实践中已经约定俗成的商业惯例外，应当依据《合同法》对相关承诺函或者协议进行合同要件的判定，最终确定项目产品的增信措施是否符合法定要求。判定路径如下：

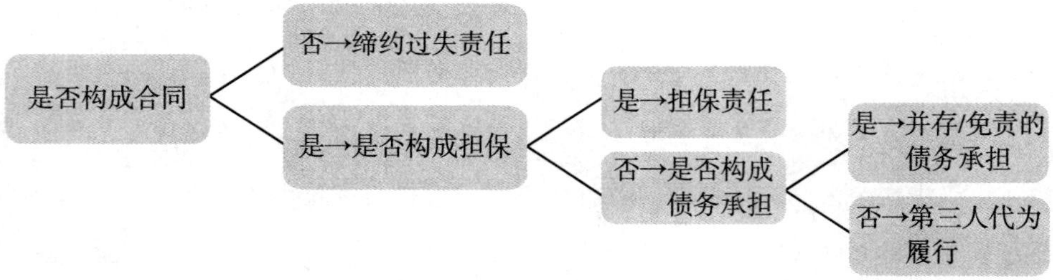

一般地，具有增信作用、构成合同要件的承诺函、流动性支持协议、差额补足协议，其目的是为了降低融资方财务杠杆，实践中为了降低交易法律风险，上述协议需要严格地设计为并存的债务承担，即在融资主体按约不能履约时，债权人可以径直向承诺方要求承担履约义务，但是不免除融资方履约义务。

因此，从本质上讲，这种并存的债务承担（流动性支持协议、差额补足协议）和承担连带责任保证责任具有同等的法律效力。

（三）回购协议

回购协议是投融资领域普遍使用的一种收益保障的合同设计，投资方为了确保投资能够按期收回，一般在债权性融资和股权融资中，与融资主体、融资主体的实际控制人或者关联方约定在特定条件和期限内通过回购的方式保障投资方的本金和收益。

通常情况下，在债权融资中，投资方通过约定高额违约金的方式要求融资方的实际控制人或者母公司或者其他关联公司在不能提供担保的情形下采用回购的方式解决增信问题。

但是，对于投资方以股权形式投资于项目公司，并与项目公司签订回购协议，基于《公司法》所限定的股东可以要求公司回购股权的情形外，司法实践中基于保护其他债权人利益的考量，公司回购自己股东的股权一般被认定因损害其他债权人的利益无效。

案例导航 6. 苏州工业园区甲投资有限公司与甘肃乙有色资源再利用有限公司、香港丙有限公司、陆某增资纠纷案（〔2012〕民提字第 11 号）

案情简介：

2007 年 11 月 1 日前，甘肃丁锌业有限公司（以下简称“丁公司”）、苏州工业园区甲投资有限公司（以下简称“甲公司”）、香港丙有限公司（以下简称“丙公司”）、陆某共同签订 1 份《甘肃丁锌业有限公司增资协议书》（以下简称《增资协议书》），由甲公司以现金 2000 万元人民币对丁公司进行增资。《增资协议书》第 7 条第（2）项是关于业绩目标的约定：丁公司 2008 年净利润不低于 3000 万元人民币。如果丁公司 2008 年实际净利润完不成 3000 万元，甲公司有权要求丁公司予以补偿，如果丁公司未能履行补偿义务，甲公司有权要求丙公司履行补偿义务。

2007 年 11 月 1 日，甲公司、丙公司签订《中外合资经营甘肃丁锌业有限公司合同》（以下简称《合资经营合同》），甲公司出资 15.38 万美元，占注册资本的 3.85%；丙公司出资 384 万美元，占注册资本的 96.15%。甲公司应于本合同生效后 10 日内一次性向合资公司缴付人民币 2000 万元，超过其认缴的合资公司注册资本的部分，计入合资公司资本公积金。如果至2010年10月20日，由于合资公司自身的原因造成无法完成上市，则甲公司有权在任一时刻要求丙公司回购届时甲公司持有的合资公司的全部股权。

由于丁公司2008年的净利润未达到约定金额，故甲公司向法院起诉要求丁公司、丙公司、陆某承担补偿责任。一审法院认为《增资协议书》第7条第（2）项违反了法律、行政法规的强制性规定，故驳回了甲公司的诉讼请求。甲公司不服一审判决，提起上诉。二审法院认为虽然《增资协议书》第7条第（2）项由于违反法律而无效，但甲公司投入丁公司的资金可以认定为借款，要求丁公司、丙公司予以返还并支付相应利息。丁公司、丙公司不服二审判决，请求再审。再审法院最终判决丙公司向甲公司支付补偿款。

争议焦点：

（1）《增资协议书》第7条第（2）项内容是否具有法律效力；

（2）如果有效，丁公司、丙公司、陆某应否承担补偿责任。

裁判要点：

最高人民法院认为："甲公司作为企业法人，向丁公司投资后与丙公司合资经营，故丁公司为合资企业。丁公司、甲公司、丙公司、陆某在《增资协议书》中约定，如果乙公司实际净利润低于3000万元，则甲公司有权从乙公司处获得补偿，并约定了计算公式。这一约定使得甲公司的投资可以取得相对固定的收益，该收益脱离了丁公司的经营业绩，损害了公司利益和公司债权人利益，一审法院、二审法院根据《中华人民共和国公司法》第20条和《中华人民共和国中外合资经营企业法》第8条的规定认定《增资协议书》中的这部分条款无效是正确的。

《增资协议书》中并无由陆某对甲公司进行补偿的约定，甲公司请求陆某进行补偿，没有合同依据。

但是，在《增资协议书》中，丙公司对于甲公司的补偿承诺并不损害公司及公司债权人的利益，不违反法律法规的禁止性规定，是当事人的真实意思表示，是有效的。丙公司对甲公司承诺了丁公司2008年的净利润目标并约定了补偿金额的计算方法。在丁公司2008年的利润未达到约定目标的情况下，丙公司应当依约应甲公司的请求对其进行补偿。丙公司对甲公司请求的补偿金额及计算方法没有提出异议，本院予以确认。”

最高人民法院的上述判决，确定了如下原则：

（1）投资机构向目标企业进行股权投资时，若目标企业不能完成一定的经营业绩，则应向投资机构进行补偿，此类约定为无效，即投资机构与目标企业对赌的，对赌条款无效。

（2）投资机构向目标企业股权投资时，若投资机构不能完成一定的经营业绩，由目标企业控股股东、实际控制人或目标企业以外的其他方对投资机构进行补偿，此类约定有效。

案例导航7. 甲资本管理有限公司、成都乙科技发展有限公司等与公司有关的纠纷再审案（〔2017〕最高法民再258号）

案情简介：

2010年6月8日，甲资本管理有限公司（以下简称“甲公司”）与目标公司四川丙智能科技有限公司（以下简称“丙公司”），以及原股东成都乙科技发展有限公司（以下简称“乙公司”）三方签订了《增资扩股协议》。在《增资扩股协议》中，各方约定如果目标公司不能在2013年12月31日前完成IPO上市，则投资方甲公司有权要求目标公司或原有股东乙公司回购投资方甲公司所持有目标公司的全部股份，目标公司及原有股东对该股权回购义务承担履约连带责任。之后，由于丙公司未能如期完成IPO上市，作为投资人的甲公司依据《增资扩股协议》第6条约定，委托律师发送律师函，要求丙公司、乙公司回购甲公司持有的丙公司的股份。

一审法院判决乙公司向甲公司支付股权回购款及相应利息，丙公司就乙公司上述付款义务承担连带责任。二审法院认可一审法院的部分裁判，驳回丙公司就乙公司付款义务承担连带责任的判决。再审法院判决乙公司向甲公司支付股权回购款及相应利息，丙公司对乙公司上述本息不能清偿部分承担1/2赔偿责任。

争议焦点：

（1）2010年6月9日的《股东会决议》能否证明甲公司明知丙公司内部决议程序；

（2）丙公司应否对乙公司的股权回购义务承担履约连带责任；

（3）丙公司应否承担"连带责任条款"无效后的过错赔偿责任。

裁判要点：

（1）关于2010年6月9日的《股东会决议》能否证明甲公司明知丙公司内部决议程序问题

根据再审查明的事实情况，《增资扩股协议》签订于2010年6月8日，在此之前甲公司与丙公司、乙公司就增资扩股等事宜进行磋商，而此时《丙公司章程》中并没有关于公司对外担保议事程序的相关规定，至2010年6月9日才召开股东会决议对公司章程进行修订，增加了公司担保，包括对股东、实际控制人及其关联方提供担保的内部决议程序。可见，甲公司在签订《增资扩股协议》时，即使其查阅《丙公司章程》，但因章程中并无公司对外担保议事程序的相关规定。因此，2010年6月9日的《股东会决议》不能证明《增资扩股协议》签订时甲公司已经知道丙公司章程有关公司对股东提供担保需经过股东会决议。因此，二审法院将2010年6月9日的《股东会决议》作为新证据采信，以后来发生的事实，来判断此前行为人的审查注意义务，认定甲公司在签订《增资扩股协议》时非为善意相对人，违背了新证据须对待证事实存在关联性的客观要求，属于证据采信不当。

（2）关于丙公司应否对乙公司的股权回购义务承担履约连带责任问题

《增资扩股协议》中约定乙公司在约定触发条件成就时按照约定价格回购甲公司持有的丙公司股权，该约定实质上是投资人与目标公司原股东达成的特定条件成就时的股权转让合意，该合意系当事人真实意思表示，亦不存在违反公司法规定的情形，二审判决认定乙公司与甲公司达成的“股权回购”条款有效，且触发回购条件成就，遂依协议约定判决乙公司承担支付股权回购款本金及利息，适用法律正确，本院予以维持。乙公司辩称《增资扩股协议》约定的股权回购条款无效、回购条件不成就，没有事实和法律依据，应不予支持。

至于《增资扩股协议》中约定丙公司对乙公司的股权回购义务承担履约连带责任的条款效力问题。本院认为，首先，丙公司不是股权回购的义务主体，并不产生丙公司回购本公司股份的法律后果，即不存在乙公司答辩中称《增资扩股协议》约定丙公司对乙公司的股权回购义务承担履约连带责任的条款违反《公司法》第35条、第36条、第37条第1款第（7）项及第74条规定的情形。其次，《增资扩资股协议》第6.2.1条约定丙公司对乙公司负有的股权回购义务承担履约连带责任，并未明确为连带担保责任。甲公司在一审也是诉请丙公司对乙公司承担的股份回购价款及涉及的税款承担连带责任。但是，丙公司、乙公司二审上诉中称“甲公司明知未经股东会批准，而约定由丙公司对乙公司提供担保，有违我国《公司法》第16条第2款的规定，其请求亦不应得到支持”。甲公司亦抗辩称“我国《公司法》第16条第2款属于管理性强制性规定，即使丙公司所提供的该担保未经股东会议决议，也不影响担保的有效性”。二审法院在双方当事人将《增资扩资股协议》第6.2.1条约定的“连带责任”条款解释为“连带担保责任”基础上，并适用《公司法》第16条第2款的规定裁判本案。本院认为，连带担保责任属于连带责任的情形之一，但连带担保责任有主从债务之分，担保责任系从债务。双方当事人将“连带责任”理解为“连带担保责任”，并未加重丙公司的责任负担，且从甲公司诉请丙公司的责任后果看，是对乙公司承担的股权回购价款本息承担连带责任，仍然属于金钱债务范畴，也与丙公司实际承担的法律责任后果一致，本院予以确认。因此，二审判决依据《公司法》第16条第2款关于公司对控股股东、实际控制人提供担保的相关规定来裁判丙公司对乙公司的股权回购义务承担履约连带责任的条款效力，并无不当。再次，甲公司申请再审称《公司法》第16条第2款的规定系管理性规范，丙公司承诺为乙公司的股权回购义务承担履约连带责任，虽然未经丙公司股东会决议通过，亦不影响公司承诺担保条款的效力，并提交最高人民法院相关案例佐证。本院认为，《公司法》第16条第2款明确规定“公司为公司股东或者实际控制人提供担保的，必须经股东会或者股东大会决议”，该条规定的目的是防止公司股东或实际控制人利用控股地位，损害公司、其他股东或公司债权人的利益。对于合同相对人在接受公司为其股东或实际控制人提供担保时，是否对担保事宜经过公司股东会决议负有审查义务及未尽该审查义务是否影响担保合同效力，公司法及其司法解释未作明确规定。二审法院认为，虽然丙公司在《增资扩股协议》中承诺对乙公司进行股权回购义务承担连带责任，但并未向甲公司提供相关的股东会决议，亦未得到股东会决议追认，而甲公司未能尽到基本的形式审查义务，从而认定丙公司法定代表人向某代表公司在《增资扩股协议》上签字、盖章行为，对甲公司不发生法律效力，适用法律并无不当。

（3）关于丙公司应否承担“连带责任条款”无效后的过错赔偿责任问题

甲公司在签订《增资扩股协议》时，因《丙公司章程》中并无公司对外担保议事程序规定，甲公司有合理理由相信向某有权代表公司对外签订有担保意思表示内容的《增资扩股协议》，但其未能尽到要求目标公司提交股东会决议的合理注意义务，导致担保条款无效，对协议中约定的担保条款无效自身存在过错。而丙公司在公司章程（2009年6月9日之前）中未规定公司对外担保及对公司股东、实际控制人提供担保议事规则，导致公司法定代表人使用公章的权限不明，法定代表人向某，未经股东会决议授权，越权代表公司承认对乙公司的股权回购义务承担履约连带责任，其对该担保条款无效也应承担相应的过错责任。《最高人民法院关于适用〈中华人民共和国担保法〉若干问题的解释》第7条规定：“主合同有效而担保合同无效，担保人无过错的，担保人不承担民事责任；担保人有过错的，担保人承担民事责任的部分，不应超过债务人不能清偿部分的二分之一。”根据该条规定，甲公司、丙公司对《增资扩股协议》中约定的“连带责任”条款无效，双方均存在过错，丙公司对乙公司承担的股权回购款及利息，就不能清偿部分承担1/2的赔偿责任。最高人民法院认为：《公司法》第16条第2款明确规定“公司为公司股东或者实际控制人提供担保的，必须经股东会或者股东大会决议”，该条规定的目的是防止公司股东或实际控制人利用控股地位，损害公司、其他股东或公司债权人的利益。对于合同相对人在接受公司为其股东或实际控制人提供担保时，是否对担保事宜经过公司股东会决议负有审查义务及未尽该审查义务是否影响担保合同效力，公司法及其司法解释未作明确规定。

二审法院认为，虽然丙公司在《增资扩股协议》中承诺对乙公司进行股权回购义务承担连带责任，但并未向甲公司提供相关的股东会决议，亦未得到股东会决议追认，而甲公司未能尽到基本的形式审查义务，从而认定丙公司法定代表人向某代表公司在《增资扩股协议》上签字、盖章行为，对甲公司不发生法律效力，适用法律并无不当。目标公司应承担“连带责任条款”无效后的过错赔偿责任。甲公司未能尽到要求目标公司提交股东会决议的合理注意义务，导致担保条款无效，对协议中约定的担保条款无效自身存在过错。而丙公司法定代表人向某未经股东会决议授权，越权代表公司承认对乙公司的股权回购义务承担履约连带责任，其对该担保条款无效也应承担相应的过错责任。

上述法院的判决确立了如下原则：

(1) 投资机构与目标企业股东就目标企业的上市期限进行对赌时，若目标企业未能在约定期限完成上市，则目标企业控股股东或其指定方应向投资机构回购股权并支付股权转让款，此类条款约定有效。

(2) 在目标公司股东或其指定方需要向投资机构回购目标公司股权且支付股权转让款时，目标企业就上述股东的付款义务承担连带担保责任的，经目标公司股东会或者股东大会决议的，该类条款约定有效，未经股东会或者股东大会决议的连带责任担保无效。

(3) 目标公司越权为控股股东或者实际控制人回购股权提供连带责任的，承担过错责任。

案例导航8. 北京甲投资中心（普通合伙）与高某股权转让纠纷案（〔2014〕通民初字第7628号）

案情简介：

2011年4月22日，乙公司、北京甲投资中心（普通合伙）（以下简称“甲投资”）及高某（乙公司实际控制人）签署了《广州乙电子科技有限公司增资协议》，约定由甲投资对乙公司进行增资；同日，甲投资与高某签署了《广州乙电子科技有限公司增资协议之补充协议》，对增资后乙公司的经营业绩指标、公司上市及回购股权等事宜作出约定。

2013年9月17日，甲投资与高某签订了《协议书》，约定了高某回购甲投资持有的乙公司股权等事宜。协议签订后，至2014年3月31日，高某并未按约定付款，尚欠甲投资转让款6,447,945元。

2013年9月22日，高某将乙公司价值19,021,643元的股权质押给甲投资。但仍未付清所欠款项，故甲投资以此为由向法院提起诉讼。

裁判要点：

北京市通州区人民法院认为，“根据《协议书》约定，在被告高某未按照协议约定的时间支付股权转让款的，甲投资中心有权要求被告高某支付逾期付款违约金，故对于甲投资中心要求被告高某从2013年10月1日起以第一笔未付款项金额3,719,178元为本金计算违约金至实际付清之日止及要求被告高某从2014年1月1日起以第二笔未付款项金额8,854,520元为本金计算违约金至实际付清之日止的诉讼请求，于法有据，本院予以支持。对于甲投资中心主张计算违约金的标准，根据《协议书》约定每逾期一日，被告高某应按照应付金额的1‰向甲投资中心支付逾期付款违约金。被告高某在向本院提交的书面答辩状中认为甲投资中心主张计算违约金的标准过高，请求法院予以调整。当事人一方可以约定一方违约时应当根据违约情况向对方支付一定数额的违约金，也可以约定因违约产生的损失赔偿额的计算方法。约定的违约金低于造成的损失的，当事人可以请求人民法院或者仲裁机构予以增加；约定的违约金过分高于造成的损失的，当事人可以请求人民法院或者仲裁机构予以适当减少。考虑到本案中被告高某违约给甲投资中心造成的损失为资金占用的损失，且被告高某已向本院提交了书面答辩状请求人民法院予以适当降低违约金的计算标准，本院认为甲投资中心主张违约金计算标准过高，本院按照不超过中华人民共和国人民银行同期贷款利率4倍的标准依法予以调整违约金的计算标准。”

北京市通州区人民法院的上述判决，确立了如下原则：

目标企业原股东或其指定方未能按协议约定承担回购义务支付股份转让款时，应按一定比例承担违约责任，该类条款约定有效，但是约定的违约金过分高于造成的损失的，法院予以调减，调减原则为一般按不超过中华人民共和国人民银行同期贷款利率4倍的标准依法予以调整违约金的标准计算。

四、保险投资有关担保合同的效力

保险投资的一个重要领域就是利用债权投资计划、股权投资计划等方式，支持重大基础设施、棚户区改造、城镇化建设等民生工程和国家重大工程。而各地政府对于上述领域投融资主要是由政府出资的平台公司或者地方政府作为出资人和管理人的大型国有企业来完成，因此，在保险投资过程中经常会出现国资控股公司为下属子公司投融资提供担保的情形。国有企业对外提供担保，根据《企业国有资产法》的规定，需要根据公司章程的规定，由董事会审议或者报上级主管部门决定，且根据《公司法》规定，公司对外担保应当根据公司章程的规定经公司董事会或者股东大会审议。

问题在于，如果国有企业出具对外担保未经董事会审议也未报其上级主管部门决定的，是否有效呢？根据相关法律法规规定，对于担保合同的效力应当从以下几个方面进行判断：

（一）担保合同是否违反了法律、行政法规的规定

根据《最高人民法院关于适用〈中华人民共和国合同法〉若干问题的解释（一）》第4条：合同法实施以后，人民法院确认合同无效，应当以全国人大及其常委会制定的法律和国务院制定的行政法规为依据，不得以地方性法规、行政规章为依据。

（二）担保合同违反的规定是否是强制性规定

《合同法》第52条第（5）项：有下列情形之一的合同无效：……（5）违反法律、行政法规的强制性规定。

（三）担保合同违反的规定是否是效力性强制性规定

《最高人民法院关于适用〈中华人民共和国合同法〉若干问题的解释（二）》第14条、《合同法》第52条第（5）项规定的“强制性规定”，是指效力性强制性规定。

根据司法实践，所谓效力性强制性规定，必须直接明确违反该规定导致法律行为无效或不成立，或者虽无此规定，但违反该规定将损害国家利益或社会公共利益。根据《最高人民法院关于合同法司法解释（二）理解与适用》[①]，识别效力性强制性规定，应当采取正反两个方面的标准。按照正面标准，效力性强制性规定须明确违反该规定将导致合同无效，或者虽无合同无效的规定，但如使合同继续有效将损害国家利益和社会公共利益。反面标准则要求，效力性强制性规定并非仅关系当事人利益或仅为了行政管理和纪律管理需要设立，否则应为管理性强制性规定。

根据上述最高人民法院审判实践，《企业国有资产法》《公司法》关于公司对外担保需要履行的程序系管理性规定，而非效力性的强制规定。因此，一般情形下，担保合同未按照《企业国有资产法》《公司法》及公司章程的规定履行董事会、股东（大）会或者上级主管部门批准，并不影响担保合同的

---

① 沈德咏：《最高人民法院关于合同法司法解释（二）理解与适用》，人民法院出版社2015年版。

效力。

但是，根据《合同法》第50条规定：法人或者其他组织的法定代表人、负责人超越权限订立的合同，除相对人知道或者应当知道其超越权限的以外，该代表行为有效。

关键是如何把握，知道或者应当知道法人或者其他组织的法定代表人、负责人超越权限，如以下几种情形，基本上可以推定知道或者应当知道，很可能被法院认定担保合同无效。

1. 担保人有证据明确告知（如电子邮件等书面方式）担保权人其未履行董事会或者股东会决议；

2. 担保人为其股东提供担保（推定股东当然知道）；

3. 担保人和担保权人均是国有企业（推定股东应当知道国有企业对外担保履行的程序）；

4. 担保人和担保权人均是公众公司（上市公司），因为公司章程和对外担保的制度都是公开披露的（应当推定双方都是知悉的）。

以上结论亦可以从《民法总则》寻找到上位法的支持，其第153条规定：违反法律、行政法规的强制性规定的民事法律行为无效，但是该强制性规定不导致该民事法律行为无效的除外。这里的强制性规定不导致该民事行为无效的除外，即指的都是非效力性强制性规定。

其第85条规定：营利法人的权力机构、执行机构作出决议的会议召集程序、表决方式违反法律、行政法规、法人章程，或者决议内容违反法人章程的，营利法人的出资人可以请求人民法院撤销该决议，但是营利法人依据该决议与善意相对人形成的民事法律关系不受影响。这一条正是对153条的回应，营利法人的内部权力机构的权限是否违反法律法规的规定，不影响善意第三人与其形成的民事法律关系。

案例导航9. 最高人民法院关于罗某香与日本株式会社辽宁甲公司、辽宁乙管业有限公司、辽宁工程机械（集团）有限公司案外人执行异议纠纷案（〔2013〕民申字第2119号）

案情简介：

2005年7月7日，辽宁省高级人民法院作出一审判决，判令辽宁工程机械（集团）有限公司（简称“丙集团”）向日本株式会社辽宁甲公司（简称“甲公司”）赔偿12,620,853.5元。该判决生效后，甲公司和丙集团于同年10月签订了《辽宁乙管业有限公司土地、厂房资产的转让协议》，约定以上述登记在辽宁乙管业有限公司（简称“乙公司”）名下、实属丙集团的土地使用权和房产作价300万元偿付债务。乙公司于2006年1月同意上述房地产抵债。丙集团是国有独资企业，乙公司是丙集团占70%注册资本的中外合资经营企业。罗某香因与甲公司、乙公司及第三人丙集团案外人执行异议产生纠纷，申请再审，再审法院驳回了罗某香的再审申请。

裁判要点：

判决书中论述判断一项法律规定是否有效主要根据以下4个步骤进行：

（1）如果认定合同无效，是否让未受到强制性规定约束的一方承担违反该规定的法律后果？

（2）有关强制性规定是否对合同行为本身进行了规制？

（3）违反该强制性规定是否必然导致国家利益或者公共利益受到损害？

（4）认定合同无效，是否可能创造恶意抗辩的机会、违背诚实信用原则、危及交易安全和交易秩序？

因此，最高人民法院在判决书中认定，《最高人民法院关于适用〈中华人民共和国合同法〉若干问题的解释（二）》第14条指出：“合同法第52条第（5）项规定的‘强制性规定’，是指效力性强制性规定。”有关国有资产评估的强制性规定是效力性的还是管理性的，需要通过综合分析来确定。首先，有关强制性规定约束的应当是国有资产占有单位。《国有资产评估管理办法》第3条规定，国有资产占有单位转让资产的，应当进行资产评估。可见，进行资产评估是国有资产占有单位的义务，而不是受让人的义务。违反国有资产评估规定的责任应当由国有资产占有单位及其责任人员承担。如果认定合同无效，则受让人在无义务的情况下也承担了法律后果。其次，有关强制性规定没有对合同行为本身进行规制，没有规定当事人不得就未经评估的国有资产订立转让合同，更没有规定未经评估、转让合同无效。第三，未经评估而转让国有资产不必然导致国家利益或者社会公共利益受损害。规定国有资产转让须经评估，目的是防止恶意低价转让国有资产，以保护国有资产。但是，未经评估，不一定就贱卖，也可能实际转让价格高于实际价值。资产未经评估转让的，国有资产管理机构有权责令国有资产占有单位改正，依法追认转让行为。由于无效的合同自始没有法律效力，无法追认，在某些情形下，反倒对国有资产保护不利。如果认定有关规定是效力性的，进而一概认定转让合同无效，当事人（包括受让人在资产贬值后）就可能据此恶意抗辩，违背诚实信用原则，就会危及交易安全和交易秩序。因此，从法律条文的文义和立法宗旨来看，都应认定关于国有资产转让须经评估的强制性规定是管理性的，而非效力性的。

案例导航10. 江西甲实业股份有限公司与上海乙钢铁有限公司、上海丙国际贸易集团有限公司等借款合同纠纷案（〔2015〕民二终字第308号）

案情简介：

2013年3月24日，上海乙钢铁有限公司（以下简称“上海乙公司”）向江西甲实业股份有限公司（以下简称“江西甲公司”）实际借款659.4万元。

2012年10月18日，上海丙公司国际贸易集团有限公司（以下简称“上海丙公司”）、上海乙公司均与平安银行上海分行、江西甲公司签订《票据代理贴现合作协议》，平安银行上海分行为江西甲公司的代理人。后上海乙公司申请贴现两张商业承兑汇票，总额为6000万元；上海丙公司申请贴现两张商业承兑汇票，总额为6000万元。上述汇票到期后，上海丙公司、上海乙公司未履行付款义务，江西甲公司于2013年8月20日代为向平安银行上海分行支付了1.2亿元。

2012年3月2日，南京银行上海分行与上海丙公司签订《最高债权额合同》，债权金额为6000万元，江西甲公司为担保人。上述款项到期后，上海丙公司未履行还款义务，由江西甲公司于2013年9月24日代为偿还人民币6000万元。

2012年6月30日，浙江甲公司与上海丙公司签订《资金合作协议》，约定浙江甲公司为上海丙公司提供人民币8024万元。浙江甲公司如期支付款项。协议到期后，上海丙公司未履行还款义务。2013年3月5日，浙江甲公司向江西甲公司发出债权转让通知书，将其对上海丙公司的债权人民币8024万元及利息全部转让给江西甲公司。

2012年4月1日，江苏甲公司与上海丙公司签订《代理采购合作协议》，约定江苏甲公司为上海丙公司提供人民币6000万元。江苏甲公司如期放款。2013年1月5日前收回人民币1200万元本金，剩余人民币4800万元本金尚未收回。2012年7月1日，江苏甲公司与上海丙公司签订《代理采购合作协议》，约定江苏甲公司为上海丙公司提供人民币11000万元资金。江苏甲公司如期付款，到期后上海丙公司未偿还债务。2013年3月5日，江苏甲公司向江西甲公司发出债权转让通知书，将其对上海丙公司的债权人民币15800万元及利息全部转让给江西甲公司。

2013年4月1日，江西甲公司与周某、钟某达成《还款协议》，约定鉴于上海丙公司、上海乙公司因"托盘"、担保及三方协议等对江西甲公司及其下属子公司江苏甲公司和浙江甲公司形成既有债务、或有债务合计约人民币42684万元，由周某、钟某承担连带偿还义务。并约定以一系列股权提供质押担保。2013年4月12日，被告周某、钟某、上海丙公司、上海乙公司、新余公司、山上公司、丙公司投资、钟某发共同向原告出具书面《承诺书》，承诺自愿对上述《还款协议》所涉债务承担连带担保责任。

因追索欠款未果，江西甲公司向原审法院提起诉讼，要求上述涉案人员承担相应的还款义务。

裁判要点：

最高人民法院对江西省高级人民法院关于对外担保属于公司内部的管理性规定的论述予以认可："原审法院认为，虽然《公司法》第16条第2款规定，公司为公司股东或者实际控制人提供担保的，必须经股东会或者股东大会决议。但是公司内部决议程序是公司内部管理程序，并不能约束公司之外的第三人。上述规定并未明确规定违反该规定将导致合同无效。且该规定属于公司内部管理性规定，并非效力性强制性规定。根据《最高人民法院关于适用〈中华人民共和国合同法〉若干问题的解释（二）》第14条规定，内部管理性规定不能作为认定合同无效的依据。综上，被告五公司关于担保无效的抗辩理由不能成立，原审法院不予支持。根据《中华人民共和国担保法》第21条的规定，当事人对保证担保的范围没有约定或者约定不明确的，保证人应当对全部债务承担责任。被告五公司、钟某发应按照《承诺书》的约定对本案借款本金及利息在内的全部债务承担连带清偿责任。"

案例导航11. 林甲与林乙、福建丙冶金有限公司等股权转让纠纷案（〔2015〕民二终字第176号）

案情简介：

2014年1月17日，林甲与林乙签订《股份转让协议书》，林甲将所持福建丙冶金有限公司（以下简称"丙公司"）的股份作价23600万元转让给林乙。保证人为蒋某和丙公司。

2014年2月13日，林甲与林乙签订《股份转让补充协议》，就上述《股份转让协议书》的相关事项作出补充约定。

2014年2月21日，林甲与林乙签订《福建丙冶金有限公司股权转让协议》，林甲同意将持有的丙公司股权以16640万元转让给林乙。

2014年7月16日，林甲与林乙签订《股份转让补充协议书（二）》，确认事实林乙已向林甲支付转让款人民币7500万元，双方已办理股权变更手续。并就剩余款项的支付做了约定。保证人为蒋某和丙公司。

截至起诉时，林乙共支付了股权转让价款7556万元，剩余款项一直未支付。故林甲向法院起诉要求林乙支付剩余款项及违约金，丙公司、蒋某承担连带还款责任。

裁判要点：

最高人民法院认定："《中华人民共和国合同法》第50条规定：法人或者其他组织的法定代表人、负责人超越权限订立的合同，除相对人知道或者应当知道其超越权限的以外，该代表行为有效。因丙公司为案涉股权转让合同提供保证未经股东会决议，故时任丙公司总经理的蒋某在案涉股权转让合同上加盖丙公司印章的行为，超越了丙公司章程所规定的权限，对此，林甲应当知道，该代表行为无效。蒋某在案涉股权转让合同上签字、加盖丙公司公章的行为，不能对丙公司产生法律约束力。故对丙公司有关其不应承担对案涉股权转让合同的保证责任的诉请，本院予以支持。

林甲以丙公司其他股东在知道丙公司为案涉股权转让合同提供保证后均未提出异议为由，主张丙公司提供的保证有效。但当事人以默示方式产生相应的法律后果应当以法律有明确规定或者当事人有明确约定为前提，而本案并不具备上述情形。故丙公司其他股东未就案涉保证事宜提出异议，不能产生其他股东以股东会决议方式同意丙公司为案涉股权转让合同提供保证的法律后果。林甲的该项主张，于法无据，本院不予支持。"

五、强制执行效力的公证文书在保险投资领域的运用

根据《最高人民法院、司法部、中国银监会关于充分发挥公证书的强制执行效力服务银行金融债权风险防控的通知》（司发通〔2017〕76号的规定）：

（一）公证机构可以对银行业金融机构运营中所签署的符合《公证法》第37条规定的以下债权文书赋予强制执行效力：

1. 各类融资合同，包括各类授信合同，借款合同、委托贷款合同、信托贷款合同等各类贷款合同，票据承兑协议等各类票据融资合同，融资租赁合同，保理合同，开立信用证合同，信用卡融资合同（包括信用卡合约及各类分期付款合同）等；

2. 债务重组合同、还款合同、还款承诺等；

3. 各类担保合同、保函；

4. 符合本通知第 2 条规定条件的其他债权文书。

（二）公证机构对银行业金融机构运营中所签署的合同赋予强制执行效力应当具备以下条件：

1. 债权文书具有给付货币、物品、有价证券的内容；

2. 债权债务关系明确，债权人和债务人对债权文书有关给付内容无疑义；

3. 债权文书中载明债务人不履行义务或不完全履行义务时，债务人愿意接受依法强制执行的承诺。该项承诺也可以通过承诺书或者补充协议等方式在债权文书的附件中载明。

（三）银行业金融机构申办强制执行公证，应当协助公证机构完成对当事人身份证明、财产权利证明等与公证事项有关材料的收集、核实工作；根据公证机构的要求通过修改合同、签订补充协议或者由当事人签署承诺书等方式将债务人、担保人愿意接受强制执行的承诺、出具执行证书前的核实方式、公证费和实现债权的其他费用的承担等内容载入公证的债权文书中。

第四节　资产管理业务合规与风险控制

一、法规导航

1.《中国证券监督管理委员会关于规范金融机构资产管理业务的指导意见》（银发〔2018〕106 号）

2.《保险资产管理公司管理暂行规定》（保监发〔2011〕19 号）

3.《中国保险监督管理委员会关于保险资产管理公司有关事项的通知》（保监发〔2012〕90 号）

4.《中国保险监督管理委员会关于保险资产管理公司开展资产管理产品业务试点有关问题的通知》（保监资金〔2013〕124 号）

5.《中国人民银行、中国银行保险监督管理委员会、中国证券监督管理委员会、国家外汇管理局关于规范金融机构资产管理业务的指导意见》（银发〔2018〕106 号）

二、保险资产管理机构及资产管理业务

保险资产管理机构是指经中国银保监会批准，依法登记注册、受托管理保险资金等的金融机构，包括保险资产管理公司及其子公司、其他专业保险资产管理机构。

保险资产管理机构作为受托人，可以接受客户委托，以委托人名义，开展资产管理业务，也可以设立资产管理产品，为受益人利益或者特定目的，开展资产管理业务。保险资产管理公司除受托管理保险资金外，还可受托管理养老金、企业年金、住房公积金等资金和能够识别并承担相应风险的合格投资者的资金。

三、资产管理业务的合规要求

（一）保险资产管理机构可以与委托人在合同中事先约定收取合理的业绩报酬，业绩报酬计入管理费，须与产品一一对应并逐个结算，不同产品之间不得相互串用。

（二）保险资产管理机构开展的资产管理业务为表外业务，不得承诺保本保收益。出现兑付困难时，不得以任何形式垫资兑付，不得在表内开展资产管理业务。

（三）对保险资产管理机构开展资产管理业务进行分类监管，其中，固定收益类产品投资于存款、债券等债权类资产的比例不低于 80%，权益类产品投资于股票、未上市企业股权等权益类资产的比例不低于 80%，商品及金融衍生品类产品投资于商品及金融衍生品的比例不低于 80%，混合类产品投资于债权类资产、权益类资产、商品及金融衍生品类资产且任一资产的投资比例未突破前述比例限制。非因保险资产管理机构主观因素导致突破前述比例限制的，保险资产管理机构应当在流动性受限资产可出售、可转让或者恢复交易的 15 个交易日内调整至要求范围。

（四）保险资产管理机构在开展资产管理产品时，应当按照上述分类标准向投资者明示资产管理产品的类型，并按照确定的产品性质进行投资。在产品成立后至到期日前，不得擅自改变产品类型。混合类产品投资债权类资产、权益类资产和商品及金融衍生品类资产的比例范围应当在发行产品时予以确定并向投资者明示，在产品成立后至到期日前不得擅自改变。产品的实际投向不得违反合同约定，如有改变，除高风险类型的产品超出比例范围投资较低风险资产外，应当先行取得投资者书面同意，并履行登记备案等法律法规以及金融监督管理部门规定的程序。

（五）保险资产管理机构管理的资产证券化产品，是指保险资产管理机构以可特定化的基础资产所产生的现金流为偿付支持，通过结构化等方式进行信用增级，在此基础上发行的金融产品。保险资产管理机构开展资产证券化产品需满足以下监管要求。

资产管理产品	合格投资人	产品投资范围
保险资产管理公司作为管理人，向投资人发售标准化产品份额，募集资金，由托管机构担任资产托管人，为投资人利益运用产品资产进行投资管理的金融工具。	产品限于向境内保险集团（控股）公司、保险公司、保险资产管理公司等具有风险识别和承受能力的合格投资人发行，包括向单一投资人发行的定向产品和向多个投资人发行的集合产品。 向单一投资人发行的定向产品，投资人初始认购资金不得低于3,000万元人民币；向多个投资人发行的集合产品，投资人总数不得超过200人，单一投资人初始认购资金不得低于100万。	限于银行存款、股票、债券、证券投资基金、央行票据、非金融企业债务融资工具、信贷资产支持证券、基础设施投资计划、不动产投资计划、项目资产支持计划及中国银保监会认可的其他资产。 产品投资范围包括基础设施投资计划、不动产投资计划、项目资产支持计划等投资品种，保险资产管理公司应当在产品合同和产品募集说明书中说明相应的投资比例、估值原则、估值方法和流动性支持措施等内容。

四、资产管理业务的职责规范

根据资管业务新规，保险资产管理机构未按照诚实信用、勤勉尽责原则切实履行受托管理职责，造成投资者损失的，应当依法向投资者承担赔偿责任。保险资产管理机构开展资管业务需要履行以下职责：

	保险资产管理机构资产管理业务管理人职责
1	依法募集资金，办理产品份额的发售和登记事宜。
2	办理产品登记备案或者注册手续。
3	对所管理的不同产品受托财产分别管理、分别记账，进行投资。
4	按照产品合同的约定确定收益分配方案，及时向投资者分配收益。
5	进行产品会计核算并编制产品财务会计报告。
6	依法计算并披露产品净值或者投资收益情况，确定申购、赎回价格。
7	办理与受托财产管理业务活动有关的信息披露事项。
8	保存受托财产管理业务活动的记录、账册、报表和其他相关资料。
9	以管理人名义，代表投资者利益行使诉讼权利或者实施其他法律行为。
10	在兑付受托资金及收益时，保险资产管理机构应当保证受托资金及收益返回委托人的原账户、同名账户或者合同约定的受益人账户。

五、资产管理业务投资要求

根据资管新规，保险资产管理机构开展资管业务需要满足以下投资要求：

（一）标准化债权类资产应当同时符合以下条件：

1. 等分化，可交易；

2. 信息披露充分；

3. 集中登记，独立托管；

4. 公允定价，流动性机制完善；

5. 在银行间市场、证券交易所市场等经国务院同意设立的交易市场交易。

保险资产管理机构不得将资产管理产品资金直接投资于商业银行信贷资产。

（二）资产管理产品不得直接或者间接投资法律法规和国家政策禁止进行债权或股权投资的行业和领域。

（三）保险资产管理机构在依法合规、商业可持续的前提下，通过发行资产管理产品募集资金投向符合国家战略和产业政策要求、符合国家供给侧结构性改革政策要求的领域。鼓励金融机构通过发行资产管理产品募集资金支持经济结构转型，支持市场化、法治化债转股，降低企业杠杆率。

六、资产管理业务禁止性规定及风险控制要求

（一）穿透式监管要求

保险资产监督管理机构对保险资产管理机构资产管理业务实行穿透式监管，对于多层嵌套资产管理产品，向上识别产品的最终投资者，向下识别产品的底层资产（公募证券投资基金除外）。

（二）禁止刚性兑付

1. 刚性兑付情形：

（1）资产管理产品的发行人或者管理人违反真实公允确定净值原则，对产品进行保本保收益；

（2）采取滚动发行等方式，使得资产管理产品的本金、收益、风险在不同投资者之间发生转移，实现产品保本保收益；

（3）资产管理产品不能如期兑付或者兑付困难时，发行或者管理该产品的金融机构自行筹集资金偿付或者委托其他机构代为偿付。

2. 刚性兑付的惩罚措施：

发生刚性兑付的，认定为违规经营，由金融监督管理部门和中国人民银行依法纠正并予以处罚。

保险金融机构开展资产管理业务为表外业务，不得承诺保本保收益。出现兑付困难时，不得以任何形式垫资兑付。不得在表内开展资产管理业务。

表外业务是指金融机构从事的，按照现行的会计准则不计入资产负债表内，不形成现实资产负债，但能够引起当期损益变动的业务。

保险公司表外业务主要包括不在资产负债表内反映的承诺、担保、衍生工具等。这类业务面临的风险主要是市场风险（如汇率风险、利率风险等）、信用风险、流动性风险等。

注：流动性风险，是指保险公司无法及时获得充足资金或无法以合理成本及时获得充足资金以支付到期债务的风险。

一般地，根据表外业务特征和法律关系，表外业务分为资产管理类、担保承诺类、代理投融资服务类、中介服务类、其他类等业务。

（1）金融机构开展的资产管理业务；

（2）担保承诺类业务，包括担保类、承诺类等按照约定承担偿还责任的业务。担保类业务是指金融机构对第三方承担偿还责任的业务，包括但不限于银行承兑汇票、保函、信用证、信用风险仍在金融机构的销售与购买协议等；

（3）承诺类业务，是指金融机构在未来某一日期按照事先约定的条件向客户提供约定的信用业务，包括但不限于贷款承诺等；

（4）代理投融资服务类业务，是指金融机构根据客户委托，为客户提供投融资服务但不承担代偿责任、不承诺投资回报的表外业务，包括但不限于委托贷款、委托投资、代客非保本理财、代客交易、代理发行和承销债券等；

（5）中介服务类业务，是指金融机构根据客户委托，提供中介服务、收取手续费的业务，包括但不限于代理收付、财务顾问、资产托管、各类保管业务等；

（6）其他类表外业务，是指上述业务种类之外的其他表外业务。

（三）禁止违规担保

保险资产管理机构不得为资产管理产品投资的非标准化债权类资产或者股权类资产提供任何直接或间接、显性或隐性的担保、回购等代为承担风险的承诺。

（四）禁止开展资金池业务

保险资产管理机构应当做到每只资产管理产品的资金单独管理、单独建账、单独核算，不得开展或者参与具有滚动发行、集合运作、分离定价特征的资金池业务。

（五）禁止质押、杠杆融资

保险资产管理机构不得以受托管理的资产管理产品份额进行质押融资，放大杠杆。

（六）禁止通道业务

保险资产管理机构不得为其他金融机构的资产管理产品提供规避投资范围、杠杆约束等监管要求的通道服务。

通道业务是指资金来源与投资标的均由商业银行等机构确定，保险资产管理公司通过设立资产管理计划等形式接受商业银行等机构的委托，按照其意愿开展银行协议存款等投资，且在其委托合同中明确保险资产管理公司不承担主动管理职责，投资风险由委托人承担的各类业务。

1. 根据《中国人民银行、中国银行保险监督管理委员会、中国证券监督管理委员会、国家外汇管理局关于规范金融机构资产管理业务的指导意见》（银发〔2018〕106号）的规定，金融机构不得为其他金融机构的资产管理产品提供规避投资范围、杠杆约束等监管要求的通道服务。

2. 根据《保险资金运用管理办法》（保监会令〔2018〕1号）规定，保险资金委托保险资产管理机构、证券公司、证券资产管理公司、证券投资基金管理公司等专业投资管理机构投资的，不得为委托机构提供通道服务。

3. 根据《关于清理规范保险资产管理公司通道类业务有关事项的通知》（保监资金〔2016〕98号）规定，保险资金不得参与认购保险资产管理公司发起的通道类业务。

4. 根据《国务院办公厅关于加强影子银行监管有关问题的通知》（国办发〔2013〕107号）规定：

……

（3）明确信托公司“受人之托，代人理财”的功能定位，推动信托公司业务模式转型，回归信托主业。运用净资本管理约束信托公司信贷类业务，信托公司不得开展非标准化理财资金池等具有影子银行特征的业务。建立完善信托产品登记信息系统，探索信托受益权流转。

（4）规范金融交叉产品和业务合作行为。金融机构之间的交叉产品和合作业务，都必须以合同形式明确风险承担主体和通道功能主体，并由风险承担主体的行业归口部门负责监督管理，切实落实风险防控责任。

……

因此，保险资金在投资决策时，应当严格审核信托公司发起的集合资金信托计划是否属于通道类业务，如在集合资金信托计划合同中明确信托公司委托人应当自主对信托投资项目进行尽职调查，以及在信托计划发生违约情况下，将风险转移至委托人的条款。

注：我国影子银行主要包括三类：一是不持有金融牌照、完全无监管的信用中介机构，包括新型网络金融公司、第三方理财机构等。二是不持有金融牌照、存在监管不足的信用中介机构，包括融资性担保公司、小额贷款公司等。三是机构持有金融牌照，但存在监管不足或规避监管的业务，包括货币市场基金、资产证券化、部分理财业务等。

根据《中国银行业监督管理委员会关于印发信托公司净资本计算标准有关事项的通知（银监发〔2011〕11号）》，信托产品融资类业务包括但不限于信托贷款、受让信贷或票据资产、附加回购或回购选择权、股票质押融资和准资产证券化等业务。

（七）第三方托管

保险资产管理机构发行的资产管理产品应当由具有托管资质的第三方机构独立托管。

（八）风险隔离措施

保险资产管理机构开展资产管理业务，应当确保资产管理业务与其他业务相分离，资产管理产品与其代销的金融产品相分离，资产管理产品之间相分离，资产管理业务操作与其他业务操作相分离。

（九）人工智能投顾措施

1. 运用人工智能技术开展投资顾问业务应当取得投资顾问资质。

2. 保险资产管理机构运用人工智能技术开展资产管理业务应当严格遵守有关投资者适当性、投资范围、信息披露、风险隔离等一般性规定，不得借助人工智能业务夸大宣传资产管理产品或者误导投资者。

3. 保险资产管理机构应当向金融监督管理部门报备人工智能模型的主要参数以及资产配置的主要逻辑，为投资者单独设立智能管理账户，充分提示人工智能算法的固有缺陷和使用风险，明晰交易流程，强化留痕管理，严格监控智能管理账户的交易头寸、风险限额、交易种类、价格权限等。

4. 保险资产管理机构应当根据不同产品投资策略研发对应的人工智能算法或者程序化交易，避免算法同质化加剧投资行为的顺周期性，并针对由此可能引发的市场波动风险制定应对预案。因算法同质化、编程设计错误、对数据利用深度不够等人工智能算法模型缺陷或者系统异常，导致羊群效应、影响金融市场稳定运行的，保险资产管理机构应当及时采取人工干预措施，强制调整或者终止人工智能业务。

（十）关联交易监管措施

保险资产管理机构不得以资产管理产品的资金与关联方进行不正当交易、利益输送、内幕交易和操纵市场，包括但不限于投资于关联方虚假项目、与关联方共同收购上市公司、向本机构注资等。

保险资产管理机构的资产管理产品投资本机构、托管机构及其控股股东、实际控制人或者与其有其他重大利害关系的公司发行或者承销的证券，或者从事其他重大关联交易的，应当建立健全内部审批机制和评估机制，并向投资者充分披露信息。

（十一）保险资产管理机构开展公募产品的监管要求

1. 资产管理产品所投资资产的集中度

（1）单只公募资产管理产品投资单只证券或者单只证券投资基金的市值不

得超过该资产管理产品净资产的 10%。

（2）同一保险资产管理机构发行的全部公募资产管理产品投资单只证券或者单只证券投资基金的市值不得超过该证券市值或者证券投资基金市值的 30%。其中，同一保险资产管理机构全部开放式公募资产管理产品投资单一上市公司发行的股票不得超过该上市公司可流通股票的 15%。

（3）同一保险资产管理机构全部资产管理产品投资单一上市公司发行的股票不得超过该上市公司可流通股票的 30%。

2. 资产管理产品负债比例（总资产/净资产）上限

同类产品适用统一的负债比例上限。每只开放式公募产品的总资产不得超过该产品净资产的 140%，每只封闭式公募产品、每只私募产品的总资产不得超过该产品净资产的 200%。计算单只产品的总资产时应当按照穿透原则合并计算所投资资产管理产品的总资产。

3. 公募产品和开放式私募产品不得进行份额分级。分级资产管理产品是指存在一级份额以上的份额为其他级份额提供一定的风险补偿，收益分配不按份额比例计算，由资产管理合同另行约定的产品。分级私募产品的总资产不得超过该产品净资产的 140%。分级私募产品应当根据所投资资产的风险程度设定分级比例（优先级份额/劣后级份额，中间级份额计入优先级份额）。

（1）固定收益类产品的分级比例不得超过 3：1；

（2）权益类产品的分级比例不得超过 1：1；

（3）商品及金融衍生品类产品、混合类产品的分级比例不得超过 2：1。

4. 发行分级资产管理产品的金融机构应当对该资产管理产品进行自主管理，不得转委托给劣后级投资者。

5. 分级资产管理产品不得直接或者间接对优先级份额认购者提供保本保收益安排。

（十二）资管产品久期管理措施

1. 为降低期限错配风险，保险资产管理机构应当强化资产管理产品久期管理，封闭式资产管理产品期限不得低于 90 天。资产管理产品直接或者间接投资于非标准化债权类资产的，非标准化债权类资产的终止日不得晚于封闭式资产管理产品的到期日或者开放式资产管理产品的最近一次开放日。

2. 资产管理产品直接或者间接投资于未上市企业股权及其受（收）益权的，应当为封闭式资产管理产品，并明确股权及其受（收）益权的退出安排。未上市企业股权及其受（收）益权的退出日不得晚于封闭式资产管理产品的到期日。

七、资管产品的登记和交易

保险资产管理机构开展保险资产管理产品业务，应当在中国银保监会认可的资产登记交易平台进行发行、登记、托管、交易、结算、信息披露以及相关信用增进和抵质押融资等业务。

保险资金投资保险资产管理产品以外的其他金融产品，金融产品信息应当在中国银保监会认可的资产登记交易平台进行登记和披露，具体操作参照保险资产管理产品相关规定执行。

其他金融产品是指商业银行、信托公司、证券公司、基金公司及其子公司等金融机构依照相关法律、行政法规发行，符合中国银保监会规定的金融产品。

注：全国性的保险资产交易平台——上海保险交易所股份有限公司（简称“上海保交所”“SHIE”），网址：https：//www. shie. com. cn，经营范围：为保险、再保险、保险资产管理及相关产品的交易提供场所、设施和服务，制定并实施相关业务规则，协助委托人选择保险经纪公司、保险公司、再保险公司等保险机构及办理相关手续，代理销售保险及相关产品并代理收取费用，提供保险、再保险、保险资产管理的支付、结算，提供信息安全咨询、信息技术外包服务，提供与保险、再保险市场相关的研究咨询、教育培训及数据信息服务，开展与公司业务相关的投资，法律法规允许的其他业务。

第五节　关联交易合规与风险控制

一、法规导航

1.《保险公司关联交易管理暂行办法》(保监发〔2007〕24 号)

2.《保险公司资金运用信息披露准则第 1 号：关联交易》(保监发〔2014〕44 号)

3.《中国保险监督管理委员会关于进一步加强保险公司关联交易管理有关事项的通知》(保监发〔2017〕52 号)

二、关联交易控制委员会设立及职责

1. 保险公司应当设立关联交易控制委员会，或指定审计委员会负责关联方识别维护、关联交易的管理、审查、批准和风险控制。

2. 设立关联交易控制委员会的，成员不得少于 5 人，公司指定一名执行董事担任负责人，成员应当包括合规负责人等管理层有关人员。

3. 一般关联交易按照内部程序审批，最终报关联交易控制委员会或审计委员会备案或批准；重大关联交易经由关联交易控制委员会或审计委员会审查后，按照有关规定提交董事会批准。

4. 保险公司应当进一步完善关联交易的内部控制机制，优化关联交易管理流程，合规、业务、财务等关键环节的审查意见以及关联交易控制委员会等会议决议应当清晰留痕并存档。

三、保险公司关联方的认定

根据《保险公司关联交易管理暂行办法》的规定，保险公司关联方分为三类：

（一）以股权关系为基础的关联方

1. 保险公司股东及其董事长、总经理；

2. 保险公司股东直接、间接、共同控制的法人或者其他组织及其董事长、总经理；

3. 保险公司股东的控股股东及其董事长、总经理；

4. 保险公司直接、间接、共同控制的法人或者其他组织及其董事长、总经理。

注：保险公司股东，是指能够直接、间接、共同持有或者控制保险公司5%以上股份或表决权的股东。

（二）以经营管理权为基础的关联方

1. 保险公司董事、监事和总公司高级管理人员及其近亲属；

2. 保险公司董事、监事和总公司高级管理人员及其近亲属直接、间接、共同控制或者可施加重大影响的法人或者其他组织。

（三）其他关联方

其他关联方是指能够对保险公司施加重大影响，不按市场独立第三方价格或者收费标准与保险公司进行交易的自然人、法人或者其他组织。

注：

1. 控制，是指有权决定保险公司、其他法人或组织的人事、财务和经营决策，并可据以从其经营活动中获取利益。

2. 共同控制，是指按合同约定或一致行动时，对某项经济活动所共有的控制。

3. 重大影响，是指对保险公司、其他法人或组织的财务和经营政策有参与决策的权力，但并不能够控制或者与其他方一起共同控制这些政策的制定。

4. 近亲属，是指配偶、父母、子女、兄弟姐妹、祖父母、外祖父母、孙子女、外孙子女。

四、保险公司关联交易的认定

（一）保险公司关联交易

保险公司关联交易是指保险公司与关联方之间发生的如下交易：

1. 保险公司资金的投资运用和委托管理；

2. 固定资产的买卖、租赁和赠与；

3. 保险业务和保险代理业务；

4. 再保险的分出或者分入业务；

5. 为保险公司提供审计、精算、法律、资产评估、广告、职场装修等服务；

6. 担保、债权债务转移、签订许可协议以及其他导致公司利益转移的交易活动。

（二）重大关联交易和一般关联交易

保险公司关联交易分为重大关联交易和一般关联交易。其中重大关联交易是保险公司与一个关联方之间单笔交易额占保险公司上一年度末净资产的1%以上或超过3,000万元，或者一个会计年度内保险公司与一个关联方的累计交易额占保险公司上一年度末净资产的5%以上的交易。

（三）《保险公司资金运用信息披露准则第 1 号：关联交易》

保险公司与关联方之间开展以下关联交易，应当于签订交易协议后 10 个工作日内（无交易协议的，自事项发生之日起 10 个工作日内），按照规定在保险公司网站和中华人民共和国保险行业协会网站发布信息披露公告。

1. 在关联方办理银行存款（活期存款除外）业务；

2. 投资关联方的股权、不动产及其他资产；

3. 投资关联方发行的金融产品，或投资基础资产包含关联方资产的金融产品。

（四）穿透认定

中国银保监会基于《保险公司关联交易管理暂行办法》和《企业会计准则》的有关规定，按照实质重于形式的原则穿透认定关联方和关联交易行为。

1. 保险公司关联方追溯至信托计划等金融产品或其他协议安排的，穿透至实际权益持有人认定关联关系。

2. 保险公司投资或委托投资于金融产品，底层基础资产包含保险公司或保险资产管理公司的关联方资产的，构成关联交易。

3. 保险资金投资股权所形成的关联方（已受所在金融行业监管的机构除外）与保险公司其他关联方发生的重大关联交易，保险公司应当建立风险控制机制，并向保监会及时报告关联交易有关情况，保险公司全资子公司之间的交易除外。

4. 中国银保监会按照实质重于形式的原则认定的其他关联关系以及关联交易行为。

（五）统一交易协议

签订统一交易协议应当符合以下规定：

1. 统一交易协议的内部审查、报告和信息披露参照重大关联交易办理。统一交易协议项下发生的关联交易无需逐笔报送，在关联交易季度报告中一并报送；

2. 统一交易协议签订期限一般不超过三年。无明确期限或者期限超过三年的统一交易协议应当自本通知生效之日起的一年内重新签订；

3. 对于统一交易协议项下发生的资金运用行为，在底层基础资产涉及保险公司关联方的，应当按照有关规定进行关联交易审查并报告。

五、保险公司关联交易的信息披露

保险公司以下关联交易应当逐笔报告和披露：

1. 资金运用类关联交易，包括资金的投资运用和委托管理；

2. 与关联自然人交易金额在 30 万元以上或与关联法人交易金额在 300 万元以上的资产类关联交易，包括固定资产、无形资产的买卖、租赁和赠与；

3. 与关联自然人交易金额在 30 万元以上或与关联法人交易金额在 300 万元以上的利益转移类关联交易，包括提供财务资助、债权债务转移或重组、签订许可协议、捐赠、抵押等导致公司财产或利益转移的交易活动。

第六节　保险资金投资金融产品及大类资产配置合规与风险控制

一、法规导航

1.《中国保险监督管理委员会关于保险资金投资有关金融产品的通知》（保监发〔2012〕91 号）

2.《中国银保监会办公厅关于保险资金投资集合资金信托有关事项的通知》（银保监办发〔2019〕144 号）

3.《中国保险监督管理委员会关于加强和改进保险资金运用比例监管的通知》（保监发〔2014〕13 号）

4.《中国保险监督管理委员会关于保险资金运用监管有关事项的通知》（保监发〔2012〕44 号）

二、保险资金投资金融产品的监管要求

<table>
<tr><th>金融产品</th><th colspan="2">监管要求</th></tr>
<tr><td>银行存款</td><td>1. 保险资金用于银行存款的，银行应当满足：
（1）资本充足率、净资产和拨备覆盖率等符合监管要求；
（2）治理结构规范、内控体系健全、经营业绩良好；
（3）最近三年未发现重大违法违规行为；
（4）信用等级达到中国银保监会规定的标准。
2. 发行银行上年末经审计的净资产应当不低于300亿元人民币或者为境内外主板上市商业银行，信用等级不低于国内信用评级机构评定的A级或者相当于A级的信用级别，境外上市并免于国内信用评级的，信用等级不低于国际信用评级机构评定的BB级或者相当于BB级的信用级别。
3. 保险公司办理银行存款业务，存款银行最近一年长期信用评级要求达到A级或者相当于A级以上。
4. 保险公司办理银行存款业务，应当选择取得保险资金托管资质的商业银行或者其他专业金融机构实施第三方托管，防范资金挪用风险。</td><td rowspan="4">1. 募集资金投资方向应当符合国家宏观政策、产业政策和监管政策；产品结构简单，基础资产清晰，信用增级安排确凿，具有稳定可预期的现金流；建立信息披露机制和风险隔离机制，并实行资产托（保）管。保险资金应当优先投资在公开平台登记发行和交易转让的金融产品。
2. 资产投资范围限于境内市场的信贷资产、存款、货币市场工具及公开发行且评级在投资级以上的债券，且基础资产由发行银行独立负责投资管理，自主风险评级处于风险水平最低的一级至三级。
3. 保险公司投资金融产品，应当符合下列条件：</td></tr>
<tr><td>债券</td><td>应当达到中国银保监会认可的信用评级机构评定的，且符合规定要求的信用级别，主要包括政府债券、金融债券、企业（公司）债券、非金融企业债务融资工具以及符合规定的其他债券。</td></tr>
<tr><td>股票</td><td>公开发行并上市交易的股票和上市公司向特定对象非公开发行的股票。
保险资金开展股票投资，分为一般股票投资、重大股票投资和上市公司收购等，中国银保监会根据不同情形实施差别监管。
保险资金投资全国中小企业股份转让系统挂牌的公司股票，以及以外币认购及交易的股票，由中国银保监会另行规定。</td></tr>
<tr><td>证券投资基金</td><td>参见第二章保险资金运用——专项资产配置业务法律合规与风险控制第五节信托计划投资合规与风险控制。</td></tr>
</table>

续表

<table>
<tr><th>金融产品</th><th colspan="2">监管要求</th></tr>
<tr><td>股权</td><td>境内依法设立和注册登记，且未在证券交易所公开上市的股份有限公司和有限责任公司的股权。</td><td rowspan="6">（1）上季度末偿付能力充足率不低于 120%；
（2）具有公司董事会或者董事会授权机构批准投资的决议；
（3）具有完善的投资决策与授权机制、风险控制机制、业务操作流程、内部管理制度和责任追究制度；
（4）资产管理部门合理设置投资金融产品岗位，并配备专职人员；
（5）已经建立资产托管机制，资金管理规范透明；
（6）信用风险管理能力达到规定标准；
（7）最近三年未发现重大违法违规行为。
保险公司委托投资的，不受第（4）、（6）项的限制。</td></tr>
<tr><td>信贷资产支持证券</td><td>入池基础资产限于五级分类为正常类和关注类的贷款。按照孰低原则，产品信用等级不低于国内信用评级机构评定的 A 级或相当于 A 级的信用级别。
保险资金投资的信贷资产支持证券，担任发起机构的银行业金融机构，其净资产和信用等级不低于国内信用评级机构评定的 A 级或者相当于 A 级的信用级别，境外上市并免于国内信用评级的，信用等级不低于国际信用评级机构评定的 BB 级或者相当于 BB 级的信用级别。</td></tr>
<tr><td>资金信托计划</td><td>基础资产限于融资类资产和风险可控的非上市权益类资产，且由受托人自主管理，承担产品设计、项目筛选、投资决策及后续管理等实质性责任。其中，固定收益类的集合资金信托计划，信用等级应当不低于国内信用评级机构评定的 A 级或者相当于 A 级的信用级别。
担任受托人的信托公司应当具有完善的公司治理、良好的市场信誉和稳定的投资业绩，上年末经审计的净资产不低于 30 亿元人民币。</td></tr>
<tr><td>专项资产管理计划</td><td>应当符合证券公司企业资产证券化业务的有关规定，信用等级不低于国内信用评级机构评定的 A 级或者相当于 A 级的信用级别。
担任计划管理人的证券公司上年末经审计的净资产应当不低于 60 亿元人民币，证券资产管理公司上年末经审计的净资产应当不低于 10 亿元人民币。</td></tr>
<tr><td>基础设施债权投资计划</td><td>应当符合《保险资金间接投资基础设施项目管理办法》等有关规定，基础资产限于投向国务院、有关部委或者省级政府部门批准的基础设施项目债权资产。偿债主体最近一个会计年度资产负债率、经营现金流与负债比率和利息保障倍数，达到同期全国银行间债券市场新发行债券企业行业平均水平。产品信用等级不低于国内信用评级机构评定的 A 级或者相当于 A 级的信用级别。</td></tr>
</table>

续表

金融产品	监管要求
不动产投资计划	应当符合《保险资金投资不动产暂行办法》等有关规定。不动产投资计划属于固定收益类的，应当具有合法有效的信用增级安排，信用等级不低于国内信用评级机构评定的 A 级或者相当于 A 级的信用级别；属于权益类的，应当落实风险控制措施，建立相应的投资权益保护机制。
资产证券化产品	金融机构以可特定化的基础资产所产生的现金流为偿付支持，通过结构化等方式进行信用增级，在此基础上发行的金融产品。
创业投资基金等私募基金	主要投资创业企业普通股或者依法可转换为普通股的优先股、可转换债券等权益的股权投资基金。
控股投资及自购不动产	1. 保险集团（控股）公司、保险公司购置自用不动产、开展上市公司收购或者从事对其他企业实现控股的股权投资，应当使用自有资金。 2. 保险集团（控股）公司、保险公司对其他企业实现控股的股权投资，应当满足有关偿付能力监管规定。保险集团（控股）公司的保险子公司不符合中国银保监会偿付能力监管要求的，该保险集团（控股）公司不得向非保险类金融企业投资。 实现控股的股权投资应当限于下列企业： （1）保险类企业，包括保险公司、保险资产管理机构以及保险专业代理机构、保险经纪机构、保险公估机构； （2）非保险类金融企业； （3）与保险业务相关的企业。 3. 保险集团（控股）公司、保险公司购置自用不动产、开展上市公司收购或者从事对其他企业实现控股的股权投资，应当使用自有资金。
创新业务监管	保险机构开展保险私募基金、股权投资计划、政府和社会资本合作（PPP）等保险资金运用创新业务，要遵循审慎合规原则，投资收益应当与被投资企业的经营业绩或股权投资基金的投资收益挂钩，不得要求地方政府或融资平台公司通过支付固定投资回报或约定到期、强制赎回投资本金等方式承诺保障本金和投资收益，不得为地方政府违法违规或变相举债提供任何形式的便利。

续表

金融产品	监管要求
保险资金投资融资平台公司	1. 保险机构向融资平台公司提供债权投资的，应当对投资是否符合相关法律法规出具专项法律意见。 2. 融资平台公司作为融资主体的，其自有现金流应当覆盖全部应还债务本息，并向保险机构主动声明不承担政府融资职能。 3. 严禁违法违规向地方政府提供融资，不得要求地方政府违法违规提供担保。 4. 地方政府及其所属部门不得以文件、会议纪要、领导批示等任何形式，向保险机构违法违规或变相举债。

注：

1. 本表根据中国银保监会后续发布的相关规定删除了不适用的条款。

2. 保险资金禁止投资的领域

（1）存款于非银行金融机构；

（2）买入被交易所实行“特别处理”“警示存在终止上市风险的特别处理”的股票；

（3）投资不符合国家产业政策的企业股权和不动产；

（4）直接从事房地产开发建设；

（5）将保险资金运用形成的投资资产用于向他人提供担保或者发放贷款，个人保单质押贷款除外；

（6）中国银保监会禁止的其他投资行为。

三、保险公司配置大类资产运用上限比例

投资标的	账面余额上限比例
权益类资产	账面余额合计不高于本公司上季末总资产的30%，且重大股权投资的账面余额，不高于本公司上季末净资产。账面余额不包括保险公司以自有资金投资的保险类企业股权。
不动产类资产	账面余额合计不高于本公司上季末总资产的30%。账面余额不包括保险公司购置的自用性不动产。 保险公司购置自用性不动产的账面余额，不高于本公司上季末净资产的50%。
其他金融资产	账面余额合计不高于本公司上季末总资产的25%。

续表

投资标的	账面余额上限比例
境外投资	账面余额合计不高于本公司上季末总资产的15%。
单一固定收益类资产、权益类资产、不动产类资产、其他金融资产	账面余额均不高于本公司上季末总资产的5%。投资境内的中央政府债券、准政府债券、银行存款，重大股权投资和以自有资金投资保险类企业股权，购置自用性不动产，以及集团内购买保险资产管理产品等除外。单一资产投资是指投资大类资产中的单一具体投资品种。投资品种分期发行，投资单一资产的账面余额为各分期投资余额合计。
单一法人主体	余额合计不高于本公司上季末总资产的20%。投资境内的中央政府债券、准政府债券和以自有资金投资保险类企业股权等除外。 单一法人主体是指保险公司进行投资而与其形成直接债权或直接股权关系的具有法人资格的单一融资主体。

注：本表根据中国银保监会后续发布的相关规定删除了不适用的条款。

四、保险投资资产风险五级分类

（一）保险投资资产的风险划分类别及分类标准

保险投资资产按照风险程度分为正常、关注、次级、可疑和损失五类，后三类合称为不良资产。

类别	判断标准
正常类	资产未出现减值迹象，资金能够正常回收，没有足够理由怀疑资产及收益会发生损失。其基本特征为“一切正常”。
关注类	资产未出现显著减值迹象，但存在一些可能造成资产及收益损失的不利因素。其基本特征为“潜在缺陷”。
次级类	资产已出现显著减值迹象，即使采取各种可能措施，资产仍可能形成一定损失，但损失较小。其基本特征为“缺陷明显，损失较小”。
可疑类	资产已显著减值，即使采取措施，也肯定要形成较大损失。其基本特征为“肯定损失，损失较大”。
损失类	在采取所有可能的措施或一切必要的法律程序之后，资产仍然全部损失或只能收回极少部分。其基本特征为“基本损失”。

（二）固定收益类资产、不动产类资产、股权投资类资产的细分标准

1. 固定收益类资产分类标准

类别	判断标准
正常类	偿债主体和交易相关各方能够履行合同或协议，没有足够理由怀疑保险机构投资的本金及收益不能按时足额收回。
关注类	尽管偿债主体和交易相关各方目前有能力偿还，但存在一些可能对偿还产生不利影响的因素。
次级类	偿债主体的偿还能力出现明显问题，完全依靠其正常经营收入无法足额偿还保险机构投资的本金及收益，即使执行增信措施，也可能会造成一定损失。
可疑类	偿债主体无法足额偿还保险机构投资的本金及收益，即使执行增信措施，也肯定要造成较大损失。
损失类	在采取所有可能的措施或一切必要的法律程序之后，保险机构投资的本金及收益仍然无法收回，或只能收回极少部分。

2. 不动产类资产分类标准

<table>
<tr><th>类别</th><th colspan="2">判断标准</th></tr>
<tr><td>正常类</td><td>不动产的公允评估价值不低于投资成本，没有影响该不动产价值的重大不利因素。</td><td rowspan="5">（1）需要进行风险分类的资产为以成本法计量的非自用性不动产，其主要形式包括：商业不动产、办公不动产、符合条件的政府土地储备项目、与保险业务相关的养老、医疗、汽车服务等符合中国银保监会规定的投资不动产类别。
（2）非自用性不动产的分类主要考虑不动产的公允评估价值。公允评估价值的确定原则为：如存在活跃市场的，则其市场价值即为其公允评估价值；如不存在活跃市场，但类似资产存在活跃市场的，该不动产的公允评估价值应比照相关类似资产的市场价值确定；如本身不存在活跃市场，也不存在类似的资产活跃市场，则公允评估价值采用近一年内全国性资产评估公司做出的评估价值。</td></tr>
<tr><td>关注类</td><td>不动产的公允评估价值虽不低于投资成本，但估计存在影响不动产投资的不利因素，如宏观经济、行业和市场发生不利变化。</td></tr>
<tr><td>次级类</td><td>不动产的公允评估价值低于投资成本，不动产投资存在一定风险，预计损失程度在30%以内。</td></tr>
<tr><td>可疑类</td><td>不动产的公允评估价值低于投资成本，不动产投资存在较大风险，预计损失程度在30%（含）~80%之间。</td></tr>
<tr><td>损失类</td><td>不动产的公允评估价值低于投资成本，不动产投资肯定损失，预计损失程度在80%（含）以上。
预计损失程度=［（投资成本－公允评估价值）/投资成本］×100%。</td></tr>
</table>

3. 股权投资资产分类标准

（1）根据保险资金投资股权的相关规定，对于可以获得被投资企业股权公允市场价格的，按投资成本与公允市场价格孰低法进行分类。公允市场价格的确定原则为：如存在活跃市场的，其市价即为公允市场价格；如不存在活跃市场，但类似股权存在活跃市场的，该股权的公允市场价格应比照相关类似股权的市价确定。类似股权建议选择上市公司，参考标准为：公司所属行业、总资产、净资产、每股收益、净资产收益率等。

类别	判断标准
正常类	公允市场价格不低于投资成本，没有影响股权投资的不利因素。
关注类	公允市场价格虽不低于投资成本，但估计存在影响股权投资的不利因素。
次级类	公允市场价格低于投资成本，股权投资存在一定风险，预计损失率在30%以内。
可疑类	公允市场价格低于投资成本，股权投资存在较大风险，预计损失率在30%（含）~80%之间。
损失类	公允市场价格低于投资成本，股权投资肯定损失，预计损失率在80%（含）以上。预计损失率=［（投资成本－公允市场价格）/投资成本］×100%。

（2）对于无法获得被投资企业股权公允市场价格的，应综合考虑被投资企业的经营状况、财务状况、盈利能力、净资产等因素，以及股权的退出机制安排，整体评价其风险状况和预计损失程度。

类别	判断标准
正常类	应同时满足如下条件：（1）持股净资产总额不低于投资成本；（2）被投资企业的经营状况良好、盈利能力较强、按约定正常分红；（3）股权具有明确的、有效的退出机制安排。
关注类	同时满足如下条件：（1）持股净资产总额不低于投资成本；（2）被投资企业的盈利能力一般，已不能按约定正常分红；（3）股权的退出机制不太明确或有效性较弱。
次级类	出现下列情形之一：（1）持股净资产总额低于投资成本，预计损失程度在30%以内；（2）被投资企业的盈利能力较差，经营出现较大问题，连续三年不能按约定分红。对新开业（不满三年）企业的股权投资，持股净资产总额低于投资成本，但被投资企业的经营状况良好，经营前景较好，相应的股权投资可划分为关注类。

续表

类别	判断标准
可疑类	出现下列情形之一：(1) 持股净资产总额低于投资成本，预计损失程度在30%（含）~80%之间；(2) 被投资企业出现经营危机或有重大违规问题，监管部门已对其发出警示或整改通知；(3) 被投资企业资不抵债，但差额较小。
损失类	出现下列情形之一：(1) 持股净资产总额低于投资成本，预计损失程度在80%（含）以上；(2) 被投资企业资不抵债，且差额较大；(3) 被投资企业已被宣告破产、接管、撤销，或停止经营、名存实亡，进入清算程序等。 预计损失程度 = [（投资成本 - 持股净资产总额）/投资成本] ×100%，其中，持股净资产总额 = 每股净资产 × 保险机构持股数。 自投资发生之日起不满两年的股权投资，可以不考虑上述分类标准的第（1）项因素。

(3) 股权金融产品的分类，主要采用穿透法，重点对股权所指向企业的质量和风险状况进行评估，同时考虑股权投资管理机构的资信状况、投资管理能力、风险控制措施、投资权益保护机制、股权退出机制安排等因素，合理确定该类产品的风险分类。以下为基础资产为单个标的企业的国际判断标准（基础资产为多个标的企业的参照执行）。

类别	判断标准
正常类	应同时满足如下条件：(1) 标的企业经营状况良好、盈利能力较强，能按约定正常分红；(2) 股权投资管理机构能够履行投资合同或协议，经营业绩良好；(3) 股权投资管理机构具有预期可行的股权退出机制安排。
关注类	出现下列情形之一：(1) 标的企业的盈利能力一般，已不能按约定正常分红；(2) 股权投资管理机构虽然目前能够履行投资合同或协议，但存在一些可能对履行合同或协议产生不利影响的因素；(3) 股权投资管理机构安排的股权退出机制不太明确或有效性较弱。
次级类	出现下列情形之一：(1) 标的企业盈利能力较差，经营出现较大问题，财务状况出现恶化现象，连续三年不能按约定分红；(2) 股权投资管理机构存在一定的违约可能性，或已不能正常履行投资合同或协议，可能会给保险机构的股权投资造成一定损失，预计损失程度在30%以内。

续表

类别	判断标准
可疑类	出现下列情形之一：（1）标的企业出现经营危机，财务状况严重恶化或有重大违规问题，监管部门已对其发出警示或整改通知；（2）标的企业资不抵债，但差额较小；（3）股权投资管理机构存在较大的违约可能性，或基本不能履行投资合同或协议，肯定会给保险机构的股权投资造成较大损失，预计损失程度在30%（含）～80%之间。
损失类	出现下列情形之一：（1）标的企业资不抵债，且差额较大；（2）标的企业已被宣告破产、接管、撤销，或停止经营、名存实亡，进入清算程序等；（3）股权投资管理机构已宣布违约，在采取所有可能的措施或一切必要的法律程序之后，保险机构的股权投资仍然全部损失或只能收回极少部分，预计损失程度在80%（含）以上。 预计损失程度=［（股权投资成本－收回投资额）/股权投资成本］×100%。

第七节　地方政府融资平台合规与风险控制

一、法规导航

1.《国务院关于加强地方政府融资平台公司管理有关问题的通知》（国发〔2010〕19号）

2.《中国保险监督管理委员会、财政部关于加强保险资金运用管理支持防范化解地方政府债务风险的指导意见》（保监发〔2018〕6号）

二、地方政府融资平台的定义

根据《国务院关于加强地方政府融资平台公司管理有关问题的通知》（国发〔2010〕19号）规定，地方政府融资平台公司指由地方政府及其部门和机构等通过财政拨款或注入土地、股权等资产设立，承担政府投资项目融资功能，并拥有独立法人资格的经济实体。

三、地方政府融资平台的市场化运作条件

根据《国务院关于加强地方政府融资平台公司管理有关问题的通知》（国发〔2010〕19号）规定，地方政府融资平台的市场化运作需满足几个条件：

1. 地方政府设立融资平台公司的，必须严格依照有关法律法规办理，足额注入资本金，学校、医院、公园等公益性资产不得作为资本注入融资平台公司。

2. 地方政府在出资范围内对融资平台公司承担有限责任，实现融资平台公司债务风险内部化。

3. 地方政府融资平台公司向银行业金融机构申请贷款须落实到项目，以项目法人公司作为承贷主体，并符合有关贷款条件的规定。

4. 地方政府融资平台融资项目必须符合国家宏观调控政策、发展规划、行业规划、产业政策、行业准入标准和土地利用总体规划等要求，按照国家有关规定履行项目审批、核准或备案手续。要严格按照规定用途使用资金，讲求效益，稳健经营。

5. 地方政府融资平台凡没有稳定现金流作为还款来源的，不得发放贷款。向融资平台公司新发贷款要直接对应项目，并严格执行国家有关项目资本金的规定。

四、保险资金投资融资平台公司的业务合规性

1. 保险机构向融资平台公司提供债权投资的，应当对投资是否符合相关法律法规出具专项法律意见。

2. 融资平台公司作为融资主体的，其自有现金流应当覆盖全部应还债务本息，并向保险机构主动声明不承担政府融资职能，且2015年1月1日起其新增债务依法不属于地方政府债务。

3. 投资项目为公益性项目的，应当符合法律或国务院规定，且融资主体和担保主体不得同为融资平台公司。

4. 融资平台公司还款来源涉及财政性资金的，保险机构应当严格核实地方政府履行相关程序的合规性和完备性，并进一步综合区域经济和财政实力、拟投项目可行性等因素，充分评估地方政府的财政可承受力，审慎开展投资。

5. 保险机构要将融资平台公司视同一般国有企业，根据项目情况而不是政府信用独立开展风险评估，严格实施市场化融资。

6. 保险机构应当严格执行《预算法》《担保法》和《国务院关于加强地方政府性债务管理的意见》（国发〔2014〕43 号）等法律和规定，依法合规开展投资业务，鼓励保险机构购买地方政府债券，严禁违法违规向地方政府提供融资，不得要求地方政府违法违规提供担保。

7. 地方政府及其所属部门不得以文件、会议纪要、领导批示等任何形式，向保险机构违法违规或变相举债。

8. 除外国政府和国际经济组织贷款转贷外，地方政府及其所属部门不得对保险机构投资业务中任何单位和个人的债务提供任何方式的担保。

第八节　保险资金境外投资合规与风险控制

一、法规导航

1.《保险资金境外投资管理暂行办法》（中国保险监督管理委员会、中国人民银行、国家外汇管理局令 2007 年第 2 号）

2.《保险资金境外投资管理暂行办法实施细则》（保监发〔2012〕93 号）

二、相关主体资格要求

（一）委托人

委托人，是指在中华人民共和国境内依法设立的保险公司、保险集团公司、保险控股公司等保险机构。从事境外投资需具备：

1. 建立健全的法人治理结构和完善的资产管理体制，内部管理制度和风险控制制度符合《保险资金运用风险控制指引》的规定；

2. 具有较强的投资管理能力、风险评估能力和投资绩效考核能力；

3. 有明确的资产配置政策和策略，实行严格的资产负债匹配管理；

4. 投资管理团队运作行为规范，主管投资的公司高级管理人员从事金融或者其他经济工作10年以上；

5. 财务稳健，资信良好，偿付能力充足率和风险监控指标符合中国银保监会有关规定，近3年没有重大违法、违规记录；

6. 具有经营外汇业务许可证。

（二）受托人

受托人，包括境内受托人和境外受托人。境内受托人是指在中华人民共和国境内依法设立的保险资产管理公司，以及符合中国银保监会规定条件的境内其他专业投资管理机构。境外受托人是指在中华人民共和国境外依法设立，符合中国银保监会规定条件的专业投资管理机构。

1. 境内受托人接受境外保险投资委托，需具备如下条件：

（1）具有从事保险资产管理业务的相关资格；

（2）建立健全的法人治理结构和有效的内部管理制度；

（3）建立严密的风险控制机制，具有良好的境外投资风险管理能力、安全高效的交易管理系统和财务管理系统；

（4）具有经验丰富的管理团队，擅长境外投资和保险资产管理业务，配备一定数量的投资专业人员，主管投资的公司高级管理人员从事金融或者其他经济工作10年以上；

（5）实收资本和净资产均不低于1亿元人民币或者等值的自由兑换货币，资本规模和受托管理的资产规模符合中国银保监会规定；

（6）财务稳健，资信良好，风险监控指标符合中国银保监会的有关规定，近3年没有重大违法、违规记录。

2. 境外受托人从事保险资金境外投资受托管理业务，应当具备下列条件：

（1）具有独立法人资格，依照所在国家或者地区的法律，具有从事资产管理业务的相关资格；

（2）建立健全的法人治理结构，实行有效的内部管理制度；

（3）建立严密的风险控制机制、安全高效的交易管理系统和财务管理系统，具备全面的风险管理能力；

（4）具有经验丰富的管理团队，擅长保险资产管理业务，配备一定数量的投资专业人员且平均专业投资经验在10年以上；

（5）财务稳健，资信良好，风险监控指标符合所在国家或者地区法律和监管机构的有关规定，近3年没有重大违法、违规记录；

（6）有符合中国银保监会规定的资本规模和资产管理规模；

（7）购买与资产管理规模相适应的有关责任保险；

（8）所在国家或者地区的金融监管制度完善，金融监管机构与中华人民共和国金融监管机构已经签订监管合作文件，并保持有效的监管合作关系。

除此之外，还需规范决策和操作流程，实行专业岗位分离制度，建立内部控制和稽核监督机制，防范操作及其他风险，保障保险资金境外投资有序运行，应当建立重大突发事件应急机制，防范化解重大突发风险。

（三）托管人

托管人，是指在中华人民共和国境内依法设立，符合中国银保监会规定条件的商业银行和其他金融机构。担任托管人的商业银行包括中资银行、中外合资银行、外商独资银行和外国银行分行。

托管人从事保险资金境外投资托管业务，应当具备下列条件：

1. 建立健全的法人治理结构，实行有效的内部管理制度；

2. 建立严密的风险控制机制、严格的托管资产隔离制度、安全高效的托管系统和灾难处置系统；

3. 具有经验丰富的管理团队，设立熟悉全球托管业务的专业托管部门，配备一定数量的托管业务人员；

4. 上年末资本充足率达到10%、核心资本充足率达到8%，财务稳健，资信良好，风险监控指标符合有关规定，近3年没有重大违法、违规记录；

5. 有符合中国银保监会规定的资本规模和托管资产规模；

6. 具有结售汇业务资格。

三、保险资金境外投资的投资形式、投资品种

注：用于境外投资的保险资金，是指委托人自有外汇资金、用人民币购买的外汇资金及上述资金境外投资形成的资产。

保险资金境外投资限于下列投资形式或者投资品种：

1. 商业票据、大额可转让存单、回购与逆回购协议、货币市场基金等货币市场产品；

2. 银行存款、结构性存款、债券、可转债、债券型基金、证券化产品、信托型产品等固定收益产品；

3. 股票、股票型基金、股权、股权型产品等权益类产品；

4. 《保险法》和国务院规定的其他投资形式或者投资品种。

注：委托人可以授权受托人运用远期、掉期、期权、期货等金融衍生产品，进行风险对冲管理。

金融衍生产品仅用于规避投资风险，不得用于投机或者放大交易。

第九节　保险资金投资违规处罚案例

中国银保监会对保险金融机构开展保险资金投资业务主要进行事后监管，保险金融机构开展保险资金投资合规与风控主要基于公司内部的规范性运作和借助外部中介机构如律师事务所和会计师事务所的专业判断。但是，中国保险资金投资运用还处于起步阶段，近十年来，保险资金投资运用的领域不断拓宽，金融创新不断完善，保险资金已经成为支持实体经济的重要力量。一些保险金融机构由于对保险资金运用的合规和风控意识不强，尚未建立有效的内外部合规风控体系，导致出现一些违法或者违规使用保险资金的行为。集中体现在保险资金违规购买股票及违规举牌上市公司，违规投资不具有增信措施的金融产品，违规将保险资金委托给不具备管理保险资产资质的金融机构等。

序号	处罚对象	处罚决定书	违法行为	处罚内容
1	永安财产保险股份有限公司	保监罚〔2009〕29号	2007年7月至2008年6月期间，永安产险违规购买11只无担保可转换公司债券，运用资金数额巨大，情节严重，违反了《保险法》第105条及《保险机构投资者债券投资管理暂行办法》第33条的相关规定。	依据《保险法》第145条的规定，中国保险监督管理委员会（以下简称我会）决定对永安产险作出罚款人民币20万元，限制投资可转换公司债券6个月（现有可转换公司债券只准卖出，不准买入）的行政处罚。
2	大众保险股份有限公司	保监罚〔2009〕31号	2007年9月，你公司未向我会提出申请，交付资金人民币500万元申购南方全球精选配置证券投资基金，其中中签3,071,342.12份，共支付资金3,098,979.25元。2008年6月，你公司以每份0.807元的价格将基金全部赎回，净收回资金2,466,180.22元。 你公司申购南方全球精选配置证券投资基金未向我会提出申请的行为，违反了《保险资金境外投资管理暂行规定》第15条、《保险法》第105条的规定。	依据《保险法》第145条的规定，我会决定对你公司作出罚款10万元，限制偏股型基金投资业务3个月（自下发处罚通知之日起3个月内，你公司投资的偏股型基金账户，只准卖出，不准买进）的行政处罚。
3	安信农业保险股份有限公司	保监罚〔2009〕32号	2007年10月，你公司未向我会提出申请，认购嘉实海外证券投资基金6,116,665份，价值611.67万元。2008年5月，你公司以每份0.746元的价格将基金全部赎回，亏损150多万元。 你公司认购嘉实海外证券投资基金未向我会提出申请的行为，违反了《保险资金境外投资管理暂行办法》第15条、《保险法》第105条的规定。	依据《保险法》第145条的规定，我会决定对你公司作出罚款10万元，限制偏股型基金投资业务3个月（自下发处罚通知之日起3个月内，你公司投资的偏股型基金账户，只准卖出，不准买进）的行政处。

续表

序号	处罚对象	处罚决定书	违法行为	处罚内容
4	瑞福德健康保险股份有限公司	保监罚〔2010〕11号	2008年12月15日至2009年1月14日，我会对你公司进行了综合性检查。经查明，2006年至2008年，你公司存在提供虚假报告和报表、未经批准擅自修改公司章程、未经批准擅自任命董事及高级管理人员、违反规定运用资金、违反规定异地展业等违法违规行为。 我会认为，你公司提供虚假报告和报表的行为，违反了《保险法》（2002年修正）第122条关于保险公司相关报表、文件和资料不得有虚假记载的规定；未经批准擅自修改公司章程的行为，违反了《保险法》（2002年修正）第82条关于修改公司章程必须经保险监督管理机构批准的规定；未经批准擅自任命董事及高级管理人员的行为，违反了《保险公司董事和高级管理人员任职资格管理规定》（2006年）第6条、第30条的规定；违反规定运用资金的行为，违反了《保险法》（2002年修正）第105条、《保险公司投资证券投资基金管理暂行办法》第8条第（2）项的规定；异地展业的行为，违反了《保险公司管理规定》（2004年）第13条、第51条的规定。	鉴于你公司已对上述违法违规行为进行了整改，依据《保险公司管理规定》（2004年）第99条的规定，我会决定对你公司给予警告的行政处罚。
5	赵冰	保监罚〔2010〕15号	2008年12月15日至2009年1月14日，我会对瑞福德健康保险股份有限公司进行了综合性检查。经查明，你在担任瑞福德健康保险股份有限公司投资部门负责人兼董事会投资决策委员会委员期间，对该公司违反我会资金运用管理规定的行为负有直接责任。	依据《保险法》（2002年修正）第150条的规定，我会决定对你给予警告的行政处罚。

续表

序号	处罚对象	处罚决定书	违法行为	处罚内容
			我会认为，你们运用资金的行为，违反了《保险法》（2002 年修正）第 105 条、《保险公司投资证券投资基金管理暂行办法》第 8 条第（2）项的规定。	
6	嘉禾人寿保险股份有限公司	保监罚〔2010〕29 号	嘉禾人寿在 2008 年第 4 季度和 2009 年第 1 季度偿付能力严重不足的情况下，仍继续增加股票投资的行为，违反了《保险法》（2002）第 105 条、《保险机构投资者股票投资管理暂行办法》第 7 条以及第 45 条的相关规定。	依据《保险法》（2002）第 145 条的规定，我会决定给予嘉禾人寿罚款 10 万元的行政处罚。 嘉禾人寿资产管理部总经理肖金和对上述违规投资行为负有直接责任，依据《保险法》（2002）第 150 条的规定，我会决定给予其警告的行政处罚。
7	中国再保险（集团）股份有限公司	保监罚〔2011〕4 号	2010 年 6 月至 9 月，我机关对中再集团进行了综合性现场检查。经查，2007 年至 2009 年，中再集团存在以下行为：违反规定运用资金投资设立中再物业、收购其股权，部分资产、负债、薪酬、业务未按照规定进行会计核算，2007 年未按照规定提取、管理非寿险业务准备金，部分报告未按照规定报送，2009 年度公司治理报告部分内容与事实不符，未按照规定管理董事和高级管理人员。中再集团提出 2007 年度非寿险业务准备金提取与管理行为已经超过两年处罚时效，2009 年度公司治理报告部分内容与事实不符是理解差异的问题等申辩意见。 我机关认为，中再集团于 2008 年 10 月向我机关报送反映有准备金数据的 2007 年度财务报表。中再集团未按照规定提取、管理非寿险业务准备金的违法行为，一直处于不间断状态，应从行为终了	中再集团违反规定运用资金投资设立中再物业，收购其股权的行为，违反了《保险法》（2002 年）第 105 条的规定。依据《保险法》（2002 年）第 145 条第（5）项的规定，我机关决定对中再集团给予罚款 30 万元的行政处罚。 中再集团部分资产、负债、薪酬、业务未按照规定进行会计核算的行为，违反了《保险法》（2002 年）第 122 条的规定。依据《保险法》（2002 年）第 147 条第（1）项的规定，我机关决定对中再集团给予罚款 20 万元的行政处罚。 中再集团 2007 年未按照规定提取、管理非寿险业务准备金的行为，违反了《保险法》（2002 年）第 94 条的规定。依据《保险法》（2002 年）第 145 条第（2）项的规定，我机关决定对中再集团给予

续表

序号	处罚对象	处罚决定书	违法行为	处罚内容
			之日起计算处罚时效；中再集团于2010年5月13日向我机关报送2009年度公司治理报告，该报告存在与报告时点事实不符的内容，并非是理解差异的问题。综上，中再集团申辩理由不成立。	罚款10万元的行政处罚。 中再集团2009年度公司治理报告部分内容与事实不符的行为，违反了《保险法》第86条的规定。依据《保险法》第172条第（1）项的规定，我机关决定对中再集团给予罚款10万元的行政处罚。 中再集团未按照规定管理董事和高级管理人员的行为，分别违反了《保险公司董事和高级管理人员任职资格管理规定》（2006年）第6条、第30条、第31条、第33条的规定，依据《保险公司董事和高级管理人员任职资格管理规定》（2006年）第46条的规定，我机关决定对中再集团给予警告并处罚款1万元的行政处罚。 综上，我机关决定对中再集团给予警告，罚款71万元的行政处罚。
8	国华人寿保险股份有限公司	保监罚〔2012〕8号	2011年11月至12月，我会对国华人寿2009年以来的资金运用情况进行了现场检查。检查发现，国华人寿存在将保险资金委托给不具备资质的机构投资理财的行为：2008年底，时任投资部负责人章俊与副总经理康南翔商议委托上海金保利投资有限公司（以下简称“金保利”）投资事宜。 2009年1月，国华人寿与金保利签署委托投资协议，全权委托金保利投资理财。2009年1月22日、4月26日，国华人寿形成增加委托理财受托方的决议，决定	根据《保险法》第165条，我会决定对国华人寿罚款30万元人民币，并限制其股权和不动产投资业务6个月。 时任总经理付永进，对公司投资业务负有法定管理职责，未尽到审慎的管理责任，并在相关文件上签字，对国华人寿的上述违法行为负有直接责任，依据《保险法》第173条，我会决定对付永进警告，罚款10万元人民币。 时任副总经理康南翔，分管投资业务，参与策划了违规投

续表

序号	处罚对象	处罚决定书	违法行为	处罚内容
			增加金保利的4家关联公司作为委托理财受托方。实际向金保利等公司划拨资金时，由章俊起草签报，申请划拨资金额度，经康南翔签字同意，章俊以投资债券和基金等名义，填写虚假投资交易单，上报公司总经理付永进签字后，由财务部根据投资交易单及投资部口头信息，向金保利等公司划出款项。 经查，金保利等公司均不符合我会规定的相关资质，国华人寿将保险资金交给上述机构投资违反了《保险法》第106条。	资理财事项，并在相关报告上签字，对国华人寿的上述违法行为负有直接责任，根据《保险法》第173条，我会决定对康南翔撤销任职资格。 时任投资部负责人章俊，负责日常投资运作，提出委托投资建议并负责具体实施，提交虚假的投资交易申请单，以投资债券、基金为名申请将保险资金划至金保利等公司，对国华人寿的上述违法行为负有直接责任，根据《保险法》第173条，我会决定对章俊撤销任职资格。 时任财务部负责人邹东军，负责日常财务管理，明知违规委托理财事实，仍在虚假投资交易申请单上签字，批准以投资债券、基金为名划出款项，对国华人寿的上述违法行为负有直接责任，根据《保险法》第173条，我会决定对其警告，罚款5万元人民币。
9	平安资产管理有限责任公司	保监罚〔2015〕2号	2011年12月，平安资产发起设立某债权投资计划，先后分两期募集资金50亿元进行定向投资。2011年12月12日，平安资产向我会报送项目备案报告。检查发现，平安资产在项目管理上未谨慎处理相关投资计划事务。一是平安资产称市场谈判因素导致项目投资收益率发生变更，但我会检查未发现投资收益率变更的任何内部审批文件。二是内部文件记载的核心投资要素与备案文件和相关合同的内容多处不一致。	本案在审理过程中，当事人平安资产、陈德贤提出陈述申辩，申辩意见认为公司确实存在内部文件记载的核心投资要素与备案文件、有关合同内容等不一致的情况，但处罚过严，请求免于处罚。我会对平安资产、陈德贤的申辩意见进行了认真复核，认为本案事实清楚，证据充分，当事人对违规行为的存在也无异议。根据《保险法》和我会相关规定，平安资产的

续表

序号	处罚对象	处罚决定书	违法行为	处罚内容
			备案后内部文件记载的投资收益率与备案文件记载的投资收益率不一致，内部文件记载的相关费用率与债权计划募集说明书和相关合同记载的费用率不一致。 《保险法》第 106 条规定，保险公司资金运用的具体管理办法由我会制定。2006 年，我会制定《保险资金间接投资基础设施项目管理办法》，明确规定投资计划的受托人应当为受益人最大利益谨慎处理投资计划事务。平安资产的上述行为，反映出其在运用保险资金的过程中未尽到审慎管理职责，违反了《保险资金间接投资基础设施项目管理办法》的规定，构成《保险法》规定的违规运用保险资金的行为。 陈德贤，曾任平安资产董事长，负责公司日常经营管理，清楚知悉相关情况但未尽到审慎管理职责，对上述违法行为负有直接责任。 上述事实，有现场检查事实确认书、债权计划备案材料、发行情况报告、募集说明书、公司内部工作签报及工作邮件、议案申报表、投管会秘书处初审意见、债权计划相关合同和报告、相关人员询问笔录、相关人员任职情况和岗位职责等证据证明，足以认定。	有关行为已经构成违规运用保险资金的违法行为，应当依法予以处罚，因此对当事人免于处罚的申辩意见不予采纳。但是，结合本案违法行为的性质和具体情节，对平安资产、陈德贤适当从轻处罚。我会作出如下处罚： 平安资产未谨慎处理投资计划事务的行为，违反了《保险法》第 106 条，构成违规运用保险资金的违法行为，依据《保险法》第 165 条，我会决定对平安资产罚款 10 万元，依据《保险法》第 173 条，我会决定对陈德贤警告并罚款 1 万元。

续表

序号	处罚对象	处罚决定书	违法行为	处罚内容
10	天安人寿保险股份有限公司	保监罚〔2015〕6号	（1）编制和提交虚假资料 一是向我会报送虚假备案材料。2013年8月和2014年1月，天安人寿先后向我会报送《关于报送股票投资管理能力备案申请材料的报告》和《申请不动产投资管理能力备案的报告》，报告均声称配备了相关专业投资人员。经查，其中多数人员从未与公司签订劳动合同，无薪资发放及考勤记录，实际也未在公司工作。二是以虚假发票套取资金。2013年12月、2014年4月相关会计凭证显示报销办公用品费、食品费，但实际所附发票记录的内容和事项虚假，交易事项未真实发生。 郭自光对上述违法行为负有直接责任。 （2）违规运用保险资金 一是违规投资高风险信托产品。2013年11月，天安人寿投资平安财富利锦1号集合资金信托计划，该产品存在结构复杂、非受托人自主管理等情况。二是投资信托产品的增信措施不符合监管规定。天安人寿投资的陕国投重庆高新区开发投资集团应收账款收益权集合资金信托计划实际没有信用增级效力，中海常州城建信托贷款项目集合资金信托计划没有信用增级措施。三是超比例投资。天安人寿投资的利锦1号122期集合资金信托计划、中信昆明空港贷款集合资金信托计划、陕国投重庆高新区开发投资集团应收账款收益权集合资金信托计划等产品的投资金额或者账面余	我会对韩德、郭自光的陈述申辩意见不予采纳，并决定作出如下处罚： （1）天安人寿编制和提交虚假资料的行为，违反了《保险法》（2009年修订）第86条，根据该法第172条，我会决定对天安人寿罚款40万元，根据该法第173条，我会决定对郭自光警告并罚款9万元。 （2）天安人寿违规运用保险资金的行为，违反了《保险法》（2009年修订）第106条，根据该法第165条，我会决定对天安人寿罚款10万元，根据该法第173条，我会决定对韩德警告并罚款1万元，对郭自光警告并罚款1万元，对高建国警告并罚款1万元。

续表

序号	处罚对象	处罚决定书	违法行为	处罚内容
			额，均高于相关产品发行规模的20%。上述三项行为不符合《关于保险资金投资有关金融产品的通知》（保监发〔2012〕91号）的有关规定。韩德、郭自光对上述第一项违法行为负有直接责任，高建国对上述三项违法行为负有直接责任。上述事实，有现场检查事实确认书、股票和不动产投资能力备案材料、资产管理中心人员情况说明、集合资金信托计划的有关投资合同、财务会计凭证、相关人员询问笔录等证据证明，足以认定。 韩德、郭自光向我会提出了陈述申辩。韩德提出：其对违规投资高风险信托产品的行为并不知情，作为董事长虽有失察行为，但应负领导责任而非直接责任。此外，在发现问题后，其主动纠错，有立功表现。故请求减轻或免于处罚。郭自光认为，将其认定为违法行为的直接责任人有误。 我会经复核认为，韩德作为董事长，对违规投资高风险信托产品的行为履行了审批职责，行使了相应的职权，违法事实清楚，证据确凿，依法应负直接责任。郭自光作为公司总裁，全面主持公司经营管理工作，对股票、不动产投资管理能力备案过程中有关专业人员信息存在虚假记载的问题，其本人知情并签发了向我会报送的备案报告；对于虚假发票套取资金的问题，郭自光在明知经济事项不真实的情况下，仍然批准了该项财务报销，应当承担主	

续表

序号	处罚对象	处罚决定书	违法行为	处罚内容
			要责任。同时，对于违规投资高风险信托产品的行为，郭自光批准了投资计划。因此，郭自光对前述违法行为承担直接责任，违法事实清楚，证据确凿，依法应予处罚。	
11	中融人寿保险股份有限公司	保监罚〔2015〕12 号	（1）违规运用保险资金 一是违规对外拆借资金。2011 年 12 月至 2013 年 11 月，中融人寿先后以设备预付款、投资项目款等多种名义变相对外拆借资金。向上海某通信科技有限公司支付资金 12 笔，先后分 9 笔收回出借款项，并收取相关利息。 时任董事长、总经理陈远，时任副总经理、财务负责人王天有及风险信用部负责人胡全学对上述违法行为负有直接责任。 二是违规开展不动产投资。2011 年 11 月至 2013 年 10 月，中融人寿先后与上海、浙江等 6 家房地产公司签署房地产买卖合同。上述投资项目未经专业机构出具评估报告，未经董事会或者股东会审议，部分所投项目未获得预售许可证、房产证，同时部分项目未按照规定向我会报告，违反了我会《保险资金投资不动产暂行办法》的有关规定。 时任董事长、总经理陈远，时任副总经理、财务负责人王天有对上述违法行为负有直接责任，时任副总经理、资产管理中心总经理万文俊对其任期内发生的上述部分违法行为负有直接责任。 三是违规开展股权投资。2012 年 11 月，中融人寿与某产业投资有	我会对中融人寿、万文俊的陈述申辩意见不予采纳，决定作出如下处罚： 一、中融人寿违规运用保险资金的行为，违反了《保险法》（2009 年修订）第 106 条。根据该法第 165 条，我会决定对中融人寿罚款 30 万元，限制不动产投资、股权投资、金融产品投资各 1 年；根据该法第 173 条、第 179 条，我会决定给予陈远禁止进入保险业 1 年的处罚，对王天有警告并罚款 10 万元，对万文俊警告并罚款 1 万元，对胡全学警告并罚款 1 万元。 二、中融人寿虚增公司偿付能力的行为，违反了《保险法》（2009年修订）第 86 条。根据该法第 172 条，我会决定对中融人寿罚款 50 万元；根据该法第 173 条，我会决定对陈远警告并罚款 10 万元，对王天有警告并罚款 10 万元。

续表

序号	处罚对象	处罚决定书	违法行为	处罚内容
			限公司签订股权转让协议，受让该公司转让的东方道迩、西凤酒、华清农业3家企业股权。上述投资未经公司股东会或董事会审议，受让的企业股权不符合保险资金允许投资的企业股权范围，且未按照规定向我会报告，违反了我会《保险资金投资股权暂行办法》的有关规定。 时任董事长陈远，时任副总经理、财务负责人王天有对上述违法行为负有直接责任。 四是违规投资金融产品。2013年3月至2013年7月，中融人寿购买中信信诚资产管理有限公司发行的中信信诚瑞丰1号金融投资专项资产管理计划、中信证券股份有限公司发行的中信证券季季增利纯债集合资产管理计划。上述投资系购买基金子公司、证券公司发行的金融产品，超出保险资金可投资金融产品的政策范围，违反了我会《关于保险资金投资有关金融产品的通知》的有关规定。 时任董事长陈远，时任副总经理、财务负责人王天有对上述违法行为负有直接责任。 （2）虚增公司偿付能力 2013年二季度，中融人寿在对人保—安心投资理财产品和中邮银行财富债券投资理财产品的处理中，违规提高认可标准，虚增认可资产350万元，虚增偿付能力充足率1.4个百分点。对中融融信星光02信托资产违规采用100%的认可比例，虚增认可资产4000万元，虚增偿付能力充足率16个百分点。	

续表

序号	处罚对象	处罚决定书	违法行为	处罚内容
			2013 年三季度，对中融—融信星光 02 等 6 只信托资产违规使用 95% 的认可标准，虚增认可资产 6925 万元，虚增偿付能力充足率 43 个百分点。对上海赢家易精灵投资产品违规采用 100% 的认可比例，虚增认可资产 1400 万元，虚增偿付能力充足率 5.6 个百分点。同时，将上海赢家易精灵投资产品在“活期存款”科目列报，违反了企业会计准则和偿付能力报告编报规则的有关规定。 2013 年 6 月 30 日，中融人寿对相关股权转让款违规计提 5037 万元利息收入。此项违规会计处理导致 2013 年第二、三季度偿付能力报告均虚增 5037 万元认可资产，分别虚增偿付能力充足率 20 个百分点和 31.3 个百分点。 时任中融人寿董事长、总经理陈远，时任副总经理、财务负责人王天有对上述违法行为负有直接责任。 上述事实，有现场检查事实确认书、相关会计凭证、借款协议、中融人寿的相关情况说明、相关人员调查笔录及岗位职责等证据证明，足以认定。 中融人寿、万文俊提出了陈述申辩。中融人寿提出，对我会拟作出的其他行政处罚无异议，但请求免除限制该公司金融产品投资 1 年的处罚。万文俊提出，其不负责不动产投资，未参与决策和执行，不应对违规投资不动产承担直接责任。 我会经复核认为：中融人寿违规投资金融产品的行为，事实清楚，	

续表

序号	处罚对象	处罚决定书	违法行为	处罚内容
			证据充分，根据案件性质和违规情节，应当依法严处给予限制金融产品投资 1 年的处罚。就万文俊提出的陈述申辩意见，案卷材料反映万文俊在违规投资不动产行为发生时担任公司副总经理、首席投资官，兼任资产管理中心总经理，其分管“投资”，并在投资付款单上签字，依法应当承担相应责任。考虑到万文俊在违规行为中所起的作用，对其依法从轻处罚。	
12	前海人寿保险股份有限公司	保监罚〔2017〕13 号	（1）编制提供虚假资料的行为 前海人寿在就 2015 年 11 月增资活动提交的相关报告中，作出股东增资资金性质为自有资金等陈述。经查，相关增资资金情况与报告陈述不符。 时任董事长姚振华对上述违法行为负有直接责任。 （2）违规运用保险资金的行为 一是权益类投资比例超过总资产30%后投资非蓝筹股票。2015 年和 2016 年，前海人寿在权益类资产投资比例超过总资产 30% 后，投资了多支非蓝筹股。 时任副总经理兼财务负责人李明，时任资产管理中心总监游海，时任资产管理中心风险管理部总经理程靖刚，时任资产管理中心权益投资部副总经理黄皓对上述违法行为负有直接责任。 二是办理 T+0 结构性存款业务。2014 年至 2016 年，前海人寿在某银行办理 T+0 结构性存款业务。 三是股权投资基金管理人资质不符合监管要求。2015 年至 2016 年，	（1）前海人寿向我会编制提供虚假资料的行为，违反了《保险法》第 86 条。根据该法第 170 条，对前海人寿罚款 50 万元；根据该法第 171 条、第 177 条，给予姚振华撤销任职资格并禁止进入保险业 10 年的处罚。 （2）前海人寿违规运用保险资金的行为，违反了《保险法》第 106 条及《保险资金运用管理暂行办法》等有关规定，根据《保险法》第 164 条，对前海人寿罚款 30 万元；根据《保险法》第 171 条，对李明警告并罚款 8 万元，对游海警告并罚款 8 万元，对程靖刚警告并罚款 10 万元，对李济伟警告并罚款 10 万元，对黄皓警告并罚款 10 万元，对孙磊警告并罚款 10 万元。

续表

序号	处罚对象	处罚决定书	违法行为	处罚内容
			前海人寿以间接投资股权方式，认购深圳某产业基金企业（有限合伙）等多只基金份额，上述基金的管理人在注册资本、管理资产等方面，未达到我会对股权投资基金管理人资质要求。 时任副总经理兼财务负责人李明，时任资产管理中心总监游海，时任资产管理中心风险管理部总经理程靖刚，时任资产管理中心副总监孙磊，对上述违法行为负有直接责任。 四是未按规定披露基金管理人资质情况。2015 年至 2016 年，前海人寿向我会提交的相关产业基金、股权投资基金项目材料报告，未按规定披露基金管理人的资质情况。 时任副总经理兼财务负责人李明，时任资产管理中心总监游海，时任资产管理中心风险管理部总经理程靖刚，时任资产管理中心副总监孙磊对上述违法行为负有直接责任。 五是部分项目公司借款未提供担保。前海人寿投资的某文化金融中心项目、某度假酒店项目等项目，项目公司均向前海人寿股东进行了借款，但未按照规定提供担保。 时任副总经理兼财务负责人李明，时任资产管理中心总监游海，资产管理中心风险管理部总经理程靖刚，时任资产管理中心副总监孙磊对上述违法行为负有直接责任。	

续表

序号	处罚对象	处罚决定书	违法行为	处罚内容
13	恒大人寿保险有限公司	保监罚〔2017〕14号	2016年1～11月，恒大人寿未按照保险资金委托投资管理要求开展股票投资，股票投资交易笔数2480笔，股票平均持有期73天，其中9月下旬至11月上旬短期炒作相关股票造成恶劣社会影响。时任恒大人寿董事会秘书、副总经理刘浩，时任恒大人寿投资管理中心股票投资部总经理吕海龙对上述违法行为负有直接责任。	恒大人寿违规运用保险资金的行为，违反了《保险法》第106条及《保险资金运用管理暂行办法》《保险资金委托投资管理暂行办法》等有关规定，根据《保险法》第164条，给予恒大人寿限制股票投资1年的处罚；根据该法第177条，给予刘浩禁止进入保险业5年的处罚，给予吕海龙禁止进入保险业3年的处罚。

第二章

保险资金运用
——专项资产配置业务法律合规与风险控制

第一节　基础设施项目投资法律合规与风险控制

一、法规导航

1.《保险资金间接投资基础设施项目管理办法》（中国保险监督管理委员会令 2016 年第 2 号）

2.《基础设施债权投资计划管理暂行规定》（保监发〔2012〕92 号）

3.《中国保险监督管理委员会关于保险资金投资政府和社会资本合作项目有关事项的通知》（保监发〔2017〕41 号）

二、相关定义

1. 保险资金间接投资基础设施项目，是指委托人将其保险资金委托给受托人，由受托人按委托人意愿以自己的名义设立投资计划，投资基础设施项目，为受益人利益或者特定目的，进行管理或者处分的行为。

2. 投资计划，是指各方当事人以合同形式约定各自权利义务关系，确定投资份额、金额、币种、期限或者投资退出方式、资金用途、收益支付和受益凭证转让等内容的金融工具。

3. 债权投资计划，是指保险资产管理公司等专业管理机构作为受托人，面向委托人发行受益凭证，募集资金以债权方式投资基础设施项目，按照约定支付预期收益并兑付本金的金融产品。

4. 保险资金投资政府和社会资本合作项目（以下简称 PPP 项目），是指保险资产管理公司等专业管理机构作为受托人，发起设立基础设施投资计划，面向保险机构等合格投资者发行受益凭证募集资金，向与政府方签订 PPP 项目合同的项目公司提供融资，投资符合规定的 PPP 项目。

三、投资计划的相关主体

投资计划主要参与主体为委托人、受托人、受益人、托管人、独立监督人，各方根据合同约定明确各自的权利义务，其中：

1. 委托人，是指在中华人民共和国境内，经中国银保监会批准设立的保险公司、保险集团公司和保险控股公司以及其他具有风险识别和承受能力的合格投资者。

2. 受托人，是指根据投资计划约定，按照委托人意愿，为受益人利益，以自己的名义投资基础设施项目的信托公司、保险资产管理公司、产业投资基金管理公司或者其他专业管理机构。

注：受托人与托管人、独立监督人、融资主体不得为同一人，且受托人与独立监督人、融资主体不得具有关联关系。

3. 受益人，是指持有投资计划受益凭证，享有投资计划受益权的人。

注：投资计划受益人可以为委托人。受益人可以兼任独立监督人。

4. 托管人，是指根据投资计划约定，由委托人聘请，负责投资计划财产托管的商业银行或者其他专业金融机构。

5. 独立监督人，是指根据投资计划约定，由受益人聘请，为维护受益人利益，对受托人管理投资计划和融资主体具体运营情况进行监督的专业管理机构。

注：独立监督人可由下列机构担任：1. 投资计划受益人；2. 最近一年国内评级在 AA 级以上的金融机构；3. 国家有关部门已经颁发相关业务许可证的专业机构；4. 中国银保监会认可的其他机构。

四、设立投资计划的基本要求

1. 投资计划可以采取债权、股权、物权及其他可行方式投资基础设施项目；

2. 投资计划采取债权方式投资基础设施项目的，应当具有明确的还款安排；采取股权、政府和社会资本合作模式投资基础设施项目的，应当选择收费定价机制透明、具有预期稳定现金流或者具有明确退出安排的项目；

3. 符合国家产业政策和有关政策；

4. 项目立项、开发、建设、运营等履行法定程序；

5. 融资主体最近 2 年无不良信用记录；

6. 中国银保监会规定的其他条件。

五、投资计划的形式要件

1. 投资计划募集说明书；

2. 委托人与受托人签订的受托合同，合同至少应当包括投资计划名称、管理方式、各方当事人权利义务、期限或者投资退出方式、金额、投资计划财产的收益分配和支付、管理费用和报酬、投资计划财产损失后的承担主体和承担方式、违约赔偿责任和纠纷解决方式等内容；

3. 委托人与托管人签订的托管合同，合同至少应当包括托管财产范围、投资计划财产的收益划拨、资金清算、会计核算及估值、费用计提、违约赔偿责任等内容；

4. 受托人与融资主体签订的投资合同或者相关协议，至少应当包括投资金额、期限或者投资退出方式、资金用途及划拨方式、项目管理方式、运营管理、违约赔偿责任等内容；

5. 受益人与独立监督人签订的监督合同，合同至少应当包括独立监督人的监督范围，超过限额的资金划拨确认以及资金划拨方式、项目管理运营、建设质量监督、违约赔偿责任等内容；

6. 受益人大会章程；

7. 投资计划具有信用增级安排的，应当包括信用增级的法律文件；

8. 中国银保监会规定的其他法律文书。

六、保险资金投资 PPP 项目

保险资金投资 PPP 项目的，除满足有关规定外，还应当符合以下条件：

1. 属于国家级或省级重点项目，已履行审批、核准、备案手续和 PPP 实施方案审查审批程序，并纳入国家发展改革委 PPP 项目库或财政部全国 PPP 综合信息平台项目库。

2. 承担项目建设或运营管理责任的主要社会资本方为行业龙头企业，主体信用评级不低于 AA+，最近 2 年在境内市场公开发行过债券。

3. PPP 项目合同的签约政府方为地市级（含）以上政府或其授权的机构，PPP 项目合同中约定的财政支出责任已纳入年度财政预算和中期财政规划。所处区域金融环境和信用环境良好，政府负债水平较低。

4. 建立了合理的投资回报机制，预期能够产生持续、稳定的现金流，社会效益良好。

5. 投资计划可以采取债权、股权、股债结合等可行方式，投资一个或一组合格的 PPP 项目。投资计划应当符合以下条件：

（1）经专业律师出具专项法律意见，认定投资的 PPP 项目运作程序合规，相关 PPP 项目合同规范有效。

（2）具有预期稳定现金流，可以覆盖投资计划的投资本金和合理收益，并设定明确可行、合法合规的退出机制。

（3）投资协议明确约定，在投资计划存续期间主要社会资本方转让项目公司股权的，须取得投资计划受托人书面同意。

第二节　不动产投资合规与风险控制

一、法规导航

1. 《中国保险监督管理委员会关于印发〈保险资金投资不动产暂行办法〉的通知》（保监发〔2010〕80 号）

2. 《中国保险监督管理委员会关于保险资金投资股权和不动产有关问题的通知》（保监发〔2012〕59 号）

二、保险资金投资不动产的基本要求

保险资金投资的不动产，是指土地、建筑物及其他附着于土地上的定着物。

注：保险资金可以投资基础设施类不动产、非基础设施类不动产及不动产相关金融产品。

保险资金投资不动产的基本要求如下：

1. 已经取得国有土地使用权证和建设用地规划许可证的项目（两证，可以采用股权、债权方式投资）；

2. 已经取得国有土地使用权证、建设用地规划许可证、建设工程规划许可证、施工许可证的在建项目（四证，可以采用股权、债权方式投资）；

3. 取得国有土地使用权证、建设用地规划许可证、建设工程规划许可证、施工许可证及预售许可证或者销售许可证的可转让项目（五证，可以采用股权、债权、物权方式投资）；

4. 取得产权证或者他项权证的项目（一证，可以采用股权、债权、物权方式投资）；

5. 符合条件的政府土地储备项目（可以用债权方式投资）。

三、保险资金投资不动产的其他限制条件

1. 保险资金投资的不动产，应当产权清晰，无权属争议，相应权证齐全合法有效；地处直辖市、省会城市或者计划单列市等具有明显区位优势的城市；管理权属相对集中，能够满足保险资产配置和风险控制要求。

2. 不动产相关金融产品属于固定收益类的，应当具有中国银保监会认可的国内信用评级机构评定的AA级或者相当于AA级以上的长期信用级别，以及合法有效的信用增级安排；属于权益类的，应当建立相应的投资权益保护机制。

3. 保险资金采用债权、股权或者物权方式投资不动产的，仅限于商业不动产、办公不动产、与保险业务相关的养老、医疗、汽车服务等不动产及自用性不动产。

4. 保险资金投资医疗、汽车服务等不动产，只需取得国有土地使用权证和建设用地规划许可证且不受区位的限制；

5. 投资养老不动产、购置自用性不动产，不受上述条件及区位的限制；但投资必须遵守专地专用原则，不得变相炒地卖地，不得利用投资养老和自用性不动产（项目公司）的名义，以商业房地产的方式，开发和销售住宅。投资

养老、医疗、汽车服务等不动产，其配套建筑的投资额不得超过该项目投资总额的 30%。

6. 保险资金投资不动产，除政府土地储备项目外，可以采用债权转股权、债权转物权或者股权转物权等方式。投资方式发生变化的，应当按照本办法规定调整管理方式。保险资金以多种方式投资同一不动产的，应当分别遵守本办法规定。

7. 投资不动产的账面余额，不高于本公司上季度末总资产的 10%，投资不动产相关金融产品的账面余额，不高于本公司上季度末总资产的 3%；投资不动产及不动产相关金融产品的账面余额，合计不高于本公司上季度末总资产的 10%。

8. 投资单一不动产投资计划的账面余额，不高于该计划发行规模的 50%，投资其他不动产相关金融产品的，不高于该产品发行规模的 20%。

9. 保险资金投资不动产，应当合理安排持有不动产的方式、种类和期限。以债权、股权、物权方式投资的不动产，其剩余土地使用年限不得低于 15 年，且自投资协议签署之日起 5 年内不得转让。保险公司内部转让自用性不动产，或者委托投资机构以所持有的不动产为基础资产，发起设立或者发行不动产相关金融产品的除外。

四、保险资金投资不动产相关金融产品的其他限制

1. 经国家有关部门认可，在中华人民共和国境内发起设立或者发行，由专业团队负责管理；

2. 基础资产或者投资的不动产位于中华人民共和国境内；

3. 实行资产托管制度，建立风险隔离机制；

4. 具有明确的投资目标、投资方案、后续管理规划、收益分配制度、流动性及清算安排；

5. 交易结构清晰，风险提示充分，信息披露真实完整；

6. 具有登记或者簿记安排，能够满足市场交易或者协议转让需要；

7. 中国银保监会规定的其他审慎性条件。

五、保险资金投资不动产的负面清单

1. 提供无担保债权融资；

2. 以所投资的不动产提供抵押担保；

3. 投资开发或者销售商业住宅；

4. 直接从事房地产开发建设（包括一级土地开发）；

5. 投资设立房地产开发公司，或者投资未上市房地产企业股权（项目公司除外），或者以投资股票方式控股房地产企业。已投资设立或者已控股房地产企业的，应当限期撤销或者转让退出；

6. 运用借贷、发债、回购、拆借等方式筹措的资金投资不动产，中国银保监会对发债另有规定的除外；

7. 违反本办法规定的投资比例；

8. 法律法规和中国银保监会禁止的其他行为。

六、保险资金投资不动产的风险控制

1. 保险资金投资不动产应当履行经营管理层、董事会、股东（大）会决策程序（按照公司章程执行）。

2. 保险资金投资不动产，经营管理层、董事会、股东（大）会不得采用非现场表决方式。

3. 聘请专业机构出具尽职调查报告和法律意见书。

4. 保险资金以股权方式投资不动产，拟投资的项目公司应当为不动产的直接所有权人，且该不动产为项目公司的主要资产。项目公司应当无重大法律诉讼，且股权未因不动产的抵押设限等落空或者受损。

5. 以股权方式投资不动产，应当向项目公司派驻董事、高级管理人员及关键岗位人员，并对项目公司的股权转让、资产出售、担保抵押、资金融通等重大事项发表意见，维护各项合法权益。

6. 保险资金以债权方式投资不动产，应当在合同中载明还款来源及方式、担保方式及利率水平、提前或者延迟还款处置等内容。债务人应当具有良好的财务能力和偿债能力，无重大违法违规行为和不良信用记录。

7. 保险资金以物权方式投资不动产，应当及时完成不动产物权的设立、限制、变更和注销等权属登记，防止因漏登、错登造成权属争议或者法律风险。对权证手续设限的不动产，应当通过书面合同，约定解限条件、操作程序、合同对价支付方式等事项，防范和控制交易风险。

8. 保险资金投资不动产相关金融产品，应当对该产品的合法合规性、基础资产的可靠性和充分性及投资策略和投资方案的可行性，进行尽职调查和分析评估。持有产品期间，应当要求投资机构按照投资合同或者募集说明书的约定，严格履行职责，有效防范风险，维护投资人权益。

第三节　股权投资合规与风险控制

一、法规导航

1.《保险资金投资股权管理办法（征求意见稿）》

2.《中国保险监督管理委员会关于保险资金投资股权和不动产有关问题的通知》（保监发〔2012〕59 号）

3.《国务院关于加快发展现代保险服务业的若干意见》（国发〔2014〕29 号）

4.《中国保险监督管理委员会关于保险资金投资创业投资基金有关事项的通知》（保监发〔2014〕101 号）

5.《中国保险监督管理委员会关于设立保险私募基金有关事项的通知》（保监发〔2015〕89 号）

二、保险资金投资股权的分类

保险资金投资股权，是指在中华人民共和国境内依法设立和注册登记，且未在中华人民共和国境内证券交易所公开上市的股份有限公司和有限责任公司的股权。

保险资金投资股权的分类	释义
直接投资企业股权	指保险公司（含保险集团（控股）公司）以出资人名义投资并持有企业股权的行为。
间接投资企业股权	指保险公司投资股权投资管理机构发起设立的股权投资基金等相关金融产品的行为。
一般股权投资	指对拟投资的企业不实施控制的投资行为。
重大股权投资	指对拟投资的企业实施控制的投资行为。

三、保险资金投资股权资格要求

<table>
<tr><th>序号</th><th>保险资金开展股权投资资格要求</th></tr>
<tr><td>1</td><td>具有完善的公司治理、管理制度、决策流程和内控机制；</td></tr>
<tr><td>2</td><td>具有清晰的发展战略和市场定位，开展重大股权投资的，应当具有较强的并购整合能力和跨业管理能力；</td></tr>
<tr><td>3</td><td>建立资产托管机制，资产运作规范透明；</td></tr>
<tr><td>4</td><td>资产管理部门拥有不少于 5 名具有 3 年以上股权投资和相关经验的专业人员，投资团队已完成退出项目不少于 3 个。开展重大股权投资的，应当拥有熟悉企业经营管理的专业人员；</td></tr>
<tr><td>5</td><td>成立时间一年以上，上季度末综合偿付能力充足率不低于 120%；</td></tr>
<tr><td>6</td><td>净资产不低于 1 亿元人民币；</td></tr>
<tr><td>7</td><td>最近三年未发现重大违法违规行为；</td></tr>
<tr><td>8</td><td>中国银保监会规定的其他审慎性条件；</td></tr>
<tr><td colspan="2">间接投资股权，除符合 1、3、5、6、7、8 项规定外，资产管理部门还应当配备不少于 2 名具有 3 年以上股权投资和相关经验的专职人员。
符合规定的保险集团（控股）公司及其保险子公司投资股权，可以整合相关资源，在集团内部的保险机构建立股权投资专业团队，由该专业团队为保险集团（控股）及其保险子公司提供咨询服务和技术支持。
保险公司投资保险类企业股权，可不受 2、4 项的限制。</td></tr>
</table>

四、保险资金股权投资标的合规标准

序号	标的股权基本规范	禁止投资规范
1	依法登记设立，具有法人资格；	所处行业或领域不符合宏观政策导向及宏观政策调控方向，或者属于产业政策禁止准入、限制投资类的行业与领域，或者可能对公司声誉造成不良影响的行业与领域；
2	符合国家产业政策，具备国家有关部门规定的资质条件；	高污染、高耗能或产能过剩、技术附加值较低、未达到国家节能和环保标准；
3	股东及高级管理人员诚信记录和商业信誉良好；	不具有稳定现金流回报预期或者资产增值价值；
4	产业处于成长期、成熟期或者是战略新型产业，或者具有明确的上市意向及较高的并购价值；	面临或出现核心管理及业务人员大量流失、目标市场或者核心业务竞争力丧失等重大不利变化；
5	具有市场、技术、资源、竞争优势和价值提升空间，预期能够产生良好的现金回报，并有确定的分红制度；	涉及巨额民事赔偿、重大法律纠纷，或者权属存在严重法律瑕疵或重大风险隐患，可能导致权属争议、权限落空或受损；
6	管理团队的专业知识、行业经验和管理能力与其履行的职责相适应；	最近三年发生重大违约事件；
7	未涉及重大法律纠纷，资产产权完整清晰，股权或者所有权不存在法律瑕疵；	最近三年其控股股东或高级管理人员受到行政或监管机构重大处罚，或者其高级管理人员被纳入失信被执行人名单；
8	与投资机构和专业机构不存在关联关系；	中国银保监会规定的其他审慎性条件；
9	中国银保监会规定的其他审慎性条件。	保险资金投资市场化、法治化债转股项目的，可不受第 3 至 7 项的限制。

五、保险资金股权投资基本规范

序号	保险资金股权投资基本规范
1	重大股权投资，应当运用自有资金；
2	一般股权投资，可以运用自有资金或者与投资资产相匹配的责任准备金。保险公司与标的企业及其股东存在关联关系的，应当运用自有资金；
3	间接投资股权，可以运用资本金和保险产品的责任准备金。人寿保险公司运用万能、分红和投资连结保险产品的资金，财产保险公司运用非寿险非预定收益投资型保险产品的资金，应当满足产品特性和投资方案的要求；
4	不得运用借贷、发债、回购、拆借等方式筹措的资金投资企业股权，中国银保监会对发债另有规定的除外；
5	不得采用非现场方式表决，不得委托投资机构或其他机构开展投资；
6	不得采取虚假合同等方式，或者通过关联交易损害保险公司和投保人利益；
7	不得通过股权投资基金向保险机构和关联方循环出资；
8	中国银保监会基于审慎监管规定的其他情形；
9	保险资金投资企业股权，应当建立有效的退出机制。退出方式包括但不限于企业股权的上市、回购、协议转让及股权投资基金份额的买卖或者清算等。 保险资金投资企业股权，可以采取债权转股权的方式进入，也可以采取股权转债权的方式退出。

六、保险资金投资企业股权比例规范

序号	保险资金投资企业股权比例规范
1	除重大股权投资外，投资同一企业股权的账面余额，不超过本公司净资产的 30%；
2	投资同一股权投资基金的账面余额，不超过该基金发行规模的 30%；保险集团（控股）及其保险子公司投资同一股权投资基金的账面余额，不超过该基金发行规模的 60%。

七、保险资金开展重大股权投资负面清单

序号	保险资金开展重大股权投资负面清单
1	与非保险实际控制人共同投资；
2	与存在关联关系的非保险股东及关联方共同投资；
3	通过合同约定、协议安排等方式与非保险投资人共同投资。

八、保险资金投资股权决策机制

序号	保险资金投资股权决策机制
1	保险公司投资企业股权，应当按照监管规定和内控要求，规范完善决策程序和授权机制，确定股东（大）会和董事会的决策权限及批准权限。根据偿付能力、投资管理能力及投资方式、目标和规模等因素，做好相关制度安排。 决策层和执行层应当各司其职，谨慎决策，勤勉尽责，充分考虑股权投资风险，按照资产认可标准和资本约束要求，审慎评估股权投资对偿付能力和收益水平的影响，严格履行内部程序，并对决策和操作行为负责。 保险资金追加同一企业股权投资的，按照法律规定履行相应程序。
2	保险资金投资股权涉及关联关系的，其投资决策和具体执行过程，应当按照关联交易的规定，采取有效措施，防范操作风险和道德风险，防止股东、董事、监事、高级管理人员及其他关联方，利用其特殊地位，通过关联交易或者其他方式侵害保险公司和被保险人利益，不得进行内幕交易、利益输送和不当他项交易。保险公司董事、监事、高级管理人员和相关投资人员，不得以个人名义或假借他人名义参与此项投资。
3	保险资金直接投资股权，应当聘请专业机构，提供尽职调查、投资咨询及法律咨询等专业服务。
4	保险资金间接投资股权，应当对投资机构的投资管理能力及其发行的股权投资基金进行评估。保险公司应当要求投资机构提供股权投资基金募集说明书等文件，或者依据协议约定，提供有关论证报告或者尽职调查报告。
5	保险资金开展重大股权投资，应当通过任命或者委派董事、监事、经营管理层或者关键岗位人选，确保对企业的控股权或者控制力，维护投资决策和经营管理的有效性；一般股权投资，应当通过对制度安排、合同约定、交易结构、交易流程的参与和影响，维护保险当事人的知情权、收益权等各项合法权益。

续表

序号	保险资金投资股权决策机制
6	保险资金开展间接投资股权，应当与投资机构签订投资合同或者协议，载明管理费率、业绩报酬、管理团队关键人员变动、投资机构撤换、利益冲突处理、异常情况处置等事项；还应当与股权投资基金其他投资人交流信息，分析所投基金和基金行业的相关报告，比较不同投资机构的管理状况，通过与投资机构沟通交流及考察股权投资基金所投资企业等方式，监督股权投资基金的投资行为。
7	股权投资基金采取公司型的，应当建立独立董事制度，完善治理结构；采取契约型的，应当建立受益人大会；采取合伙型的，应当建立投资顾问委员会。间接投资股权，可以要求投资机构按照约定比例跟进投资，并在投资合同或者发起设立协议中载明。
8	保险公司投资企业股权，应当加强投资期内投资项目的后续管理，建立资产增值和风险控制为主导的全程管理制度。（1）重大股权投资的，应当规划和发挥企业协同效应，改善企业经营管理，防范经营和投资风险；选聘熟悉行业运作、财务管理、资本市场等领域的专业人员，参与和指导企业经营管理，采取完善治理、整合资源、重组债务、优化股权、推动上市等综合措施，提升企业价值；（2）一般股权投资的，应当指定专人管理每个投资项目，负责与企业管理团队沟通，审查企业财务和运营业绩，要求所投企业定期报告经营管理情况，掌握运营过程和重大决策事项，撰写分析报告并提出建议，必要时可聘请专业机构对所投企业进行财务审计或者尽职调查；（3）间接投资股权的，应当要求投资机构采取不限于本条规定的措施，提升企业价值，实现收益最大化目标。
9	保险资金投资企业股权，应当依据市场原则，协商确定投资管理费率和业绩报酬水平，并在投资合同中载明。投资机构应当综合考虑资产质量、投资风险与收益等因素，确定投资管理费率，兑现业绩报酬水平，倡导正向激励和引导，防范逆向选择和道德风险。
10	保险资金直接投资企业股权，应当聘请专业机构，采用两种以上国际通用的估值方法，按年度持续对所投股权资产进行估值和压力测试，得出审慎合理的估值结果，并向中国银保监会报告。估值方法包括但不限于基于资产的账面价值法、重置成本法、市场比较法、现金流量折现法以及倍数法等。

附：保险公司直接投资股权报告（申请）要件及要点

一、书面报告（申请）

为公司正式发文，其中重大股权投资为申请，其他股权投资为报告。报告（申请）事项应当清晰完整，包括投资方案、资金来源、投资金额和比例、关联交易、合规情况和决策程序等，并说明投资协议签署时点。

二、决策文件及承诺书

开展重大股权投资，应当提供股东（大）会或董事会决议；其他股权投资，应当提供董事会或者授权机构决议。决议应当事项和内容清晰，结论明确；必要时，还应附上会议纪要或相关记录。

公司应当承诺报送材料真实、准确、完整，不存在任何虚假记载、误导性陈述或重大遗漏。承诺函应当由公司法定代表人或其授权代表签字，并加盖公司公章。

三、内部文件

包括可行性研究报告、合规报告、关联交易说明、后续管理方案和法律意见书等。

可行性研究报告除必备的分析论证要素外，还应当结合公司业务发展战略或规划，提供未来一年偿付能力预测和股权投资压力测试。合规报告由公司合规部门提供，并由公司合规责任人签署，全面评估投资业务的合法合规性，包括但不限于保险公司投资能力、投资时财务状况、资金来源、投资方式和投资比例、投资标的和关联交易合规性等。法律意见书由公司法律部门提供，并由公司法律事务负责人签署，法律意见应当明确。

开展重大股权投资的，还应当提供主营业务规划、投资规模、业务相关度说明及有关监管部门审核或者主管机关认可的股东资格说明；在可行性研究报告中说明保险公司并购整合能力和跨业管理能力，及熟悉企业经营管理的专业人员配备情况；在后续管理方案中提供后续管理规划及业务整合方案。

四、合同文本

应当为正本，包括投资合同（协议）和托管合同。开展重大股权投资的，投资合同（协议）应当特别注明经有关监管机构或主管部门核准后生效的条款，及任命或者委派董事、监事、经营管理层或者关键岗位人选的条款。

五、专业机构出具的文件

应当由具有相应资质的专业机构提供，由专业机构相关责任人签字，并加盖机构公章，包括专业机构资质说明、尽职调查报告、财务顾问（投资咨询）报告、法律意见书、审计和偿付能力报告。其中，专业机构资质说明应当提供相关证明文件；尽职调查报告、财务顾问（投资咨询）报告、法律意见书、审计和偿付能力报告应当客观公正，结论明确。专业机构为非保险机构的，还应当出具承诺书，承诺接受中国银保监会涉及保险资金投资的质询，并报告有关情况。

九、保险资金投资私募股权投资基金（PE）、母基金（FOFs）、夹层基金

（一）保险资金投资基金（PE）、母基金（FOFs）、夹层基金相关法律规定

序号	基本规范
1	鼓励设立不动产、基础设施、养老等专业保险资产管理机构，允许专业保险资产管理机构设立夹层基金、并购基金、不动产基金等私募基金。稳步推进保险公司设立基金管理公司试点。探索保险机构投资、发起资产证券化产品。探索发展债券信用保险。积极培育另类投资市场。（国务院关于加快发展现代保险服务业的若干意见（国发〔2014〕29 号））
2	基金投资形式主要包括上市和非上市股权、优先股、债权、资产证券化产品，以及股权基金、并购基金、夹层基金等各类投资基金。（国务院关于中华人民共和国保险投资基金设立方案的批复（国函〔2015〕104 号））

续表

序号	基本规范
3	保险资金投资的股权投资基金，包括成长基金、并购基金、新兴战略产业基金和以上股权投资基金为投资标的的母基金。其中，并购基金的投资标的，可以包括公开上市交易的股票，但仅限于采取战略投资、定向增发、大宗交易等非交易过户方式，且投资规模不高于该基金资产余额的 20%。新兴战略产业基金的投资标的，可以包括金融服务企业股权、养老企业股权、医疗企业股权、现代农业企业股权以及投资建设和管理运营公共租赁住房或者廉租住房的企业股权。母基金的交易结构应当简单明晰，不得包括其他母基金。（关于保险资金投资股权和不动产有关问题的通知（保监发〔2012〕59 号））。
4	保险资金可以通过投资其他股权投资基金间接投资创业企业，或者通过投资股权投资母基金间接投资创业投资基金。（关于保险资金投资创业投资基金有关事项的通知（保监发〔2014〕101 号））。
5	保险资金可以设立私募基金，范围包括成长基金、并购基金、新兴战略产业基金、夹层基金、不动产基金、创业投资基金和以上述基金为主要投资对象的母基金。（保监会关于设立保险私募基金有关事项的通知（保监发〔2015〕89 号））
6	保险资金可以投资以符合前款规定的股权投资基金为标的的母基金。母基金的交易结构应当简单明晰，不得包括其他母基金。（保险资金境外投资管理暂行办法实施细则（保监发〔2012〕93 号））。

（二）保险资金投资股权投资基金规范

保险公司投资股权投资基金，该股权投资基金的投资机构，应当完成私募股权基金管理人登记并符合下列条件：

序号	保险资金投资股权投资基金规范
1	具有完善的公司治理、管理制度、决策流程和内控机制；
2	注册资本或者认缴资本不低于 1 亿元，并已建立风险准备金制度；
3	投资管理适用中国法律法规及有关政策规定；
4	具有稳定的管理团队，拥有不少于 10 名具有股权投资和相关经验的专业人员，作为主导人员合计退出的项目不少于 3 个。其中具有 5 年以上相关经验的不少于 2 名，具有 3 年以上相关经验的不少于 3 名，且高级管理人员中，具有 8 年以上相关经验的不少于 1 名；拥有 3 名以上熟悉企业运营、财务管理、项目融资的专业人员；

续表

序号	保险资金投资股权投资基金规范
5	具有丰富的股权投资经验，管理资产余额不低于30亿元（中国境内以人民币计价的实际到账资金和形成的资产），且历史业绩优秀，商业信誉良好；
6	具有健全的项目储备制度、资产托管和风险隔离机制；
7	建立科学的激励约束机制和跟进投资机制，并得到有效执行；
8	接受中国银保监会涉及保险资金投资的质询，并报告有关情况；
9	最近三年未发现投资机构及主要人员存在重大违法违规行为。
备注	保险资金投资的股权投资基金，包括创业投资基金、股权投资基金和以上述基金为投资标的的母基金。其中，股权投资基金为并购基金的，可以包括公开上市交易的股票，但仅限于采取战略投资、定向增发、大宗交易等非交易过户方式，且投资规模不高于该基金资产余额的20%。母基金的交易结构应当简单明晰，不得包括其他母基金。 保险资金投资市场化、法治化债转股类投资基金，条件放宽。

（三）保险资金投资母基金

保险资金投资母基金是投资成长基金、并购基金、新兴战略产业基金、夹层基金、不动产基金、创业投资基金等为投资标的的基金。

母基金的交易结构应当简单明晰，不得包括其他母基金。

这里的母基金交易结构简单，是指保险资金投资母基金的，母基金不得再投资母基金。

（四）保险资金投资夹层基金

夹层基金是一种介于债权和股权投资的结构化基金。典型的夹层基金融资结构分为三层，银行等低成本资金所构成的优先层，融资方股东资金所构成的劣后层，以及夹层资金所构成的中间层。

夹层基金的风险收益特征非常适合保险公司、商业银行、投资银行、养老基金、对冲基金等各类机构投资者进行投资。

1. 夹层基金的基本架构

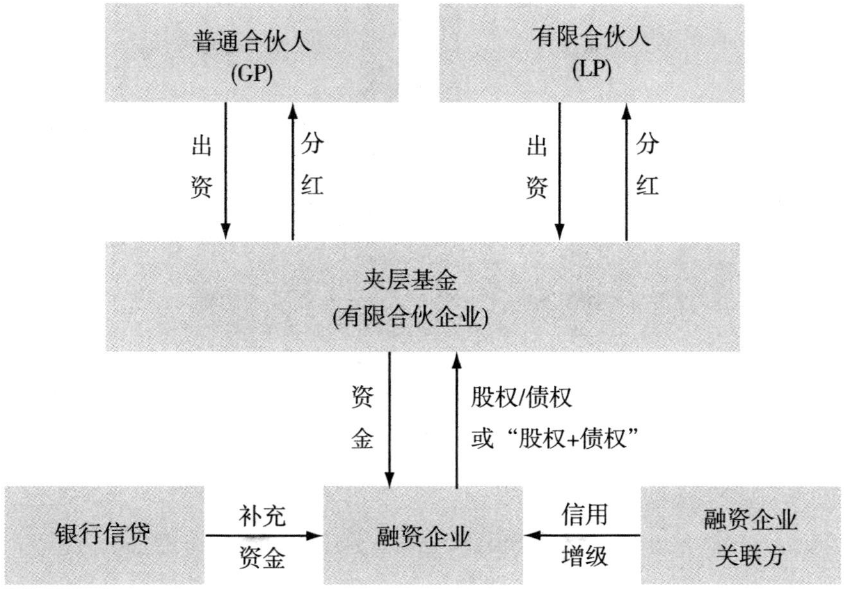

2. 夹层基金是介于债务融资和股权融资的投资工具

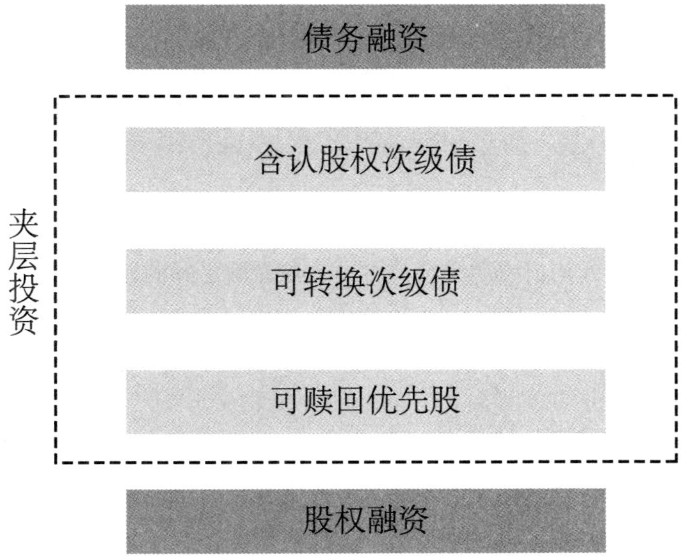

3. 夹层基金的优势

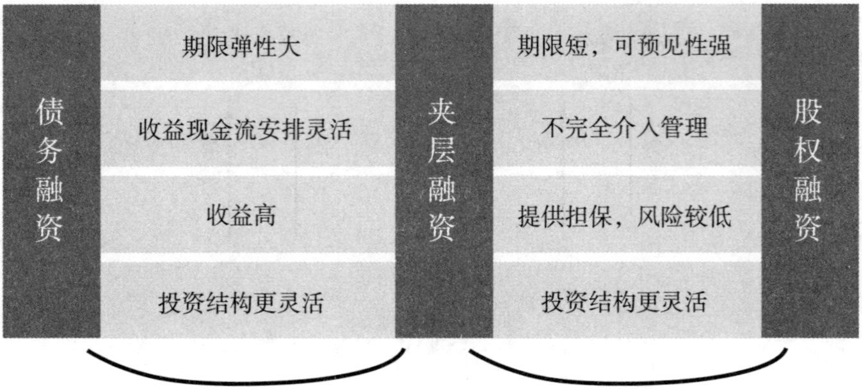

收益	源于现金利息、资本溢价和分红以及融资主体提前还款的溢价，具有可预测、稳定的现金流入
成本	高于银行贷款等优先债务，低于股权融资
风险	通过限制性条款和保证条款约束企业行为，风险适中
控制权	减少对企业股权的稀释，保持管理层对企业的控制权
用途	应用于杠杆收购融资、企业并购融资、扩张融资、债务重组、资本结构调整和再融资

（1）夹层基金退出途径更为灵活

夹层基金的债务构成中通常会包含一个预先确定好的还款时间表，可以在一段时间内分期偿还债务也可以一次还清，还款模式将取决于夹层基金投资的目标公司的现金流状况。

（2）夹层基金流动性较好

与非结构化的私募股权基金相比，夹层基金的回报中有很大一部分来自于前端费用和定期的票息或利息收入，这一特性使夹层投资比传统的私有股权投资更具流动性。

4. 夹层基金的投资领域

投资夹层基金的有限合伙人主要是资金雄厚的保险公司、商业银行、投资银行、养老基金、对冲基金。因此，夹层基金投资领域主要是产业投资和房地产、重组并购、基础设施、上市公司股权质押等资产规模较大或者资产流动性较好的新型产业领域。

附：保险公司投资股权基金报告要件及要点

一、书面报告

为公司正式发文，报告事项应当清晰完整，包括投资方案、资金来源、投资金额和比例、关联交易、合规情况、决策程序及报告时限等。

二、决策文件及承诺书

提供董事会或者授权机构的投资决议。决议应当事项和内容清晰，结论明确；必要时，还应附上会议纪要或相关记录。

公司应当承诺报送材料真实、准确、完整，不存在任何虚假记载、误导性陈述或重大遗漏。承诺函应当由公司法定代表人或其授权代表签字，并加盖公司公章。

三、内部文件

包括尽职调查报告、可行性研究报告、合规报告、关联交易说明、后续管理方案和法律意见书。

尽职调查报告应当包括对投资机构投资管理能力及其发起设立股权基金的评估。合规评估报告由公司合规部门提供，并由合规责任人签署，全面评估投资业务的合法合规性，包括但不限于保险公司投资能力、资金来源和投资比例、投资机构和股权基金、关联交易合规性等。法律意见书由公司法律部门提供，并由公司法律事务负责人签署，法律意见应当明确。

保险公司可以自行出具或聘请具备资质的专业机构出具尽职调查报告，保险公司对报告负最终责任。

四、合同文本

应当为正本，包括投资合同（协议）（认购协议/发起设立协议）和托管合同。

五、投资机构出具的文件

包括投资机构资质说明、募集说明书（或依据协议约定，提供有关论证报告或尽职调查报告）和承诺书。

其中，投资机构资质说明应当提供相关证明文件，由投资机构法定代表人或其授权代表签字，并加盖机构公章。募集说明书（或依据协议约定，提供有关论证报告或尽职调查报告）应当为正本，充分提示风险，真实完整披露有关信息，至少包括：(1) 投资方向或投资标的，拟募集基金规模；(2) 投资目标、投资方案、投资策略、投资标准、投资流程、后续管理、收益分配和清算及退出安排；(3) 交易结构、投资管理方式、风险收益预测和托管安排等。承诺书由投资机构法定代表人或其授权代表签字，并加盖机构公章，承诺：(1) 接受中国银保监会涉及保险资金投资的质询，并报告有关情况；(2) 保险资金投资期间，该股权基金投资方向和投资标的始终符合有关监管规定。

六、专业机构出具的文件

应当由具有相应资质的专业机构提供，由专业机构相关责任人签字，并加盖机构公章，包括专业机构资质说明、法律意见书和承诺书。保险公司还可根据需要，聘请专业机构出具财务顾问（投资咨询）报告。专业机构资质说明应当提供相关证明文件；法律意见书和财务顾问（投资咨询）报告应当客观公正，结论明确且相互独立；承诺书应当承诺接受中国银保监会涉及保险资金投资的质询，并报告有关情况。

十、名股实债的合规性

名股实债主要是信托公司和资产管理公司、私募基金等金融机构在房地产领域使用较多的一种投资方式，其基本结构是资金方以增资的方式成为项目公司股东，但是通过一系列协议约定固定的分红、利息、回购事项，最终通过分红和回购实现收益。

名股实债，其本质是投资方控制法律风险的一种投资设计。但是，一旦项目公司经营出现资不抵债进入破产程序，投资方能否作为债权人申报债权在司法实践中存在重大的不确定性。

一般情况下，如果法律关系清晰，协议约定明确，在非破产清算的情况下，法院从实质重于形式的原则，一般是支持名股实债的诉讼请求的。

案例导航12. 甲信托股份有限公司与湖州乙置业有限公司破产债权确认纠纷案（〔2016〕浙0502民初1671号）

案情简介：

2011年6月21日，甲信托股份有限公司（以下简称“甲信托”）与湖州乙置业有限公司（以下简称“乙置业”）、纪某、丁某签订了《合作协议》，协议约定：由甲信托募集2~2.5亿元资金，其中14,400万元分别用于受让纪某和丁某的股份，其余全部增入乙置业的资本公积金，股份转让后，甲信托将持有乙置业的80%股份。

2011年9月，甲信托如期向乙置业汇入资金，并向乙置业选派了2名董事，甲信托依法持有了乙置业的80%股权，并逐步深入对乙置业的控制经营。

湖州市中级人民法院于2015年8月4日裁定了受理被告乙置业破产清算纠纷一案，后指定浙江京衡律师事务所为破产管理人。甲信托在法定债权申报期限内向管理人申报了债权，并于2015年12月24日收到管理人作出的《债权审查通知书》，告知不予确认甲信托申报的债权，后甲信托提出债权审查异议，管理人经复审作出维持不予确认的审查意见。故甲信托向法院提起诉讼。

裁判要点：

法院认为：丁某、纪某、乙置业与甲信托签订的《合作协议》及丁某、纪某分别与甲信托签订的《股权转让协议》系各方真实意思的表示，合法有效，受法律保护。嗣后各方均已按约履行，且甲信托作为股东已进行了乙置业公司股东名册记载、公司登记机关登记，对外具有公示效力。现原告甲信托提出其是“名股实债”，同时提出股权受让系让与担保的措施的主张，并据此提交了乙置业原股东会决议，拟证明乙置业有向甲信托融资的意向。

在名实股东的问题上要区分内部关系和外部关系，对内部关系产生的股权权益争议纠纷，可以当事人之间的约定为依据，或是隐名股东，或是名股实债；而对外部关系上不适用内部约定，按照《公司法》第32条第3款“公司应当将股东的姓名或者名称及其出资额向公司登记机关登记，登记事项发生变更的，应当办理变更登记，未经登记或者变更登记的，不得对抗第三人”之规定，第三人不受当事人之间的内部约定约束，而是以当事人之间对外的公示为信赖依据。本案不是一般的借款合同纠纷或股权转让纠纷，而是乙置业破产清算案中衍生的诉讼，本案的处理结果涉及乙置业破产清算案的所有债权人的利益，应适用公司的外观主义原则。即乙置业所有债权人实际（相对于本案双方当事人而言）均系第三人，对乙置业公司的股东名册记载、管理机关登记所公示的内容，即甲信托为持有乙置业80%股份的股东身份，乙置业之外的第三人有合理信赖的理由。而乙置业的股东会决议仅代表乙置业在签订《合作协议》《股权转让协议》前有向甲信托借款的单方面意向，最终双方未曾达成借款协议，而是甲信托受让了纪某、丁某持有的乙置业股权，与纪某、丁某之间发生了股权转让的事实。如果甲信托本意是向乙置业出借款项的，乙置业从股东会决议来看亦是有向甲信托借款意向的，双方完全可以达成借款合同，并为确保借款的安全性，甲信托可以要求依法办理股权质押、土地使用权抵押、股东提供担保等法律规定的担保手续。如原告在凯旋国际项目上不能进行信托融资的，则应依照规定停止融资行为。甲信托作为一个有资质的信托投资机构，应对此所产生的法律后果有清晰的认识，故甲信托提出的“名股实债”“让与担保”等主张，与本案事实并不相符，其要求在破产程序中获得债权人资格并行使相关优先权利并无现行法上的依据，故本院对其主张依法不予采纳。

基于甲信托在乙置业中的股东身份，其出资并获得股东资格后不应再享有对破产企业的破产债权，甲信托要求行使对乙置业所有的湖州市西南分区18-C号地块国有土地使用权及在建工程享有抵押权，并以该抵押物折价或者以拍卖、变卖的价款优先受偿的请求，有悖法律，法院依法予以驳回。

案例评析：

通过上述案例，我们可以看出，名股实债在项目公司进入破产程序后并不是一种最佳的增信措施和风险控制方式，一旦被认定为股权投资，同时丧失了本来可以起到增信措施的抵押权。因此，一般只有在没有提供抵押融资，且融资方控股股东资信非常好的情形下采用此种方式可以起到比较安全的增信作用，如国有大型房地产上市公司提供回购义务或者回购义务的担保。

案例导航13. 平安信托入股葛洲坝房地产开发有限公司

2013年3月22日，葛洲坝（600068）披露公司董事会第5届董事会第12次会议审议通过《关于中国葛洲坝集团房地产开发有限公司股权信托融资的议案》，同意公司控股99.14%的子公司中国葛洲坝集团房地产开发有限公司（以下简称“葛洲坝房地产公司”）向平安信托有限责任公司（“平安信托公司”）以股权信托的方式融资150,000万元，期限三年。

葛洲坝房地产公司注册资本金70,000万元，其中：中国葛洲坝集团股份有限公司出资69,400万元，持股比例为99.14%；中国葛洲坝集团公司出资600万元，持股比例为0.86%。平安信托公司对葛洲坝房地产公司增资150,000万元，其中30,000万元作为葛洲坝房地产公司的注册资本，120,000万元作为资本公积。增资完成后，葛洲坝房地产公司实收资本为100,000万元，各股东方持股比例为：中国葛洲坝集团股份公司出资69,400万元，持股比例为69.4%；平安信托公司出资30,000万元，持股比例为30%；中国葛洲坝集团公司出资600万元，持股比例为0.6%。

根据双方约定，信托存续期间，平安信托公司不参与葛洲坝房地产公司的具体经营管理和分红，葛洲坝房地产公司原有的董事会及经营管理机构不因本次增资而进行调整。葛洲坝房地产公司按照双方约定的价格每季度向平安信托公司支付信托资金报酬。

信托期限届满之日，葛洲坝房地产公司回购平安信托公司持有的股权，本股权信托计划终止。股权回购款为投资款本金150,000万元及未支付完毕的股权信托资金报酬。葛洲坝房地产公司控股股东中国葛洲坝集团公司对本公司股权回购提供担保。

案例导航14. 中铁信托入股青岛中南世纪城

江苏中南建设集团股份有限公司（000961）披露公司于2010年6月23日召开第4届董事会第25次会议，审议通过了青岛中南世纪城房地产业投资有限公司（以下简称“青岛中南世纪城”）信托股权增资及股权收购协议等相关事项，同意本公司、青岛中南世纪城、青岛海湾新城房地产开发有限公司（以下简称“青岛海湾新城”）与中铁信托有限责任公司（以下简称“中铁信托”）合作，由中铁信托以信托资金对其进行增资扩股。

中南建设集团持有青岛海湾新城100%的股权，青岛海湾新城持有青岛中南世纪城100%的股权。为促进青岛中南世纪城所开发的项目建设进度，增强其项目开发的资金配套能力，中铁信托、建设银行青岛市分行、青岛海湾新城、青岛中南世纪城及本公司共同签订《青岛中南世纪城增资扩股协议》（以下简称《增资扩股协议》）《股权收购协议》《管理费用支付协议》等一系列相关协议。

根据《增资扩股协议》约定，中铁信托受托设立建行青岛市分行—青岛中南世纪城股权投资单—资金信托，通过信托资金向青岛中南世纪城增资人民币5亿元，占青岛中南世纪城本次增资完成后的注册资本人民币10.2亿元的49%。根据《管理费用支付协议》约定，建设银行青岛分行受托为青岛中南世纪城发行中国建设银行股份有限公司青岛市分行“乾元一号”2010年第2期股权投资人民币，管理费用率：(1) 2亿元理财产品部分，理财产品总额的5.2%（年化），期限2年；(2) 3亿元理财产品部分，理财产品总额的4.7%（年化），期限2.5年。

根据《股权收购协议》约定，合同签订后2~2.5年内，由中南建设集团分两期收购中铁信托增资持有的青岛中南世纪城49%的股权。第一期于协议签订日的2年后，按照2亿元本金加年溢价6.5%收购中铁信托持有的青岛中南世纪城2亿元出资；第二期于协议签订日的2.5年后，按照3亿元本金加年溢价7%收购中铁信托持有的青岛中南世纪城3亿元出资。

同时为了保证中铁信托在此项交易中权益的实现，本公司控股股东中南控股集团有限公司与中铁信托签订《保证合同》、青岛海湾新城与中铁信托签订《保证合同》《质押合同》，青岛海湾新城以持有的青岛中南世纪城51%股权提供质押担保。同时，青岛海湾新城、中南控股集团为本次合作提供无偿信用保证担保。

案例导航15. 嘉兴甲投资管理有限公司与上海乙实业发展有限公司、杭州丙置业有限假股真债－公司等股权转让纠纷判决（〔2014〕浙嘉商初字第12号）

案情简介：

2010年7月1日，被告上海乙实业发展有限公司（以下简称“乙公司”）、杭州丙置业有限公司（以下简称“丙公司”）、吴某与原告嘉兴甲投资管理有限公司（以下简称“甲公司”）签订《股权转让及回购协议》，乙公司将其持有的丙公司25%的股份作价1亿元转让给原告；该股权为优先股，不享受分红，以年利率22%享受固定回报。协议签订后，原告向被告支付了1亿元。

2013年9月18日，被告乙公司、丙公司、丁公司、吴某、马某与原告签订《股权回购协议书》，确认乙公司回购原告持有的丙公司25%股权的时间和回购价款。保证人是丙公司、丁公司、吴某、马某。被告后未能按约付款，故原告向法院提起诉讼。

裁判要点：

法院认为：原告受让丙公司股权的真实目的不在于股权投资，而是为了获取固定的资金使用收益，被告乙公司亦在双方约定的期限届满后，回购了丙公司股权，其行为的实质在于向原告拆借资金，各当事人对此均无异议。因此，本案法律关系性质应为企业借贷关系，案由为企业借贷纠纷。

关于企业借贷合同的效力，被告丙公司主张应认定无效，主合同无效，担保合同无效，丙公司无需承担担保责任。对此，法院认为，各方在《股权转让及回购协议》《股权回购协议书》中约定被告乙公司以股权转让的形式向原告借款，期限届满后，又以股权回购的形式归还借款并向原告支付资金占用费，系当事方真实意思表示，双方的约定符合借贷合同的法律特征，其效力问题应按照《合同法》第52条的相关规定予以认定。《最高人民法院关于适用〈中华人民共和国合同法〉若干问题的解释（一）》对该条中的“法律、行政法规”解释为“全国人大及其常委会制定的法律和国务院制定的行政法规”。丙公司没有提出关于企业间不得借款的法律、行政法规的强制性规定，被告乙公司因生产经营所需向外借款，也未损害他人及社会公共利益，故丙公司的主张，缺乏法律依据，法院不予支持。

关于被告丙公司担保行为的效力，丙公司称依据《公司法》第16条规定及丙公司章程，丙公司对外提供担保，应当经股东会决议，原告在接受丙公司担保时也非善意第三人，故丙公司担保无效。对此，法院认为，《公司法》第16条的立法本意在于防止公司实际控制人或高级管理人员损害公司、小股东或其他债权人利益，其实质是公司内部风险控制程序，不能以此约束交易相对人，该条规定宜理解为管理性强制性规范。违反该项规定的，不影响担保合同的效力。故被告丙公司担保无效的主张，不能成立，其应依法承担保证责任。

十一、嵌套基金

实践中，金融机构如保险资产管理公司、信托公司往往为了融资方降低财务杠杆的需要，设计了较为复杂的金融产品，如通过资管产品或者信托产品投资有限合伙基金，表面上是一个股权投资，实质是通过合伙协议约定回购条款，除了回购协议，还需要融资方的实际控制人或者关联方提供回购的担保，当然也有不做嵌套基金的投资方式。但是，无论是否有基金嵌套，这种金融产品往往因为融资方财务杠杆较高才不得已采用如此复杂的交易模式，从本质上讲这种金融产品往往是融资主体、普通合伙人、劣后级有限合伙人及担保人之间存在一定的交叉、重合或从属关系，不符合保险投资要求的金融产品结构简单、基础资产清晰的要求。

因此，保险资金投资结构复杂，存在嵌套基金的金融产品时，需要穿透核查基础资产，明确法律关系是否清晰，约定是否明确，回购主体及担保主体公司治理是否健全、运行是否稳健、内控是否健全且有效运行、在当前及还款期限内是否具有真实的回购能力等。

1. 有限合伙基金嵌套结构

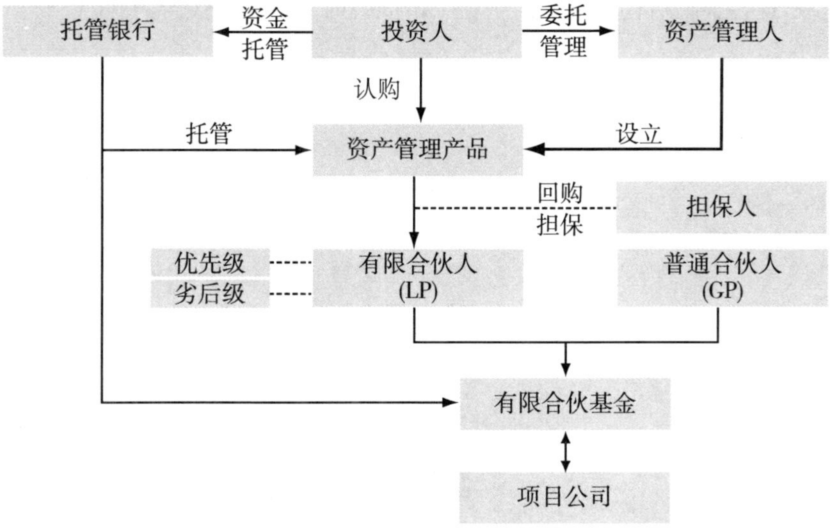

2. 非有限合伙基金嵌套结构

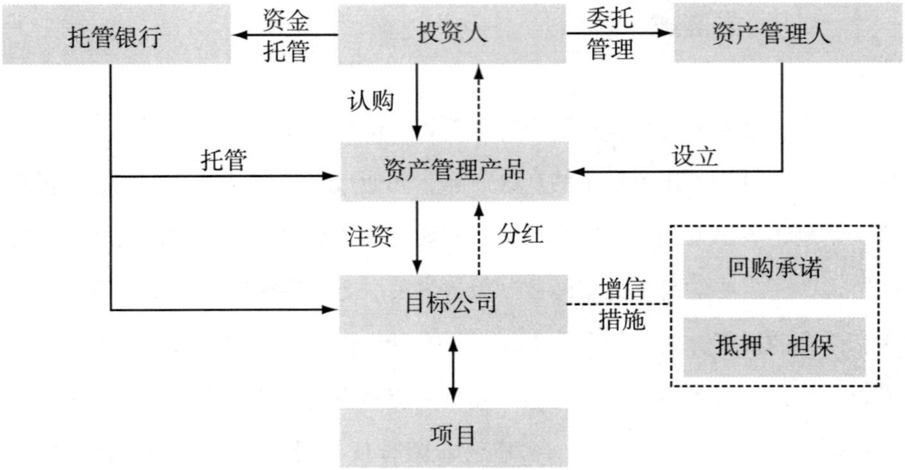

3. 关于保险投资金融产品的交易结构，《关于保险资金投资有关金融产品的通知》非常明确地定了一个原则，即“产品结构简单，基础资产清晰，信用增级安排确凿，具有稳定可预期的现金流”。但是金融机构为了融资主体降低财务杠杆和表外资产处理的需要，运营金融工具设置了非常复杂的交易结构。虽然形式上做到了金融产品合规、权利义务明确的合同设计，但是往往因为交易结构复杂，一旦发生系统风险，追责程序亦会因交易结构复杂而不能穿透到基础资产，甚至会出现各金融机构互相推诿责任、不能及时有效控制风险的问题。

第四节　债权计划投资合规与风险控制

一、法规导航

《基础设施债权投资计划管理暂行规定》（保监发〔2012〕92 号）

二、债权投资计划的定义

债权投资计划是指保险资产管理公司等专业管理机构作为受托人，根据《保险资金运用管理办法》和《基础设施债权投资计划管理暂行规定》规定，面向委托人发行受益凭证，募集资金以债权方式投资基础设施项目，按照约定支付预期收益并兑付本金的金融产品。

三、债权投资计划对基础资产的基本要求

1. 产品基础资产明确；募集资金投资方向和投资策略符合国家宏观政策、产业政策、监管政策及相关规定；

2. 交易结构清晰，制定投资者权益保护机制；

3. 债权投资计划受益权划分为等额受益凭证。

四、偿债主体要求

1. 偿债主体应当是项目方或者其母公司（实际控制人）；

2. 经工商行政管理机关（或主管机关）核准登记，具备担任融资和偿债主体的法定资质；

3. 具备持续经营能力和良好发展前景，具有稳定可靠的收入和现金流，财务状况良好；

4. 信用状况良好，无违约等不良记录；

5. 还款来源明确、真实可靠，能够覆盖债权投资计划的本金和预期收益；

6. 与专业管理机构不存在关联关系。

五、债权投资计划的资金使用要求

1. 债权投资计划的资金，应当投资于一个或者同类型的一组基础设施项目；

2. 具有较高的经济价值和良好的社会影响，符合国家和地区发展规划及产业、土地、环保、节能等相关政策；

3. 项目立项、开发、建设、运营等履行法定程序；

4. 项目方资本金不低于项目总预算的30%或者符合国家有关资本金比例的规定；在建项目自筹资金不低于项目总预算的60%；

5. 一组项目的子项目，应当分别开立财务账户，确定对应资产，不得相互占用资金；

6. 债权投资计划的资金投向，应当严格遵守中国银保监会相关法律规定和债权投资计划合同约定，不得用于本规定或合同约定之外的其他用途。

六、债权投资计划的信用增级要求

1. 信用增级方式与偿债主体还款来源相互独立。

2. 信用增级采用以下方式或其组合：

A 类增级方式：国家专项基金、政策性银行、上一年度信用评级 AA 级以上（含 AA 级）的国有商业银行或者股份制商业银行，提供本息全额无条件不可撤销连带责任保证担保。上述银行省级分行担保的，应当提供总行授权担保的法律文件，并说明其担保限额和已提供担保额度。

B 类增级方式：在中华人民共和国境内依法注册成立的企业（公司），提供本息全额无条件不可撤销连带责任保证担保，并满足下列条件：

（1）担保人信用评级不低于偿债主体信用评级。

（2）债权投资计划发行规模不超过 20 亿元的，担保人上年末净资产不低于 60 亿元；发行规模大于 20 亿元且不超过 30 亿元的，担保人上年末净资产不低于 100 亿元；发行规模大于 30 亿元的，担保人上年末净资产不低于 150 亿元。

（3）同一担保人全部担保金额，占其净资产的比例不超过 50%。全部担保金额和净资产，依据担保主体提供担保的资产范围计算确定。

（4）偿债主体母公司或实际控制人提供担保的，担保人净资产不低于偿债主体净资产的 1.5 倍。

（5）担保行为履行全部合法程序。

C 类增级方式：以流动性较高、公允价值不低于债务价值 2 倍，且具有完全处置权的上市公司无限售流通股份提供质押担保，或者以依法可以转让的收费权提供质押担保，或者以依法有权处分且未有任何他项权利附着的、具有增值潜力且易于变现的实物资产提供抵押担保。质押担保应当办理出质登记，抵押担保办理抵押物登记，且抵押权顺位排序第一，抵押物价值不低于债务价值的 2 倍。

抵质押资产的公允价值，应当由具有最高专业资质的评估机构评定，且每年复评不少于一次。抵质押资产价值下降或发生变现风险，影响债权投资计划财产安全的，专业管理机构应当及时采取启动止损机制、增加担保主体或追加合法足值抵质押品等措施，确保担保足额有效。

3. 债权投资计划同时符合下列条件的，可免于信用增级：

（1）偿债主体最近两个会计年度净资产不低于300亿元、年营业收入不低于500亿元，且符合《保险资金运用管理办法》和本规定要求；

（2）偿债主体最近两年发行过无担保债券，其主体及所发行债券信用评级均为AAA级；

（3）发行规模不超过30亿元。

七、债权投资计划的负面清单

专业管理机构不得发起设立该债权投资计划的情形：

1. 存在重大法律或合规性瑕疵，或者法律合规意见提示重大法律合规风险；

2. 专业管理机构风险管理部门提示重大风险；

3. 无内部或外部信用评级，或者内部或外部信用评级低于可投资级别；

4. 参与评审、决策的部门，对发起设立债权投资计划持否定意见。

八、发起债权投资计划的基本流程

1. 受托人与偿债主体签订《投资合同》，以债权方式投资于指定的投资项目；偿债主体应付的投资收益、投资本金及偿债主体应向受托人承担的其他债务由担保人提供本息全额无条件不可撤销连带责任保证担保。

2. 委托人通过签署《认购书》，认购受托人发起设立的投资计划份额，分别与受托人、托管人签订《受托合同》和《托管合同》等法律文件，并指定投资计划生效后的受益人。

3. 委托人向受托人为投资计划在托管人处开立的托管账户缴纳委托资金。

4. 托管人根据受托人指令向偿债主体账户划拨委托资金，形成投资资金，投资资金自该日起计算投资收益。

5. 经投资计划受益人大会审议通过，授权独立监督人监督投资计划运行管理情况。

6. 项目公司增设监督专户，由独立监督人对投资资金进行监督，确保投资资金专款专用。

7. 偿债主体在投资收益偿付日前 X 天将当期应付投资收益及本金归集至偿债专户。

8. 偿债主体在投资收益偿付日将应付投资收益划付到托管账户。

9. 托管人根据受托人指令，及时向受益人分配投资计划收益及本金并支付投资计划报酬。

10. 自投资计划第 X 年起，偿债主体开始逐年等额偿还投资资金本金。

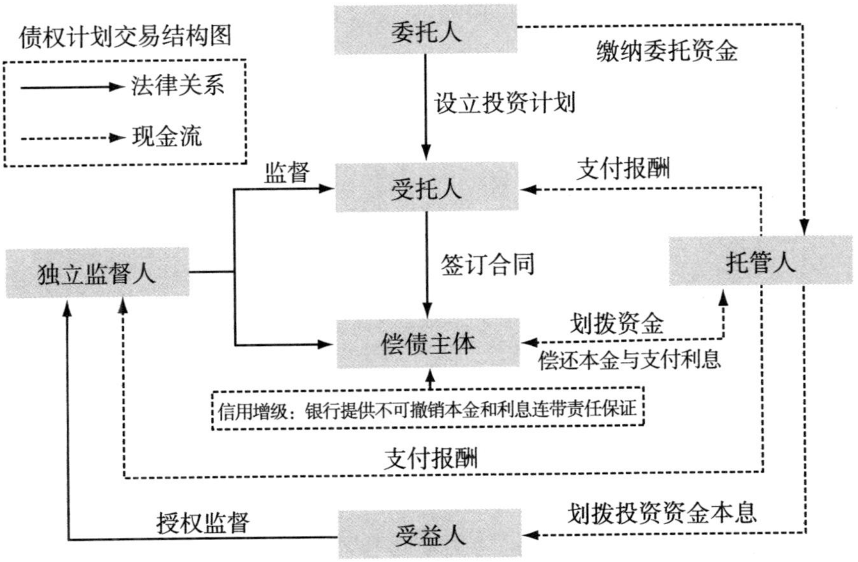

第五节　信托计划投资合规与风险控制

一、法规导航

《中国银保监会办公厅关于保险资金投资集合资金信托有关事项的通知》（银保监办发〔2019〕144 号）

二、信托公司资格要求

1. 具有完善的公司治理、良好的市场信誉和稳定的投资业绩，上年末经审计的净资产不低于 30 亿元人民币；

2. 近 1 年公司及高级管理人员未发生重大刑事案件，未受监管机构重大行政处罚。

三、基础资产要求

1. 保险资金投资的集合资金信托，基础资产限于非标准化债权资产、非上市权益类资产以及银保监会认可的其他资产，投资方向应当符合国家宏观政策、产业政策和监管政策。保险资金不得投资基础资产属于国家及监管部门明令禁止的行业或产业的资金信托，融资主体须承诺资金不用于国家及监管部门明令禁止的行业或产业。

2. 对于基础资产为非标准化债权资产的集合资金信托，应进行外部信用评级，且信用等级不得低于符合条件的国内信用评级机构评定的AA级或者相当于AA级的信用级别。

3. 对于基础资产为非标准化债权资产的集合资金信托，应当确定有效的信用增级安排，并符合下列要求：

（1）信用增级方式与融资主体还款来源相互独立；

（2）信用增级采用以下方式或其组合：

①设置保证担保的，应当为本息全额无条件不可撤销连带责任保证担保，担保人信用等级不低于被担保人信用等级，担保行为履行全部合法程序，且同一担保人全部对外担保金额占其净资产的比例不超过50%。由融资主体母公司或实际控制人提供担保的，担保人净资产不得低于融资主体净资产的1.5倍。

②设置抵押或质押担保的，担保财产应当权属清晰，质押担保办理出质登记，抵押担保办理抵押物登记，经评估的担保财产价值不低于待偿还本息。

③银保监会认可的其他合法有效的信用增级方式。

其中，融资主体信用等级为AAA级，且符合下列条件之一的，可免于信用增级：1）上年末净资产不低于150亿元；2）最近3年连续盈利；3）融资主体募投项目为经国务院或国务院投资主管部门核准的重大工程，且不得由金融机构提供任何直接或间接、显性或隐性的担保、回购等代为承担风险的承诺。对于基础资产为非上市权益类资产的集合资金信托，相关基础资产应当符合保险资金投资股权或不动产的监管规定。

四、保险资金投资信托业务负面清单

1. 保险资金投资集合资金信托，应当在信托合同中明确约定权责义务，禁止将资金信托作为通道。资金信托应当由受托人自主管理，并承担产品设计、项目筛选、尽职调查、投资决策、实施及后续管理等主动管理责任。信托公司管理资金信托聘请第三方提供投资顾问服务的，应遵守银保监会的有关规定，不得将主动管理责任让渡给投资顾问等第三方机构，不得为保险资金提供通道服务。

2. 保险资金不得投资单一资金信托，不得投资结构化集合资金信托的劣后级受益权。

3. 除信用等级为 AAA 级的集合资金信托外，保险集团（控股）公司或保险公司投资同一集合资金信托的投资金额，不得高于该产品实收信托规模的 50%，保险集团（控股）公司、保险公司及其关联方投资同一集合资金信托的投资金额，合计不得高于该产品实收信托规模的 80%。

4. 保险资金投资集合资金信托，不得发生涉及利益输送、利益转移等不当交易行为，不得通过关联交易或者其他方式侵害公司或者被保险人利益。涉及关联交易的，应当符合合规、诚信和公允的原则，不得偏离市场独立第三方的价格或者交易条件，应当建立健全内部审批机制和评估机制，并按照有关规定及时进行信息披露。

5. 保险机构投资集合资金信托，应当加强法律风险管理，由专业律师就投资行为、信托目的合法合规性以及投资者权益保护等内容出具相关意见。

五、特殊项目投资报告义务

保险机构投资集合资金信托计划，存在以下情形之一的，应当于投资后 15 个工作日内向中国银保监会报告：

1. 未直接投向具体基础资产，存在一层嵌套的；

2. 基础资产涉及的不动产等项目不在直辖市、省会城市、计划单列市等具有明显区位优势的地域，且融资主体或者担保主体信用等级低于 AAA 级；

3. 基础资产所属融资主体为县级政府融资平台，且融资主体或者担保主体信用等级低于 AAA 级；

4. 信托公司或基础资产所属融资主体与保险机构存在关联关系；

5. 银保监会认定的其他情形。

六、保险资金投资信托产品的穿透核查

（一）法规导航

1. 《中国银监会办公厅关于加强信托公司房地产信托业务监管有关问题的通知》（银监办发〔2010〕54 号）；

2. 《中国银监会关于支持信托公司创新发展有关问题的通知》（银监发〔2009〕25 号）；

3. 《国务院关于调整和完善固定资产投资项目资本金制度的通知》（国发〔2015〕51 号）；

4. 《中国银监会关于加强 2013 年地方政府融资平台贷款风险监管的指导意见》（银监发〔2013〕10 号）。

（二）保险投资信托产品穿透核查原则

1. 穿透向上识别信托产品最终投资者，不得突破合格投资者各项规定；

2. 穿透向下识别产品底层资产，资金最终投向应符合银、证、保各类监管规定和合同约定，将相关信息向投资者充分披露。

（三）保险投资信托产品基础资产为房地产的核查要点

1. 信托公司发放贷款的房地产开发项目必须满足“四证”齐全（“四证”：

国有土地使用证、建设用地规划许可证、建设工程规划许可证、建筑工程施工许可证）。

2. 项目资本金比例达到国家最低要求（房地产开发项目：保障性住房和普通商品住房项目维持20%不变，其他项目由30%调整为25%）。

注：各行业固定资产投资项目的最低资本金比例：城市和交通基础设施项目：城市轨道交通项目由25%调整为20%，港口、沿海及内河航运、机场项目由30%调整为25%，铁路、公路项目由25%调整为20%。产能过剩行业项目：钢铁、电解铝项目维持40%不变，水泥项目维持35%不变，煤炭、电石、铁合金、烧碱、焦炭、黄磷、多晶硅项目维持30%不变。其他工业项目：玉米深加工项目由30%调整为20%，化肥（钾肥除外）项目维持25%不变。电力等其他项目维持20%不变。

3. 开发商或其控股股东具备二级资质。

4. 信托公司以结构化方式设计房地产集合资金信托计划的，其优先和劣后受益权配比比例不得高于3:1。

5. 信托公司不得以信托资金发放土地储备贷款。土地储备贷款是指向借款人发放的用于土地收购及土地前期开发、整理的贷款。

（四）涉地方政府融资平台核查要点

地方政府融资平台，是指由地方政府出资设立并承担连带还款责任的机关、事业、企业三类法人。

1. 政府融资平台实行“名单制”管理。

2. 符合条件的省级融资平台、保障性住房和国家重点在建续建项目的合理融资需求。

3. 融资平台新发放贷款必须满足5个前提条件：

（1）现金流全覆盖；

（2）抵押担保符合现行规定，不存在地方政府及所属事业单位、社会团体直接或间接担保，且存量贷款已在抵押担保、贷款期限、还款方式等方面整改合格；

（3）融资平台存量贷款中需要财政偿还的部分已纳入地方财政预算管理，并已落实预算资金来源；

（4）借款人为本地融资平台；

（5）资产负债率低于 80%。

4. 地方政府融资平台（仍按平台管理类），新发放贷款的投向主要为 5 个方面：

（1）符合《公路法》的收费公路项目；

（2）国务院审批或核准通过且资本金到位的重大项目；

（3）符合《国土资源部、财政部、中国人民银行、中国银行业监督管理委员会关于加强土地储备与融资管理的通知》（国土资发〔2012〕162 号）要求，已列入国土资源部名录的土地储备机构的土地储备贷款；

（4）保障性安居工程建设项目；

（5）工程进度达到 60% 以上，且现金流测算达到全覆盖的在建项目。

第六节　债券投资合规与风险控制

一、法规导航

1.《保险资金投资债券暂行办法》（保监发〔2012〕58 号）

2.《中国保险监督管理委员会关于加强保险资金投资债券使用外部信用评级监管的通知》（保监发〔2013〕61 号）

二、保险资金投资债券的种类

债券，是指依法在中华人民共和国境内发行的人民币债券和外币债券，包括政府债券、准政府债券、企业（公司）债券及符合规定的其他债券。

债券种类	定义
政府债券	是指中华人民共和国省（自治区、直辖市、计划单列市）以上政府财政部门或其代理机构，依法在境内发行的，以政府信用为基础并由财政支持的债券，包括中央政府债券和省级政府债券。 中央银行票据、财政部代理省级政府发行并代办兑付的债券，比照中央政府债券的投资规定执行。

续表

债券种类	定义
准政府债券	是指经国务院或国务院有关部门批准，由特定机构发行的，信用水平与中央政府债券相当的债券。 以国家预算管理的中央政府性基金，作为还款来源或提供信用支持的债券，纳入准政府债券管理。政策性银行发行的金融债券和次级债券、国务院批准特定机构发行的特别机构债券，比照准政府债券的投资规定执行。
企业（公司）债券	是指由企业（公司）依法合规发行，且不具备政府信用的债券，包括金融企业（公司）债券和非金融企业（公司）债券。 1. 金融企业（公司）债券包括商业银行可转换债券、混合资本债券、次级债券以及金融债券，证券公司债券，保险公司可转换债券、混合资本债券、次级定期债券和公司债券，国际开发机构人民币债券以及中国银保监会规定的投资品种。 2. 非金融企业（公司）债券包括非金融机构发行的企业债券，公司债券，中期票据、短期融资券、超短期融资券等非金融企业债务融资工具，可转换公司债券，以及中国银保监会规定的其他投资品种。

三、保险资金投资金融企业和非金融企业债券的要求

保险资金投资的金融企业（公司）债券	1. 商业银行发行的金融企业（公司）债券，应当具有国内信用评级机构评定的 A 级或者相当于 A 级以上的长期信用级别；其发行人除符合中国人民银行、中国银行业监督管理委员会的有关规定外，还应当符合下列条件： （1）最新经审计的净资产，不低于 100 亿元人民币； （2）核心资本充足率不低于 6%； （3）国内信用评级机构评定的 A 级或者相当于 A 级以上的长期信用级别； （4）境外上市并免于国内信用评级的，国际信用评级机构评定的 BB 级或者相当于 BB 级以上的长期信用级别。 保险资金投资的商业银行混合资本债券，除符合上述规定外，应当具有国内信用评级机构评定的 AA 级或者相当于 AA 级以上的长期信用级别，其发行人总资产不低于 2000 亿元人民币。商业银行混合资本债券纳入无担保非金融企业（公司）债券管理。 2. 证券公司债券，应当公开发行，且具有国内信用评级机构评定的 AA 级或者相当于 AA 级以上的长期信用级别；其发行人除符合中国证券监督管理委员会的有关规定外，还应当符合下列条件： （1）最新经审计的净资本，不低于 20 亿元人民币；

续表

	(2) 国内信用评级评定的 AA 级或者相当于 AA 级以上的长期信用级别; (3) 境外上市并免于国内信用评级的，国际信用评级机构评定的 BBB 级或者相当于 BBB 级以上的长期信用级别。 3. 保险公司可转换债券、混合资本债券、次级定期债券和公司债券，应当是保险公司按照相关规定，经中国银保监会和有关部门批准发行的债券。 4. 国际开发机构人民币债券，其发行人除符合国家有关规定外，还应当符合下列条件: (1) 最新经审计的净资产，不低于 50 亿美元; (2) 国内信用评级机构评定的 AA 级或者相当于 AA 级以上的长期信用级别; (3) 免于国内信用评级的，国际信用评级机构评定的 BBB 级或者相当于 BBB 级以上的长期信用级别。
保险资金投资的非金融企业（公司）债券	1. 其发行人除符合有关部门的规定外，还应当符合下列条件: (1) 最新经审计的净资产，不低于 20 亿元人民币; (2) 国内信用评级机构评定的 A 级或者相当于 A 级以上的长期信用级别; (3) 境外上市并免于国内信用评级的，国际信用评级机构评定的 BB 级或者相当于 BB 级以上的长期信用级别。 2. 有担保非金融企业（公司）债券，具有国内信用评级机构评定的 AA 级或者相当于 AA 级以上的长期信用级别，其担保符合下列条件: (1) 以保证方式提供担保的，应当为本息全额无条件不可撤销连带责任保证担保，且担保人资信不低于发行人的信用级别。 (2) 以抵押或质押方式提供担保的，担保财产应当权属清晰。未被设定其他担保或者采取保全措施的，经有资格的资产评估机构评估的担保财产，其价值不低于担保金额，且担保行为已经履行必要的法律程序。 (3) 担保金额应当持续不低于债券待偿还本息总额。 3. 无担保非金融企业（公司）债券，具有国内信用评级机构评定的 AA 级或者相当于 AA 级以上的长期信用级别。其中，短期融资券具有国内信用评级机构评定的 A－1 级。 有担保非金融企业（公司）债券的担保，不完全符合本条规定的，纳入无担保非金融企业（公司）债券管理。 4. 保险资金投资的无担保非金融企业（公司）债券，应当采用公开招标发行方式或者簿记建档发行方式。其中，簿记建档发行方式应当满足下列条件: (1) 发行前，发行人应当详细披露建档规则; (2) 簿记建档应当具有符合安全保密要求的簿记场所; (3) 簿记建档期间，簿记管理人应当指派专门人员值守并维持秩序；现场人员不得对外泄露相关信息; (4) 簿记管理人应当妥善保管有关资料，不得泄露或者对外披露。 5. 保险资金投资的企业（公司）债券，按照规定免于信用评级要求的，其发行人应当具有不低于该债券评级规定的信用级别。

保险公司投资或者专业投资管理机构受托投资债券，应当充分关注发行人还款来源的及时性和充分性；投资有担保企业（公司）债券，应当关注担保效力的真实性和有效性。

保险公司上季度末偿付能力充足率低于120%的，不得投资无担保非金融企业（公司）债券；已经持有上述债券的，不得继续增持并适时减持。上季度末偿付能力处于120%和150%之间的，应当及时调整投资策略，严格控制投资无担保非金融企业（公司）债券的品种和比例。

四、外部信用评级机构

根据《中国保险监督管理委员会关于加强保险资金投资债券使用外部信用评级监管的通知》（保监发〔2013〕61号）规定，经中国保监会认可备案的外部信用评级机构可以对保险资金投资债券业务进行评级。

中国保监会公布备案的8家外部信用评级机构为：（1）大公国际资信评估有限公司；（2）东方金诚国际信用评估有限公司；（3）联合信用评级有限公司；（4）联合资信评估有限公司；（5）上海新世纪资信评估投资服务有限公司；（6）中诚信国际信用评级有限责任公司；（7）中诚信证券评估有限公司；（8）中债资信评估有限责任公司。

五、保险机构确定债券信用等级的原则

1. 担保债券：含有抵押、质押、信用保证等增信条件，本金和利息清偿顺序先于普通债券，其信用等级可能高于发债主体信用等级；

2. 普通债券：不含任何增信条件，本金和利息清偿顺序优于次级债券和混合资本，其信用等级一般等同于发债主体信用等级；

3. 次级债券：本金和利息清偿顺序列于公司普通债务之后、优于混合资本

和股权资本，其信用等级一般低于发债主体信用等级；

4. 混合资本债券：符合一定条件时，本金和利息可以延期支付，清偿顺序列于次级债券之后，优于股权资本，其信用等级一般低于发债主体信用等级，且低于次级债券信用等级；

5. 第三方机构为发债主体提供全部或部分债务担保的，该债券的信用等级最高可以等同于保证方信用等级；

6. 债券含有抵押、质押、信用保证等增信条件的，应当评估抵押物和质押物的市场价值、流动性、抵押和质押比例，评估担保人的信用状况、承诺条件以及偿付及时性；

7. 保险机构应当根据审慎原则，对增信作用设置一定限制，控制增信债券信用等级上调级别。

六、一般工商企业和商业银行主要评级方法

（一）一般工商企业主要评级方法

1. 一般工商企业个体评估要素，主要包括经营风险和财务风险。

（1）经营风险主要考察宏观环境、行业状况、周边经济环境、管理层素质、受评对象经营情况。宏观环境包括经济环境、产业政策、法律制度等。行业状况包括行业特征、竞争状况、生命周期等。管理层素质包括历史业绩、经营战略、财务政策、经营效率、竞争地位等。

（2）财务风险主要考察财务报告质量、盈利能力、偿债能力、资本结构、财务弹性。财务报告质量包括会计政策、数据真实性、信息披露、注册会计师意见等。

2. 一般工商企业基本财务指标，主要包括盈利能力、运营效率、资本结构、现金流状况、流动性、付息水平等。

（1）盈利能力指标主要包括：

①主营业务利润率 = 主营业务利润/主营业务收入

②销售净利率＝净利润/主营业务收入

③净资产收益率＝净利润/平均净资产

④资产收益率＝净利润/平均总资产，或者资产收益率＝（利润总额＋利息支出）/平均总资产

⑤资本回报率＝（利润总额＋利息支出）/平均总资本，其中，资本＝少数股东权益＋所有者权益＋短期借款＋一年内到期的长期负债＋长期借款＋应付债券

（2）运营效率指标主要包括：

①总资产周转率＝主营业务收入/平均总资产

②固定资产周转率＝主营业务收入/平均固定资产

③应收账款周转率＝主营业务收入/平均应收账款

④存货周转率＝主营业务成本/平均存货

（3）资本结构指标主要包括：

①资产负债率＝负债总额/总资产

②总付息债务/资本，其中：总付息债务＝短期付息债务＋长期付息债务；短期付息债务＝短期借款＋一年内到期的长期负债；长期付息债务＝长期借款＋应付债券

③长期付息债务/总付息债务

④流动资产/资产

⑤固定资产/资产

（4）现金流指标主要包括：

①现金负债总额比＝经营性现金流量净额/负债总额

②现金流动负债比＝经营性现金流量净额/流动负债

③经营性现金流量净额/总付息债务

④经营性现金流量净额/短期付息债务

⑤经营性现金流量净额/购建固定资产等长期资产所支付的现金

（5）流动性指标主要包括：

①流动比率 = 流动资产/流动负债

②速动比率 =（流动资产 - 存货等）/流动负债

③货币资金/短期付息债务

（6）付息能力指标主要包括：

①息税前利润利息倍数 =（利润总额 + 利息支出）/利息支出

②EBITDA 利息倍数 =（利润总额 + 利息支出 + 折旧 + 摊销）/利息支出

③现金利息倍数 = 经营性现金流量净额/利息支出

（二）商业银行主要评级方法

1. 商业银行个体评估要素，主要包括影响银行信用质量的外部环境、运营因素、内部管理风险和财务实力等。

（1）银行外部环境评估，主要考察经济环境、监管环境和行业环境，掌握银行业和受评银行的利润波动与风险状况。经济环境包括经济周期、产业政策、地区经济状况等。监管环境包括货币政策、利率政策、外汇政策、监管政策等。行业环境包括行业特征、竞争环境等。

（2）银行运营因素评估，主要考察公司治理、管理战略、竞争地位等，评估受评银行内部运营状况及其信用质量。公司治理包括基本结构、决策机制、执行机制、监督机制、激励约束机制等。管理战略包括管理层素质、风险偏好等。

（3）银行管理风险评估，主要考察受评银行信用风险、市场风险、流动性风险、经营决策风险、操作风险等管理能力，评估受评银行安全性等。

（4）银行财务实力评估，主要考察受评银行盈利能力、资产质量、资产流动性及资本充足性等。

2. 商业银行基本财务指标，主要包括资产和存贷款规模、盈利能力、流动性、资产质量、资本充足性等。

（1）盈利能力指标主要包括：

①净资产收益率 = 净利润/平均净资产

②拨备前资产收益率=拨备前净营业利润/平均总资产

③资产收益率=净利润/平均总资产

④资产费用率=营业费用/平均总资产，其中，拨备前净营业利润=营业收入-营业支出-营业费用+投资净收益-营业税金及附加

（2）流动性指标主要包括：

①流动比率=流动资产/流动负债

②超额准备金率=（在中华人民共和国人民银行超额备付金存款+库存现金）/各项存款余额

③存贷款比例=各项贷款余额（不含贴现）/各项存款余额

④中长期贷款比率=中长期贷款余额/中长期存款余额

⑤净拆借资金比率=（拆入资金余额-拆出资金余额）/各项存款余额

⑥关联方贷款比率=全部关联方贷款余额/（资本-扣除项）

（3）资产质量指标主要包括：

①不良贷款率=（次级类贷款+可疑类贷款+损失类贷款）/贷款余额

②拨备覆盖率=（一般准备+专项准备+特种准备）/（次级类贷款+可疑类贷款+损失类贷款）

③最大单一客户贷款比例=最大一家客户贷款余额/（资本-扣除项）

④最大十家客户贷款比例=最大十家客户贷款余额/（资本-扣除项）

⑤非信贷资产损失率=非信贷资产损失额/非信贷资产余额

（4）资本充足性指标主要包括：

①资本充足率=（资本-扣除项）/（风险加权资产+13.5倍的市场风险资本）

②核心资本充足率=（核心资本-核心资本扣除项）/（风险加权资产+13.5倍的市场风险资本）

③资本资产比例=净资产/总资产

第七节　股票投资合规与风险控制

一、法规导航

1.《保险机构投资者股票投资管理暂行办法》（中国保监会、中国证券会令2004年第12号）

2.《中国保监会关于印发〈保险公司股票资产托管指引（试行）〉的通知》（保监发〔2005〕16号）

3.《中国保监会关于保险资金股票投资有关问题的通知》（2005年2月17日）

4.《中国保监会关于保险资金投资优先股有关事项的通知》（保监发〔2014〕80号）

5.《中国保监会关于保险资金投资创业板上市公司股票等有关问题的通知》（保监发〔2014〕1号）

6.《中国保监会关于提高保险资金投资蓝筹股票监管比例有关事项的通知》（保监发〔2015〕64号）

7.《中国保监会关于进一步加强保险资金股票投资监管有关事项的通知》（保监发〔2017〕9号）

一、保险资金投资股票的分类

保险机构或保险机构与非保险一致行动人投资上市公司股票，分为一般股票投资、重大股票投资和上市公司收购三种情形，中国银保监会根据不同情形实施差别监管。保险机构应当遵循财务投资为主的原则，开展上市公司股票投资。

1. 一般股票投资，是指保险机构或保险机构与非保险一致行动人投资上市公司股票比例低于上市公司总股本 20%，且未拥有上市公司控制权的股票投资行为。

2. 重大股票投资，是指保险机构或保险机构与非保险一致行动人持有上市公司股票比例达到或超过上市公司总股本 20%，且未拥有上市公司控制权的股票投资行为。

3. 上市公司收购，包括通过取得股份的方式成为上市公司的控股股东，或者通过投资关系、协议、其他安排的途径成为上市公司的实际控制人，或者同时采取上述方式和途径拥有上市公司控制权。

二、保险资金投资股票的监管要求

（一）保险机构开展一般股票投资的，上季末综合偿付能力充足率应当不低于 100%；开展重大股票投资和上市公司收购的，上季末综合偿付能力充足率应当不低于 150%，且已完成股票投资管理能力备案，符合有关保险资金运用内部控制的监管要求。

（二）保险机构可以使用保险资金投资上市公司股票，自主选择上市公司所属行业范围，但应当根据资金来源、成本和期限，合理选择投资标的，加强资产负债匹配管理，服务保险主营业务发展。

（三）保险机构收购上市公司，应当使用自有资金。保险机构不得与非保险一致行动人共同收购上市公司，不得以投资的股票资产抵押融资用于上市公司股票投资。

（四）保险机构与非保险一致行动人共同开展重大股票投资，经备案后继续投资该上市公司股票的，新增投资部分应当使用自有资金。

（五）保险机构开展一般股票投资发生举牌行为的，应当按照证券监管法规要求及时披露相关信息，并在信息披露义务人发布公告后 5 个工作日内，向中国银保监会提交包括投资研究、内部决策、后续投资计划、风险管理措施等要素的报告。

（六）保险机构应当达到重大股票投资标准且按照证券监管法规要求，信息披露义务人公告后 5 个工作日内，向中国银保监会报送包括《关于进一步加强保险资金股票投资监管有关事项的通知》第 4 条规定材料及以下内容的备案材料：

1. 投资资金来源、后续投资方案、持有期限、合规报告、后续管理方案等；

2. 符合保险资金运用内部控制监管要求的自查报告，涉及本次投资的董事会或投资决策委员会决议纪要等材料；

3. 按照《保险公司资金运用信息披露准则第 3 号：举牌上市公司股票》进行信息披露的基本情况；

4. 中国银保监会基于审慎监管原则要求提交的其他材料。

（七）中国银保监会严格限制保险机构收购上市公司行为。保险机构收购上市公司的，应当在事前向中国银保监会申请核准。

（八）保险机构收购上市公司的行业限于保险类企业、非保险金融企业和与保险业务相关、符合国家产业政策、具备稳定现金流回报预期的行业，不得开展高污染、高能耗、未达到国家节能和环保标准、技术附加值较低的上市公司收购。

（九）保险机构应当加强资产负债管理和风险限额管理，防范股票投资集中风险和市场风险。保险机构投资权益类资产的账面余额，合计不高于本公司上季末总资产的 30%。除上市公司收购及投资上市商业银行股票另有规定情形外，保险机构投资单一股票的账面余额，不得高于本公司上季末总资产的 5%。对于已经运用相关政策增持蓝筹股票的保险机构，应在2年内或相关监管机构规定的期限内调整投资比例，直至满足监管规定的比例要求。

（十）保险集团（控股）公司、保险公司投资的创业板上市公司股票，不得存在以下情形：

1. 上市公司已披露正在接受监管部门调查或者最近一年度内受到监管部门处罚的；

2. 最近一年度内被交易所公开谴责的；

3. 上市公司最近一年度内财务报表被会计师事务所出具保留意见、否定意见或无法表示意见的；

4. 存在被人为操纵嫌疑的；

5. 中国银保监会规定的其他情形。

三、中国银保监会对违规投资股票的监管措施

（一）中国银保监会对保险机构提交的事后备案材料进行审查，并在要件齐备后15个工作日内反馈备案意见；属于事前核准事项的，按照规定时间出具核准意见。保险机构在获得备案意见或书面核准文件前，不得继续增持该上市公司股票。

（二）中国银保监会认定保险机构不符合重大股票投资备案要求或者不予核准的，有权责令保险机构在规定期限内，按照中国银保监会及有关监管机构的规定进行整改。

（三）中国银保监会对违反保险资金运用监管政策开展股票投资的保险机构，可以采取限制股票投资比例、暂停或取消股票投资能力备案等监管措施。

（四）保险机构与非保险一致行动人共同开展股票投资发生举牌行为的，中国银保监会除要求保险机构按照规定及时披露信息并提交报告外，还可以根据偿付能力充足率、分类监管评价结果、压力测试结果等指标采取以下一项或多项监

管措施：

1. 要求保险机构报告与非保险一致行动人之间其他涉及保险资金往来的活动；

2. 要求保险机构报告非保险一致行动人以保险机构股权或股票向银行或其他机构质押融资情况，以及融资方符合保险机构合格股东资质的情况；

3. 暂停保险机构资金最终流向非保险一致行动人的股权、不动产等直接投资，以及开展上述资金流向的债权计划、股权计划、资产管理计划或其他金融产品投资；

4. 中国银保监会基于审慎监管原则采取的其他措施。

（五）保险机构与非保险一致行动人共同开展重大股票投资的，应当由保险机构提交包含本公司及非保险一致行动人相关信息的备案报告。

第八节　保险资金参与长租市场合规与风险控制

一、法规导航

1.《中国银保监会关于保险资金参与长租市场有关事项的通知》（银保监发〔2018〕26 号）

2.《中国保监会关于印发〈保险资金投资不动产暂行办法〉的通知》（保监发〔2010〕80 号）

二、保险资金参与长租市场的方式

1. 保险公司通过直接投资；

2. 保险资产管理机构通过发起设立债权投资计划、股权投资计划、资产支持计划、保险私募基金参与长租市场。

三、保险资金投资长期租赁住房项目应当满足的条件

1. 具有良好的经济和社会效益，具备稳定的当期或预期现金流；

2. 处于北京、上海、雄安新区以及人口净流入的大中试点城市，土地性质为集体建设用地的，应处于集体建设用地建设租赁住房试点城市；

3. 产权清晰，无权属争议及受限情形；

4. 土地出让合同或土地使用权证载明土地及地上建筑物仅用于租赁住房，不得转让；

5. 履行了立项、规划、建设、竣工验收及运营管理等阶段所必需的审批程序，或者履行了项目建设阶段所必需的审批程序。

四、保险资产管理机构投资长期租赁住房项目应当满足的条件

保险资产管理机构发起设立投资于长期租赁住房项目的债权投资计划、股权投资计划等保险资产管理产品及保险私募基金，应符合以下条件：

1. 采用债权投资计划方式的，融资主体自有现金流占其全部应还债务本息的比例为100%（含）以上；

2. 采用股权投资计划及保险私募基金方式的，拟投项目公司的核心资产为租赁住房项目，项目公司股权不得为第三方提供质押，并设置有效的退出机制。

五、保险资金投资长租市场风控措施

1. 保险机构投资长期租赁住房项目，应当要求融资主体与项目主体加强项目建设阶段管理，按照工程进度划拨资金，并与融资主体、项目主体、托管银行签订多方账户监管合同或协议，明确各方实行资金专户管理，督促开户银行和托

管银行实行资金进出的全程监控，严格审查资金支付及对价取得等事项，确保资金封闭运行，专项用于所投资的租赁住房项目建设或改造升级，不得挪作他用。

2. 保险公司应当遵循审慎稳健和安全性原则，综合考虑自身资产负债状况、偿付能力状况和流动性要求，制定长期租赁住房项目的投资预算，并纳入年度资产配置计划。

3. 保险机构应当建立相应的专属岗位，负责投资期内各个长租住房项目的投后管理，并建立全程管理制度，在负债控制、款项支付、工程进展、租金回款、资产抵押等方面采取有效的风控措施，控制投资风险。

第三章

保险资金运用

——尽职调查要点与法律意见范例

保险资金投资的尽职调查是保证投资安全的重要基础，除了需要按照保险投资的相关规定进行合规性审查外，对于投资金融机构发起的金融产品，不能仅以书面审查进行判断，还应当在初步判断具有投资价值和符合保险投资的基本条件基础上，通过现场核查、访谈印证投资标的是否与书面资料吻合，对于基础资产做必要的穿透核查，论证是否有潜在的法律风险。

对于保险资金直接投资的股权类、不动产类、基础设施项目，包括 PPP 项目要聘请专业的机构进行法律和财务的尽职调查。

保险投资专业人士在投资过程中，除了借助专业服务机构的尽职调查外，也应当掌握一些基本的查询方式，便于在项目初期进行风险判断。

第一节 尽职调查互联网核查要点范例

保险投资机构除了聘请专业的中介机构，如律师、会计师，对项目进行尽职调查外，通常在与项目方达成初步投资意向后，先行委派公司内部项目团队进行初步的尽职调查，项目团队在开展尽职调查时需要借助互联网公信平台核查项目公司的基本情况，以便于交叉验证尽职调查的准确性，及时发现项目存在的潜在风险，为保险资金最终投资提供决策依据。

类别	序号	网站名称	网址	查询事项
主体信息查询	1	“国家企业信用信息公示系统”及 App	http：//gsxt. saic. gov. cn 及 App	可查询全国及各省企业的工商登记信息，具体包括企业基本信息（营业执照上的全部内容）、股东及其出资、董监高成员、分支机构、动产抵押登记信息、股权出质登记信息、行政处罚信息、经营异常信息、严重违法信息等。
	2	巨潮资讯网	http：//www. cninfo. com. cn	证监会指定的信息披露网站，可查询上交所、深交所上市的公司基本情况，包括股本及董监高、十大股东基本情况、公司披露的公告等。
	3	上海证券交易所	http：//www. sse. com. cn	可以查询上交所上市公司披露的信息，包括但不限于招股说明书、法律意见、年度报告、董事会、股东大会决议等信息。
	4	深圳证券交易所	http：//www. szse. cn	可以查询深交所上市公司披露的信息，包括但不限于招股说明书、法律意见、年度报告、董事会、股东大会决议等信息。
	5	中国证监会	http：//www. csrc. gov. cn	可以查询证监会最新发布的法规、政策及其解读、IPO 及并购重组预先披露信息、核准信息。
	6	全国中小企业股份转让系统	http：//www. neeq. com. cn	可查询新三板挂牌企业的公告及预披露待审核公司的信息，新三板企业的重大事项公告、转让信息、财务信息及新三板相关法律法规、政策资讯等。
	7	香港交易所	http：//www. hkexnews. hk	可以查询香港上市公司披露的信息，包括但不限于招股说明书、法律意见、年度报告、董事会、股东大会决议等信息。
	8	纳斯达克	http：//www. nasdaq. com	可以查询纳斯达克上市公司信息，包括招股书、法律意见、重大合同等披露的信息。
	9	美国证监会	http：//www. sec. gov	可以查询美国上市公司公告信息，包括招股书、法律意见书等公开资料。
	10	香港公司网上查册中心	http：//www. icris. cr. gov. hk/normal. htm/	可以查询在香港注册公司的基本登记信息，可以通过网上付费电子版查询。

续表

类别	序号	网站名称	网址	查询事项
	11	全国建筑市场监督与诚信信息发布平台	http：//www. mohurd. gov. cn	可以查询建筑相关企业信息、注册人员信息及工程项目信息等。
	12	住房和城乡建设部建筑业单位资质查询	http：//www. mohurd. gov. cn	建筑业资质查询，包括设计、勘察、造价、监理、建筑、房产开发等资质信息的查询。
	13	中国证券投资基金业协会	http：//www. amac. org. cn/	可以查询股权投资基金等证券投资基金的基金管理人及基金的备案信息。
	14	私募基金管理人公示平台及私募汇 APP	http：//gs. amac. org. cn	可以查询私募基金管理人登记的实时基本情况以及违规公示情况。
涉诉信息查询	1	中国裁判文书网	http：//wenshu. court. gov. cn	可以查询 2014 年 1 月 1 日起除涉及国家秘密、个人隐私、未成年人犯罪、调解结案以外案件的判决文书。
	2	全国法院被执行人信息查询系统	http：//zxgk. court. gov. cn/zhixing/	可以查询 2007 年 1 月 1 日以后新收及此前未结的执行实施案件的被执行人信息。
	3	全国法院失信被执行人名单信息查询系统	http：//zxgk. court. gov. cn/zhixing/	可以查询 2013 年 10 月 24 日起不履行或未全部履行被执行义务的被执行人的履行情况、执行法院、执行依据文书及失信被执行人行为的具体情形等内容。
	4	中国法院网“公告查询”	http：//www. chinacourt. org	可以查询到全国范围内法院案件审理公告信息。
	5	人民法院诉讼资产网	http：//www. rmfysszc. gov. cn	可以查询全国范围内法院正在执行拍卖的资产情况。
	6	淘宝司法拍卖	http：//sf. taobao. com	可以检索全国法院通过淘宝司法拍卖方式进行财产拍卖的信息。
财产信息查询	1	国土资源部“中国土地市场网”	http：//www. landchina. com	可以查询全国范围内的供地计划、出让公告、企业购地情况等信息。
	2	国土资源部“土地市场查询”	http：//landchina. mlr. gov. cn	可以查询土地招标、拍卖、挂牌信息及全国范围内土地抵押、转让、出租等信息，此外还可查询全国范围内的供地计划等。

续表

类别	序号	网站名称	网址	查询事项
	3	中国知识产权网	http：//www. cnipr. com	可以查询公司专利申请情况及专利法律状态。
	4	国家知识产权局专利检索网	http：//www. sipo. gov. cn	可以查询公司专利申请情况及专利法律状态。
	5	国家知识产权局商标局“中国商标网”	http：//sbj. saic. gov. cn	可以查询商标注册信息，包括注册商标信息及申请商标信息。同时可以进行商标相同或近似信息查询、商标综合信息查询和商标审查状态信息查询。
	6	中国版权保护中心“计算机软件著作权登记公告”	http：//www. ccopyright. com. cn	可以查询计算机软件著作权的登记情况、著作权人、撤销情况、质押情况等信息。
	7	信息产业部 ICP/IP 地址/域名信息备案管理系统	http：//icp. mywebdns. cn/	可以通过网站名称、域名、网站首页网址、许可号、网站 IP 地址、主办单位等查询已经备案的网站或域名的所有人信息等情况。
	8	世界知识产权组织	http：//www. wipo. int	可以查询加入 WTO 的所有国家专利、商标注册法律状态。
	9	农业部植物新品种保护办公室	http：//www. cnpvp. cn	可以查询植物新品种权。
	10	工业和信息化部官方网站	http：//www. miit. gov. cn	可以查询企业网站备案以及电信增值业务许可。
	11	人民法院诉讼资产网	http：//www. rmfysszc. gov. cn	可以查询涉诉财产情况。
	12	淘宝司法拍卖	http：//sf. taobao. com/	可以查询处于网上拍卖状态的涉诉财产情况。

续表

类别	序号	网站名称	网址	查询事项
投融资信息查询	1	中国人民银行征信中心	http：//www. pbccrc. org. cn	可以查询企业应收账款质押和转让登记信息，具体包括质权人名称、登记到期日、担保金额及期限等。
	2	中国银行间市场交易商协会	http：//www. nafmii. org. cn	可以查询 DCM 注册相关信息包括超短期融资券（SCP）、中小企业集合票据（SMECN）、短期融资券（CP）、中期票据（MTN）、定向工具（PPN）企业的融资情况。
信用查询	1	信用中国	htts：//www. creditchina. gov. cn/	企业不良信用记录查询

第二节　股权、债权投资尽职调查要点范例

序号	项目	已提供	待提供	无资料信息
一、公司基本情况和历史沿革				
1.1	公司设立至今历次批准证书、相关批复、营业执照、公司章程等			
1.2	公司设立至今历次出资、增资所涉及的出资协议（或股东协议、发起人协议）、增资协议、验资报告（出资银行进账单）、出资凭证、董事会或股东会决议、评估报告及相关主管部门的批复等			
1.3	公司设立至今历次股权转让所涉及的股权转让协议、验资报告（出资银行进账单）、董事会或股东会决议、资产评估报告、相关主管部门批复、股权转让款支付凭证等			
1.4	公司设立至今已取得的相关业务资质、业务许可证、生产许可证以及应获未获得的其他相关业务资质情况说明			
1.5	公司历次经营范围变更、地址变更、法定代表人变更及其他事项变更的内部决议、主管机关批文及其他工商变更登记材料等			
1.6	公司合并、分立、减少注册资本及其他股权变更所涉及的相关内部决议、协议、主管机关批文、验资报告（出资银行进账单）、评估报告、产权证书及其他工商登记资料等			

续表

序号	项目	已提供	待提供	无资料信息
1.7	公司股权是否存在代持情形，如有，请提供代持协议及其他相关法律文件			
1.8	公司设立以来历次董事会、监事会及股东会决议文件			
1.9	公司控股股东及实际控制人情况说明			
1.10	公司股权结构图（披露至终极自然人控股股东）			
1.11	公司内部组织结构图			
1.12	公司实际控制人及主要股东（持股5%以上股东）基本信息。其中，法人股东请提供包括但不限于历史沿革书面说明、设立时间、现时股本结构及历次股本结构变动情况、营业执照、公司章程以及历次增资或股权转让所涉及的协议、内部决议、验资报告、评估报告、主管机关批复、登记等资料；自然人股东请提供股东姓名、性别、国籍、电话、联系地址等信息			
1.13	公司实际控制人及主要股东（持股5%以上股东）控股的其他企业的营业执照和公司章程等基本资料			
1.14	公司或其控股子公司拟进行私募的有关框架性协议、投资合同、股东协议等法律文件			
1.15	公司控股股东及其关联公司的全部历史沿革资料包括但不限于公司设立至今全部注册登记证书、年检证书、股东名册、董事名册、章程，历次出资、增资所涉及的出资协议（或股东协议、发起人协议、股权转让协议）、增资协议、出资凭证、董事会或股东会决议等法律文件			
二、公司对外投资情况及资产变化				
2.1	公司对外投资清单（包括公司名称、注册资本、持股比例、控股情况、法定代表人等）			
2.2	公司所有控股子公司相关资料，包括但不限于企业法人营业执照、增资及股权转让协议、相关主管机关批准证书、业务资质及业务许可证、公司章程、验资报告、评估报告、审计报告、税务登记证、重大资产情况、重大业务合同、行政处罚决定（如有）、诉讼文书等（上述控股子公司请参照本清单中对贵公司的要求提供资料）			

续表

序号	项目	已提供	待提供	无资料信息
2.3	公司所有参股子公司营业执照、公司章程、验资报告及其他股权变更资料			
2.4	公司历次重大资产（包括土地、房产、设备、股权等）收购或处置的内部决议、收购或处置协议、资产评估报告及确认文件、相关主管机关批复、交割手续（如有）等			
三、公司土地、房产资产				
3.1	公司是否有使用国有划拨用地或集体用地情形，如有，请说明使用情况并提供相关批准文件			
3.2	公司出让用地之土地出让批准文件、合同和国有土地使用证			
3.3	公司土地使用费和土地出让金交纳凭证			
3.4	公司转让土地之批准文件、合同和国有土地使用证			
3.5	公司房屋所有权权属凭证			
3.6	公司房产转让协议及相关付款情况说明			
3.7	公司房产抵押协议及该等抵押对应的主合同			
3.8	公司房产租赁合同、承租房屋的产权证明及相关租赁（备案）登记文件			
3.9	公司房产有无被采取查封、冻结等强制措施等情况			
四、公司知识产权资产				
4.1	公司拥有的所有商标、服务标识、专利、专有技术、域名和其他知识产权清单（包括正在申请中的）及相应权属证书			
4.2	上述所列知识产权资产购买、转让、使用许可等协议及相关公告和登记备案等有关文件			
4.3	公司相关技术开发、技术转让、技术咨询和技术服务协议			
五、公司其他资产				
5.1	公司主要设备资产清单和相关资产评估文件			

续表

序号	项目	已提供	待提供	无资料信息
5.2	如公司股东以实物资产或其他非现金资产作价出资的，请提供此类资产完备的权属证书			
5.3	公司关键生产经营设备合法取得的文件及相关权属证明（如设备购买合同及发票等法律文件，以分期付款购买、信贷、租赁等方式拥有或使用设备的相关合同文件，车辆行驶证）（参见附件“重要资产/设备情况一览表”）			
5.4	公司关键生产经营设备设置抵押、质押、留置等担保事项的合同、协议等相关文件			
5.5	相关机构对公司关键生产经营设备进行冻结、查封等影响或可能影响该等设备所有权或正常使用的政府文件、行政决定、通知、判决书、仲裁裁决或其他行政复议裁定			
5.6	公司持有其他企业股份或资产的权属证明文件			
5.7	公司与其持股企业经营性与非经营性往来的情况（联营、借款、担保及反担保等安排）			
六、公司债权债务				
6.1	公司债权债务资产清单（如银行借款、委托贷款等）及相关贷款协议等法律文件（参见附件“借款一览表”）			
6.2	公司应付、应收账款明细及其形成的详细书面说明			
6.3	公司对外担保（抵押、质押等）负债清单及所有相关合同等文件			
6.4	公司其他重大融资文件，包括融资租赁、经营租赁、销售后立即返租的安排以及分期付款购买安排等			
6.5	公司是否存在为他人代偿债务或代垫款项的情况			
6.6	未列入资产负债表的其他任何负债及或有负债情况及相关法律文件			
七、公司重要合同				
7.1	公司已履行完毕或正在履行的重大合同清单（包括签约方、合同名称、标的金额等主要情况说明）及相关合同文本			

续表

序号	项目	已提供	待提供	无资料信息
八、违约和诉讼				
8.1	所有与公司或其资产有关的尚未审结或审结但未执行完毕或虽然已执行完毕但是案情重大的重大诉讼、仲裁及行政调查案件清单（包括但不限于原告、被告、金额、案由、是否已经完结、解决结果等）及相关诉讼文件			
8.2	公司因违反行业监管、安全生产、公安消防、水利、卫生、建设、规划、劳动保障、反竞争、反倾销、反垄断、税务、环境保护等方面法律、法规而受到的行政处罚情况及相关处罚文件			
九、公司关联交易和同业竞争				
9.1	过去三年以来持有公司或其子公司5%以上股权的股东与公司之间签署的任何合同、协议或达成任何交易的相关文件（包括但不限于购销方面的协议与安排文件；房屋、机械、设备租赁协议；土地使用权租赁协议；综合服务、物业管理协议；运输服务协议；维修服务协议；租赁经营协议；为减少和避免关联交易所签订的资产收购协议等）			
9.2	过去三年以来公司董事、监事、高级管理人员及该等人员投资设立、直接或间接控制的企业与公司之间签署的任何合同、协议或达成任何交易的相关文件			
9.3	公司与其控股股东（或其直接间接控制的公司、企业或经济实体）已存在的任何交易文件			
十、公司主要业务				
10.1	公司重大原材料采购和产品销售合同，公司最近三年前五大原料供应商和产品销售商采购和销售情况及年度占比			
10.2	公司最近三年主营业务情况及是否发生重大变化			
10.3	公司与控股股东、实际控制人及其控制的其他企业间是否存在同业竞争或关联交易，如果存在请提供详细情况及相关法律文件			

续表

序号	项目	已提供	待提供	无资料信息
10.4	公司最近三年在行业地位、经营环境、采购及销售模式、产品或服务品种结构等方面变化情况			
十一、公司业务环境保护情况				
11.1	公司在建或已建设项目环境影响评价报告、相关批复及竣工验收情况			
11.2	相关环保部门给予公司的通知、罚款或其他调查文件			
11.3	公司因环保问题而支出的治理费用、罚款和其他费用情况及相关法律文件			
11.4	公司过去三年内发生的与环境污染有关的重大事故情况			
11.5	公司产品生产和业务经营是否需要环保部门的审批，如有，请提供说明及相关文件			
十二、公司税务情况				
12.1	公司适用的税种、税率及缴纳和欠税情况说明			
12.2	公司过去三年中享有的税收优惠及相关政府部门批复			
12.3	公司过去三年中享有的税收优惠法律或政策依据			
12.4	公司过去三年因税务问题而受到的任何行政处分和处罚情形及相关法律文件			
12.5	公司完税证明及纳税申报表			
十三、公司员工与劳动人事				
13.1	公司劳动用工情况（包括职工总数、人员结构、劳动合同签订以及社会保险缴纳等情况）			
13.2	公司无固定期限员工用工情况说明			
13.3	公司董事会等高级管理人员的名单			
13.4	公司与员工签订的劳动合同（样本）			
13.5	公司与员工签订的相关保密协议			
13.6	国内公司与高级管理人员和特殊员工（包括特殊技术人员）所签署的服务协议、报酬协议等			

续表

序号	项目	已提供	待提供	无资料信息
13.7	公司为员工缴纳社会保险及住房公积金情况及相关文件，包括但不限于社会保险登记证以及为职工缴纳住房公积金、社会保险费用缴费凭证			
13.8	公司董事及高管人员在控制股东及其控制的企业或组织任职情况			

附件一：

重要资产/设备情况一览表				
资产/设备名称	原值	现值	采购年月	有无抵押

附件二：

银行借款一览表				
借款合同号	贷款银行	借款额	期限	担保方式
		总计（ ）		

第三节 不动产项目尽职调查要点范例

序号	项目	已提供	待提供	无资料信息
一、项目介绍				
1.1	本项目的总体描述（简要说明项目的土地取得时间、投资总额、目前建设状况、建设合同履行情况等）			
二、立项文件				
2.1	项目建议书（或可行性研究报告）			
2.2	发展和改革部门对项目建议书（或可行性研究报告）的核准或备案（立项批复）			
三、土地取得文件（土地出让、拆迁、平整等）				
3.1	本项目土地取得方式说明			
3.2	请说明公司获得项目土地后，是否与国土部门签订土地出让合同或相关补充协议，如有，请提供			
3.3	请提供公司获得土地的相关付款证明（土地出让金、缴税凭证等）			
3.4	市政基础设施配套费的缴纳标准、缴费凭证（如适用）			
3.5	《建设用地批准书》			
3.6	请说明公司获得项目土地时，项目土地的状况（是否为净地，是否涉及拆迁等）			

续表

序号	项目	已提供	待提供	无资料信息
3.7	项目用地的抵押、查封情况或其他性质的他项权益，如有，请提供他项权利证及说明			
四、规划审批文件				
4.1	请提供区政府编制的本区域整体转型实施方案以及园区相关的规划、项目投资、管理相关政策性文件			
4.2	规划意见书（含附件）			
4.3	《建设用地规划许可证》			
4.4	《建设工程规划许可证》（含附件）			
五、建设审批文件				
5.1	建筑工程施工图设计文件审查有关文件			
5.2	《施工许可证》			
5.3	请说明工程的建设现状，以及相关建筑合同的处理方式			
六、其他审批文件				
6.1	建设项目的环境影响评价报告书/环境影响评价报告表及环保部门的审批意见，包括但不限于对水资源、水污染（工业用水及生活用水）、大气污染、土壤污染的综合或独立的环境影响报告和审批意见			
6.2	交通规划审查意见书			
6.3	建设项目配套消防方案审核文件			
6.4	民用建筑修建防空地下室审核文件，包括人防工程建设费收取和减免审核（如未修建防空地下室）			
6.5	如属重大工程，提供重大工程批准文件			
七、建设施工				
7.1	请提供公司的全部合同台账（应列明合同方名称、合同名称、合同金额、签订日期、付款情况等）			
7.2	请提供尚未履行完毕的工程类合同			
7.3	对于勘查、设计、施工、监理、项目管理、采购、总承包的招投标文件及备案情况说明			

续表

序号	项目	已提供	待提供	无资料信息
7.4	对于项目勘查、设计、施工、监理、项目管理、采购、总承包等重大合同履行情况的说明（是否存在违约、诉讼纠纷等情形），若存在诉讼纠纷等，请提供相关诉讼文件			
7.5	对于项目勘查、设计、施工、监理、项目管理、采购、总承包等重大合同履行情况的说明			
7.6	公司作为合同一方的，其他尚未履行完毕的所有合同复印件			
八、权属状况				
8.1	土地、房产（包括在建工程）的抵押情况或其他性质的他项权益，如有请提供他项权利证及说明			
九、其他				
9.1	土地增值税的清算情况及文件			
9.2	就本项目有关的合同是否存在任何重大违约行为；若有，请提供相关合同、协议及有关违约事由的描述			
9.3	任何对本项目可能产生重大影响的但没有列举在上述事项中的事宜			

第四节 保险投资信托计划尽职调查要点范例

序号	项目	已提供	待提供	无资料信息	文件名称
一、xx 人寿保险股份有限公司					
1.1	xx 人寿保险股份有限公司投资信托计划的决策制度\授权制度（明确董事会或者董事会授权机构），董事会授权的需董事会提供授权文件				管理委员会关于投资业务的授权书
1.2	董事会或者董事会授权机构同意投资本信托计划的决议文件				
1.3	xx 人寿保险股份有限公司就本次信托计划配备的独立信托投资专业责任人任职文件、专业责任人的工作经历（金融或经济，人力资源部门出具的证明文件）、专业资质证书				关于信托投资专业责任人的报告
1.4	xx 人寿保险股份有限公司关于信托投资专业责任人的责任追究制度或文件				

续表

序号	项目	已提供	待提供	无资料信息	文件名称
1.5	xx人寿保险股份有限公司选择信托公司的标准或制度文件				公司授权交易对手之信托计划（摘自《分账户投资指引》）；关于印发《xx人寿保险股份有限公司人寿信托计划投资操作细则（试行）》的通知
1.6	xx人寿保险股份有限公司本次信托计划投资者权益保护的制度性安排文件				
1.7	固定收益类的集合资金信托计划，需提交信用评级机构提供的评级报告				产业基金投资集合资金信托计划产品信用评级报告
1.8	xx人寿保险股份有限公司有关投资信托计划的投后管理制度及兑付风险处理预案				关于印发《xx人寿保险股份有限公司人寿信托计划投资操作细则（试行）》的通知
1.9	xx人寿保险股份有限公司认为需要提交给本所的其他文件				
二、信托公司文件					
2.1	信托公司近三年公司及高级管理人员未发生重大刑事案件且未受监管机构行政处罚的证明文件或者承诺函				

续表

序号	项目	已提供	待提供	无资料信息	文件名称
2.2	信托公司承诺向保险业相关行业组织报送相关信息的承诺函				
2.3	信托公司上一年度末审计机构出具的审计报告				
2.4	信托公司—信托投资计划、信托公司—信托投资计划尽职调查报告（或可行性报告）、《项目评审委员会表决决议》、《项目合规、风险审查意见》、本次信托计划的律师事务所出具的法律意见、信托合同、信托计划投资标的公司的增资协议（投资协议）、担保协议、抵押协议、保证合同、承诺函、股权回购协议、资金监管协议、资金保管合同等				
2.5	信托计划投资项目公司董事会决议、股东会决议、项目公司章程等				

第五节　保险投资信托计划法律意见范例

XX律师事务所

关于

XX人寿保险有限公司

投资

YY投资集合资金信托计划

法律意见

致：XX人寿保险有限公司

XX律师事务所（以下简称“本所”）系一家在中华人民共和国境内依法设立的合伙制律师事务所，受XX人寿保险有限公司（以下简称“贵司”或“XX”）的委托，担任XX投资YY投资集合资金信托计划（以下简称“信托计划”或“本信托计划”）的专项法律顾问。现本所律师针对贵司投资信托计划的合法合规性以及投资者权益保护等内容出具法律意见。

本所律师依据《中华人民共和国民法总则》《中华人民共和国合同法》《中华人民共和国公司法》《中华人民共和国信托法》《信托公司管理办法》《信托公司集合资金信托计划管理办法》（以下简称“信托计划管理办法”）《金融许可证

管理办法》《关于保险资金投资集合资金信托计划有关事项的通知》（保监发〔2014〕38号）、《关于加强和改进保险资金运用比例监管的通知》（保监发〔2014〕13号）以及其他现行有效的法律、行政法规、部门规章和规范性文件的相关规定出具本法律意见。

本所经办律师遵循勤勉尽责和诚实信用原则，按照律师行业公认的业务标准、道德规范，审阅了贵司提供的信托计划的基础资料。

本所出具本法律意见主要基于以下假设：

1. 贵司向本所提供的文件、资料和信息均为真实、准确、完整，资料上的签字和/或印章均为真实的，有关文件之副本或复印件均与正本或者原件一致。

2. 信托计划的基础资料中关于事实的陈述以及任何承诺、声明和/或其他具有承诺性质的文件均为真实、准确、有效。

本所仅根据贵司所提供的信托计划的基础资料所述信息出具本法律意见。为此，本所声明如下：

1. 本所仅依据信托计划的基础材料对贵司投资信托计划的合法合规性以及投资者权益保护的内容进行法律审查，不对信托计划拟发放信托贷款的公司所涉及事实信息的真实性、准确性和完整性做出判断。

2. 本所依据本法律意见出具日现行有效的有关法律、法规及对有关法律、法规的理解，并基于对本法律意见出具日以前已经发生或存在的事实及对有关事实的了解发表法律意见。

本所仅就贵司投资信托计划合法合规性以及投资者权益保护的法律问题发表法律意见，具体范围以本法律意见发表意见事项为限。本法律意见并不对有关会计审计、资产评估、投资决策等专业事项发表评论，在本法律意见中涉及该等内容时，均为严格按照有关中介机构出具的报告引述，该等引述并不构成本所对该等报告的任何明示或默示的确认和保证。

基于以上假设和声明，本所出具如下法律意见。

一、关于信托计划的合法性

根据贵司所述以及贵司提交的《YY投资集合资金信托计划说明书》（以下简称“信托计划说明书”）《YY投资集合资金信托计划资金信托合同》（以下简称“信托合同”），本所经办律师理解贵司拟投资的信托计划的交易结构如下：

ZZ信托有限责任公司（以下简称“ZZ信托”）设立YY投资集合资金信托计划，全体委托人基于对受托人ZZ信托的信任，在充分了解交易结构、交易对手、投资标的前提下认购（申购）信托单位并缴付信托资金，全体信托人指定受托人签署相关交易文件，信托计划募集的资金用于认购AA投资管理有限公司（以下简称“AA投资”）担任GP设立的BB投资合伙企业（有限合伙）（以下简称“BB投资”或“合伙企业”）有限合伙份额，BB投资方向为CC市集成电路上下游产业、新型显示等相关产业项目或基金，CC市建设投资控股（集团）有限公司（以下简称“CC建投”）承诺在约定情形下收购信托计划持有的BB投资有限合伙份额并支付全部合伙企业份额转让价款。

（一）本信托计划的主体资格

1. 受托人

本信托的受托人为ZZ信托，本所经办律师审查了ZZ信托提供的《营业执照》《章程》和《金融许可证》，根据《公司法》第六条、第七条，《信托公司管理办法》第七条、第十六条及《金融许可证管理办法》第三条的规定，本所经办律师确认受托人ZZ信托是依法设立并有效存续的企业法人，并具有经营资金信托业务的法律资格，且未发现其业务资格受到银监会暂停或取消的情形。

本所经办律师查阅了《信托计划说明书》及《信托合同》，确认其所述信托业务属于《信托法》《信托公司管理办法》规定的资金信托业务。

本所经办律师审查了ZZ信托在《信托合同》中做出的承诺，确认ZZ信托近三年公司及高级管理人员未发生重大刑事案件且未受到监管机构行政处罚，______年末经审计的净资产不低于人民币30亿元，承诺向保险业相关行业组织报送相关信息。

因此，根据《关于保险资金投资集合信托计划有关事项的通知》第三条的规定，本所经办律师认为ZZ信托具备发行信托计划的主体资格，且作为本信托计划的发行主体，ZZ信托符合保险资金投资集合资金信托计划对信托公司的资格要求。

2. 委托人

本所经办律师审查了贵司的《企业法人营业执照》和《章程》《保险公司法人许可证》等文件，根据《信托计划管理办法》第五条、第六条的规定，贵司为集合资金信托计划的合格投资者。

本所经办律师审查了《信托合同》《信托计划说明书》等信托文件，上述文件对委托人的资格及条件进行了明确，委托人需具备相应的风险识别、风险评估和风险承受能力，应以其合法所有或合法管理的资金认购信托单位。《信托合同》约定，本信托为自益信托，信托计划成立时的委托人与受益人为同一人。本所经办律师认为，《信托合同》《信托计划说明书》关于委托人和受益人之规定，符合《信托法》第十九条、第四十三条和《信托计划管理办法》第五条的法定要求。

因此，本所经办律师确认贵司具备认购本信托计划的主体资格，本信托计划的委托人主体合格。

（二）信托文件的形式合法性

本所经办律师审查了《信托计划说明书》《信托合同》《BB投资集合资金信托计划第一期信托单位认购风险申明书》（以下简称“认购风险申明书”）等信托文件，均为书面形式，符合《信托法》第八条“设立信托，应当采取书面形式”的要求。

《信托合同》详细列明了信托目的、信托计划的规模、信托期限、信托财产的管理办法、受益权转让等事项，内容全面、具体，符合《信托法》第九条、《信托公司管理办法》第三十二条、《信托计划管理办法》第十三条关于设立信托书面文件应当载明事项的法定要求。

《信托计划说明书》符合《信托计划管理办法》第十二条之规定，对信托公司的基本情况、信托计划的内容及推介进行了完整的说明。

《认购风险申明书》及《信托合同》首页上方对信托风险作了明确的申明和提示，并要求委托人（或授权代理人）签署。《信托合同》及《信托计划说明书》又专对风险进行了披露。

因此，本所经办律师认为，上述集合资金信托文件信息披露的内容符合《信托计划管理办法》第十一条、第十二条、第十三条、第十四条、第十五条之要求。

（三）信托文件的内容合法性

本所经办律师审查了信托文件的内容，信托文件明确了信托的目的、信托的期限、信托资金用途、信托财产份额、信托财产及其范围、信托资金的管理和运用方式、信托利益的分配和信托财产的归属、信托的成立、信托财产的保管、委托人的资格要求、信息披露情况、信托当事人的权利义务、委托人资金的合法性、信托计划风险披露，并由 DD 律师事务所就信托计划的合规性出具了法律意见书。

本所经办律师认为，信托文件内容符合《信托法》《信托计划管理办法》的要求，信托计划及其信托文件不违反法律、法规及规范性文件的强制性规定。

根据信托计划的文件内容，本信托计划为固定收益类的集合资金信托计划，符合《关于保险资金投资集合信托计划有关事项的通知》规定的保险资金投资信托计划的规定。

（四）信托计划的信用评级

EE 资信评估有限公司于____年____月____日出具的《BB 投资集合资金信托计划信用评级报告》，“BB 投资集合资金信托计划”的信用评级为 AA + 。

因此，本所经办律师认为，本信托计划的信用评级符合《关于保险资金投资集合信托计划有关事项的通知》第四条规定的保险资金投资信托计划的信用评级要求。

综上，本所经办律师认为：

本信托计划主体合法；信托文件形式合法；信托文件内容合法；信托公司、信托计划投资的基础资产类型符合保险资金投资信托计划的规定。

二、贵司认购本信托计划的合法性

（一）贵司认购信托计划的主体合法性

本所经办律师审查了贵司提供的《企业法人营业执照》《保险公司法人许可证》《章程》等，贵司成立于____年____月____日，经营范围为在上海市行政辖区内已设立分公司的省、自治区、直辖市内经营下列业务（法定保险业务除外）：1. 人寿保险、健康保险和意外伤害保险等保险业务；2. 上述业务的再保险业务，确认贵司是一家依法成立并有效存续的保险公司，并且本所经办律师未发现中国银保监会暂停或取消贵司经营保险业务资格的情形。

本所经办律师审查了贵司提供的截止____年____月____日的《资产负债表》《XX 人寿保险有限公司____年第____季度投资其他金融资产的账面余额的情况说明》、贵司拟签订的《信托合同》以及《信托计划说明书》等。

本所经办律师认为，贵司投资本信托计划符合《保险资金运用管理暂行办法》《关于加强和改进保险资金运用比例监管的通知》（保监发〔2014〕13 号）的相关规定。

（二）贵司投资信托计划的内部管理制度

本所经办律师审查了贵司提供的《XX 人寿保险有限公司关于信托投资专业责任人的报告》，贵司配备了独立的信托投资专业责任人，明确了该责任人的风险责任和资质条件，并将上述报告向中国银保监会进行了报告。

本所经办律师审查了贵司提供的《关于印发〈XX 人寿信托计划投资操作细

则（试行）〉的通知》（以下简称“《操作细则》”），该《操作细则》对贵司内部各部门在投资信托计划过程中的管理职责进行了明确划分，就投资流程、决策程序、合规审查、信用评估、风险控制、文本签署、投后管理、信息披露等各环节制定了明确的管理制度和操作细则。

因此，本所经办律师认为，贵司投资信托计划的内部管理制度符合《关于保险资金投资集合资金信托计划有关事项的通知》（保监发〔2014〕38号）的相关规定。

（三）贵司投资信托计划决策程序的合法性

本所经办律师审查了贵司提供的《章程》、贵司董事会《授权公司管理委员会批准公司正常投资组合管理业务以及金融产品》的决议以及《XX人寿保险有限公司管理委员会关于投资业务的授权书》，贵司对投资集合资金信托计划制定了完善的决策程序和授权机制，明确规定了董事会授权公司管理委员会的决策权限及批准权限，同时管理委员会有权在一定范围内将相应的决策权限转授权给投资管理委员会，贵司的上述规定符合《关于保险资金投资集合资金信托计划有关事项的通知》的要求。

根据贵司提供的《XX投资管理委员投资BB投资集合资金信托计划的决议》，贵司的投资管理委员会已就贵司投资本信托计划作出了同意投资的书面决议。

因此，本所经办律师认为，贵司投资本信托计划的内部决策程序符合法律、法规的规定。

三、贵司投资信托计划的权益保护

根据《信托合同》和《信托计划说明书》的内容，贵司作为信托计划受益权人认购信托计划项下的信托权益份额，预期收益率为____%，其权益保护方式为：

（一）ZZ信托与AA投资、CC建投签订《BB投资合伙企业（有限合伙）合伙协议》与《BB投资合伙企业（有限合伙）合伙协议之补充协议》，约定ZZ信托以自己的名义作为有限合伙人入伙合伙企业 BB 投资，该合伙企业的资金用于投资 CC 市集成电路上下游产业、新型显示等相关产业项目或基金。

（二）ZZ 信托与 CC 城建签订《有限合伙份额收购协议》，承诺在约定情形下向 ZZ 信托收购 ZZ 信托持有的合伙企业份额并支付全部合伙企业份额转让价款。

（三）受托人为本信托开立信托专户，独立核算委托人的信托资金和信托利益。全体委托人指定聘请____银行股份有限公司____分行担任信托资金的保管人，受托人与保管人订立保管协议，明确受托人及保管人之间在信托资金的保管、信托资金的管理和运作及相互监督等相关事宜中的权利、义务及职责，确保信托资金的安全，保护受益人的合法权益。

（四）本信托计划提示了可能涉及的风险，包括但不限于法律政策风险、信用风险、流动性风险、管理风险等各项风险。

（五）本信托计划明确了受益人大会的组成、召开事由、会议召集方式、议事内容和程序、表决及受益人大会决议的效力等内容。

综上，本所经办律师认为，信托计划对贵司投资的信托权益单位的收益来源和权益保护之规定不违反法律、法规的强制性规定。

四、结论意见

综上，本所经办律师认为：

（一）本信托计划主体、形式、内容合法，且信托公司资质、信托计划投资的基础资产类型、信托计划信用评级均符合保险资金投资信托计划的强制性规定。

（二）贵司投资信托计划的内部管理制度、决策程序均符合保险资金投资集合信托的法律、法规的规定。

（三）贵司投资本信托计划信托权益单位的收益来源和权益保护之规定不违反法律、法规的强制性规定。

（以下无正文）

（此页为《XX 律师事务所关于 XX 人寿保险有限公司投资 BB 投资集合资金信托计划的法律意见》之签署页）

XX 律师事务所

经办律师：__________

经办律师：__________

年　　月　　日

第六节　保险投资内部合规报告范例

保险公司（以下简称“公司”）合规部门根据《中华人民共和国合同法》、《中华人民共和国公司法》、《中华人民共和国合伙企业法》、《保险资金投资股权暂行办法》（保监发〔2010〕79号）、《中华人民共和国保险监督管理委员会关于保险资金投资股权和不动产有关问题的通知》（保监发〔2012〕59号）以及《关于加强和改进保险资金运用比例监管的通知》（保监发〔2014〕13号）等保监会有关保险资金投资股权投资基金规定以及《〈保险公司投资操作细则（试行）〉的通知》等公司内控制度的规定对公司本次投资XX基金（有限合伙）（以下简称“XX基金”）进行合规性评估。

一、公司投资XX基金能力的合规性评估

经公司合规部评估，公司资产管理部门配备了5名具有3年以上股权投资和相关经验的专业人员。公司制定了《保险公司投资操作细则》，操作细则对公司在投资过程中的管理职责进行了明确划分，就投资流程、决策程序、合规审查、信用评估、风险控制、文本签署、投后管理、信息披露、托管机制等各环节制定了明确的管理制度和操作细则。

公司合规部认为，公司本次投资遵循稳健、安全原则，坚持资产负债匹配管理，审慎投资运作，有效防范风险。公司具有完善的公司治理、管理制度、决策流程和内控机制；具有清晰的发展战略和市场定位，具有较强的并购整合能力和跨业管理能力；建立资产托管机制，资产运作规范透明；公司上一会计年度末偿付能力充足率不低于150%，且投资时上季度末偿付能力充足率不低于120%；上一会计年度盈利，净资产不低于10亿元人民币（货币单位以下同）；最近3年未发现重大违法违规行为。

综上，公司合规部认为，公司本次投资XX基金符合中国银保监会监管要求及公司风控的规定。

二、公司投资XX基金资金来源的合规性评估

经公司合规部门评估，公司本次投资XX基金的资金独立于投资机构、托管机构和其他相关机构的固有财产及其管理的其他财产，不存在运用借贷、发债、回购、拆借等方式筹措的资金投资企业股权。公司本次投资XX基金的资金为长期分红保险产品的资金。

综上，公司合规部认为，公司本次投资XX基金符合中国银保监会监管要求及公司风控的规定。

三、公司投资XX基金投资比例的合规性评估

经公司合规部门评估，公司本次投资XX基金的账面余额，未超过该基金发行规模的20%；合计不高于本公司上季末总资产的30%，且重大股权投资的账面余额，不高于本公司上季末净资产。

综上，公司合规部认为，公司本次投资XX基金符合中国银保监会监管要求及公司风控的规定。

四、公司投资 XX 基金之基金投资机构的合规性评估

经公司合规部门评估，并查验基金管理人 XX 基金管理公司（以下简称“XX 基金管理公司”）提供的《营业执照》《章程》《XX 基金管理公司公司治理管理制度》，公司合规部门认为，XX 基金管理公司作为 XX 基金的管理机构已经在中华人民共和国基金业协会备案为私募基金管理人，具有完善的公司治理、管理制度、决策流程和内控制度，已建立风险准备金制度，具有丰富的股权投资经验和稳定的管理团队。XX 基金管理公司注册资本不低于 1 亿元，已建立风险准备金制度；投资管理适用中华人民共和国法律法规及有关政策规定；具有稳定的管理团队，拥有不少于 10 名具有股权投资和相关经验的专业人员，已完成退出项目不少于 3 个，其中具有 5 年以上相关经验的不少于 2 名，具有 3 年以上相关经验的不少于 3 名，且高级管理人员中，具有 8 年以上相关经验的不少于 1 名；拥有不少于 3 名熟悉企业运营、财务管理、项目融资的专业人员。具有丰富的股权投资经验，管理资产余额不低于 30 亿元，且历史业绩优秀，商业信誉良好；具有健全的项目储备制度、资产托管和风险隔离机制；建立科学的激励约束机制和跟进投资机制，并得到有效执行；接受中国银保监会涉及保险资金投资的质询，并报告有关情况；最近 3 年未发现投资机构及主要人员存在重大违法违规行为。

综上，公司合规部认为，公司本次投资 XX 基金符合中国银保监会监管要求及公司风控的规定。

五、公司投资 XX 基金之基金的合规性评估

经公司合规部评估，并根据 XX 基金提供的《合伙协议》《入伙协议》《XX 基金（有限合伙）风险提示函》，公司合规部认为，XX 基金具有确定的投资目

标、投资方案、投资策略、投资标准、投资流程、后续管理、收益分配和资金清算安排，交易结构清晰、风险提示充分，信息披露真实完整，符合中国银保监会监管要求及公司风控的规定。

XX 基金的法律架构为，XX 基金管理公司作为基金管理人发起设立 XX 基金（有限合伙），公司作为有限合伙人参与认购 XX 基金有限合伙份额，XX 基金的人民币基金目标规模为 XX 亿元人民币。

XX 基金的投资领域包括医疗健康产业，TMT 产业，创新高成长产业等。

XX 基金的存续期限为 8 年（普通合伙人可决定予以延长 2 年），在投资期内，（1）对于因项目投资产生的投资收益，公司作为资金有限合伙人按实际出资额的 8%/年（复利）在基金收益内进行优先分配，然后向普通合伙人分配，普通合伙人将按照资金有限合伙人投资收益总额的 20% 参与投资收益分配；（2）对于来自投资组合公司的可供分配现金，首先用于归还资金有限合伙人实际出资，其次按照实际出资额的 8%/年（复利）的收益率支付资金有限合伙人优先回报（“优先回报”），最后按照（资金有限合伙人优先回报/80%）*20% 的比例向普通合伙人分配。

XX 基金作为私募股权投资基金已经在中华人民共和国基金业协会备案。

综上，公司合规部认为，公司本次投资 XX 基金符合中国银保监会监管要求及公司风控的规定。

六、公司投资 XX 基金的关联交易合规性评估

公司合规部根据《保险资金投资股权暂行办法》（保监发〔2010〕79 号）规定，对本次投资 XX 基金的关联关系进行核查，经核查，公司股东、董监高及其他关联方与 XX 基金及其基金管理人 XX 基金管理公司之间不存在关联关系。

公司合规部经评估认为，公司本次投资 XX 基金不存在关联交易，公司对涉

及关联交易的投资制定了严格的风控制度，符合中国银保监会监管要求及公司风控的规定。

保险公司合规部

合规负责人：______

【】年【】月【】日

第四章

保险投资法规分类检索

第一节　保险投资金融监管政策

中国人民银行、中国银保监会、中国证监会、国家外汇管理局关于规范金融机构资产管理业务的指导意见

（2018 年 4 月 27 日　银发〔2018〕106 号）

近年来，我国资产管理业务快速发展，在满足居民和企业投融资需求、改善社会融资结构等方面发挥了积极作用，但也存在部分业务发展不规范、多层嵌套、刚性兑付、规避金融监管和宏观调控等问题。按照党中央、国务院决策部署，为规范金融机构资产管理业务，统一同类资产管理产品监管标准，有效防控金融风险，引导社会资金流向实体经济，更好地支持经济结构调整和转型升级，经国务院同意，现提出以下意见：

一、规范金融机构资产管理业务主要遵循以下原则：

（一）坚持严控风险的底线思维。把防范和化解资产管理业务风险放到更加重要的位置，减少存量风险，严防增量风险。

（二）坚持服务实体经济的根本目标。既充分发挥资产管理业务功能，切实服务实体经济投融资需求，又严格规范引导，避免资金脱实向虚在金融体系内部自我循环，防止产品过于复杂，加剧风险跨行业、跨市场、跨区域传递。

（三）坚持宏观审慎管理与微观审慎监管相结合、机构监管与功能监管相结合的监管理念。实现对各类机构开展资产管理业务的全面、统一覆盖，采取有效监

管措施，加强金融消费者权益保护。

（四）坚持有的放矢的问题导向。重点针对资产管理业务的多层嵌套、杠杆不清、套利严重、投机频繁等问题，设定统一的标准规制，同时对金融创新坚持趋利避害、一分为二，留出发展空间。

（五）坚持积极稳妥审慎推进。正确处理改革、发展、稳定关系，坚持防范风险与有序规范相结合，在下决心处置风险的同时，充分考虑市场承受能力，合理设置过渡期，把握好工作的次序、节奏、力度，加强市场沟通，有效引导市场预期。

二、资产管理业务是指银行、信托、证券、基金、期货、保险资产管理机构、金融资产投资公司等金融机构接受投资者委托，对受托的投资者财产进行投资和管理的金融服务。金融机构为委托人利益履行诚实信用、勤勉尽责义务并收取相应的管理费用，委托人自担投资风险并获得收益。金融机构可以与委托人在合同中事先约定收取合理的业绩报酬，业绩报酬计入管理费，须与产品一一对应并逐个结算，不同产品之间不得相互串用。

资产管理业务是金融机构的表外业务，金融机构开展资产管理业务时不得承诺保本保收益。出现兑付困难时，金融机构不得以任何形式垫资兑付。金融机构不得在表内开展资产管理业务。

私募投资基金适用私募投资基金专门法律、行政法规，私募投资基金专门法律、行政法规中没有明确规定的适用本意见，创业投资基金、政府出资产业投资基金的相关规定另行制定。

三、资产管理产品包括但不限于人民币或外币形式的银行非保本理财产品，资金信托，证券公司、证券公司子公司、基金管理公司、基金管理子公司、期货公司、期货公司子公司、保险资产管理机构、金融资产投资公司发行的资产管理产品等。依据金融管理部门颁布规则开展的资产证券化业务，依据人力资源社会保障部门颁布规则发行的养老金产品，不适用本意见。

四、资产管理产品按照募集方式的不同，分为公募产品和私募产品。公募产品面向不特定社会公众公开发行。公开发行的认定标准依照《中华人民共和国证券法》执行。私募产品面向合格投资者通过非公开方式发行。

资产管理产品按照投资性质的不同，分为固定收益类产品、权益类产品、商品及金融衍生品类产品和混合类产品。固定收益类产品投资于存款、债券等债权类资产的比例不低于80%，权益类产品投资于股票、未上市企业股权等权益类资产的比例不低于80%，商品及金融衍生品类产品投资于商品及金融衍生品的比例不低于 80%，混合类产品投资于债权类资产、权益类资产、商品及金融衍生品类资产且任一资产的投资比例未达到前三类产品标准。非因金融机构主观因素导致突破前述比例限制的，金融机构应当在流动性受限资产可出售、可转让或者恢复交易的 15 个交易日内调整至符合要求。

金融机构在发行资产管理产品时，应当按照上述分类标准向投资者明示资产管理产品的类型，并按照确定的产品性质进行投资。在产品成立后至到期日前，不得擅自改变产品类型。混合类产品投资债权类资产、权益类资产和商品及金融衍生品类资产的比例范围应当在发行产品时予以确定并向投资者明示，在产品成立后至到期日前不得擅自改变。产品的实际投向不得违反合同约定，如有改变，除高风险类型的产品超出比例范围投资较低风险资产外，应当先行取得投资者书面同意，并履行登记备案等法律法规以及金融监督管理部门规定的程序。

五、资产管理产品的投资者分为不特定社会公众和合格投资者两大类。合格投资者是指具备相应风险识别能力和风险承担能力，投资于单只资产管理产品不低于一定金额且符合下列条件的自然人和法人或者其他组织。

（一）具有 2 年以上投资经历，且满足以下条件之一：家庭金融净资产不低于 300 万元，家庭金融资产不低于 500 万元，或者近 3 年本人年均收入不低于 40 万元。

（二）最近 1 年末净资产不低于 1000 万元的法人单位。

（三）金融管理部门视为合格投资者的其他情形。

合格投资者投资于单只固定收益类产品的金额不低于 30 万元，投资于单只混合类产品的金额不低于 40 万元，投资于单只权益类产品、单只商品及金融衍生品类产品的金额不低于 100 万元。

投资者不得使用贷款、发行债券等筹集的非自有资金投资资产管理产品。

六、金融机构发行和销售资产管理产品，应当坚持“了解产品”和“了解客户”的经营理念，加强投资者适当性管理，向投资者销售与其风险识别能力和风险承担能力相适应的资产管理产品。禁止欺诈或者误导投资者购买与其风险承担能力不匹配的资产管理产品。金融机构不得通过拆分资产管理产品的方式，向风险识别能力和风险承担能力低于产品风险等级的投资者销售资产管理产品。金融机构应当加强投资者教育，不断提高投资者的金融知识水平和风险意识，向投资者传递“卖者尽责、买者自负”的理念，打破刚性兑付。

七、金融机构开展资产管理业务，应当具备与资产管理业务发展相适应的管理体系和管理制度，公司治理良好，风险管理、内部控制和问责机制健全。

金融机构应当建立健全资产管理业务人员的资格认定、培训、考核评价和问责制度，确保从事资产管理业务的人员具备必要的专业知识、行业经验和管理能力，充分了解相关法律法规、监管规定以及资产管理产品的法律关系、交易结构、主要风险和风险管控方式，遵守行为准则和职业道德标准。

对于违反相关法律法规以及本意见规定的金融机构资产管理业务从业人员，依法采取处罚措施直至取消从业资格，禁止其在其他类型金融机构从事资产管理业务。

八、金融机构运用受托资金进行投资，应当遵守审慎经营规则，制定科学合理的投资策略和风险管理制度，有效防范和控制风险。金融机构应当履行以下管理人职责：

（一）依法募集资金，办理产品份额的发售和登记事宜。

（二）办理产品登记备案或者注册手续。

（三）对所管理的不同产品受托财产分别管理、分别记账，进行投资。

（四）按照产品合同的约定确定收益分配方案，及时向投资者分配收益。

（五）进行产品会计核算并编制产品财务会计报告。

（六）依法计算并披露产品净值或者投资收益情况，确定申购、赎回价格。

（七）办理与受托财产管理业务活动有关的信息披露事项。

（八）保存受托财产管理业务活动的记录、账册、报表和其他相关资料。

（九）以管理人名义，代表投资者利益行使诉讼权利或者实施其他法律行为。

（十）在兑付受托资金及收益时，金融机构应当保证受托资金及收益返回委托人的原账户、同名账户或者合同约定的受益人账户。

（十一）金融监督管理部门规定的其他职责。

金融机构未按照诚实信用、勤勉尽责原则切实履行受托管理职责，造成投资者损失的，应当依法向投资者承担赔偿责任。

九、金融机构代理销售其他金融机构发行的资产管理产品，应当符合金融监督管理部门规定的资质条件。未经金融监督管理部门许可，任何非金融机构和个人不得代理销售资产管理产品。

金融机构应当建立资产管理产品的销售授权管理体系，明确代理销售机构的准入标准和程序，明确界定双方的权利与义务，明确相关风险的承担责任和转移方式。

金融机构代理销售资产管理产品，应当建立相应的内部审批和风险控制程序，对发行或者管理机构的信用状况、经营管理能力、市场投资能力、风险处置能力等开展尽职调查，要求发行或者管理机构提供详细的产品介绍、相关市场分析和风险收益测算报告，进行充分的信息验证和风险审查，确保代理销售的产品符合本意见规定并承担相应责任。

十、公募产品主要投资标准化债权类资产以及上市交易的股票，除法律法规和金融管理部门另有规定外，不得投资未上市企业股权。公募产品可以投资商品及金融衍生品，但应当符合法律法规以及金融管理部门的相关规定。

私募产品的投资范围由合同约定，可以投资债权类资产、上市或挂牌交易的股票、未上市企业股权（含债转股）和受（收）益权以及符合法律法规规定的其他资产，并严格遵守投资者适当性管理要求。鼓励充分运用私募产品支持市场化、法治化债转股。

十一、资产管理产品进行投资应当符合以下规定：

（一）标准化债权类资产应当同时符合以下条件：

1. 等分化，可交易。

2. 信息披露充分。

3. 集中登记，独立托管。

4. 公允定价，流动性机制完善。

5. 在银行间市场、证券交易所市场等经国务院同意设立的交易市场交易。

标准化债权类资产的具体认定规则由中国人民银行会同金融监督管理部门另行制定。

标准化债权类资产之外的债权类资产均为非标准化债权类资产。金融机构发行资产管理产品投资于非标准化债权类资产的，应当遵守金融监督管理部门制定的有关限额管理、流动性管理等监管标准。金融监督管理部门未制定相关监管标准的，由中国人民银行督促根据本意见要求制定监管标准并予以执行。

金融机构不得将资产管理产品资金直接投资于商业银行信贷资产。商业银行信贷资产受（收）益权的投资限制由金融管理部门另行制定。

（二）资产管理产品不得直接或者间接投资法律法规和国家政策禁止进行债权或股权投资的行业和领域。

（三）鼓励金融机构在依法合规、商业可持续的前提下，通过发行资产管理产品募集资金投向符合国家战略和产业政策要求、符合国家供给侧结构性改革政策要求的领域。鼓励金融机构通过发行资产管理产品募集资金支持经济结构转型，支持市场化、法治化债转股，降低企业杠杆率。

（四）跨境资产管理产品及业务参照本意见执行，并应当符合跨境人民币和外汇管理有关规定。

十二、金融机构应当向投资者主动、真实、准确、完整、及时披露资产管理产品募集信息、资金投向、杠杆水平、收益分配、托管安排、投资账户信息和主要投资风险等内容。国家法律法规另有规定的，从其规定。

对于公募产品，金融机构应当建立严格的信息披露管理制度，明确定期报告、临时报告、重大事项公告、投资风险披露要求以及具体内容、格式。在本机构官方网站或者通过投资者便于获取的方式披露产品净值或者投资收益情况，并定期披露其他重要信息：开放式产品按照开放频率披露，封闭式产品至少每周披露一次。

对于私募产品，其信息披露方式、内容、频率由产品合同约定，但金融机构应当至少每季度向投资者披露产品净值和其他重要信息。

对于固定收益类产品，金融机构应当通过醒目方式向投资者充分披露和提示产品的投资风险，包括但不限于产品投资债券面临的利率、汇率变化等市场风险以及债券价格波动情况，产品投资每笔非标准化债权类资产的融资客户、项目名称、剩余融资期限、到期收益分配、交易结构、风险状况等。

对于权益类产品，金融机构应当通过醒目方式向投资者充分披露和提示产品的投资风险，包括产品投资股票面临的风险以及股票价格波动情况等。

对于商品及金融衍生品类产品，金融机构应当通过醒目方式向投资者充分披露产品的挂钩资产、持仓风险、控制措施以及衍生品公允价值变化等。

对于混合类产品，金融机构应当通过醒目方式向投资者清晰披露产品的投资资产组合情况，并根据固定收益类、权益类、商品及金融衍生品类资产投资比例充分披露和提示相应的投资风险。

十三、主营业务不包括资产管理业务的金融机构应当设立具有独立法人地位的资产管理子公司开展资产管理业务，强化法人风险隔离，暂不具备条件的可以设立专门的资产管理业务经营部门开展业务。

金融机构不得为资产管理产品投资的非标准化债权类资产或者股权类资产提供任何直接或间接、显性或隐性的担保、回购等代为承担风险的承诺。

金融机构开展资产管理业务，应当确保资产管理业务与其他业务相分离，资产管理产品与其代销的金融产品相分离，资产管理产品之间相分离，资产管理业务操作与其他业务操作相分离。

十四、本意见发布后，金融机构发行的资产管理产品资产应当由具有托管资质的第三方机构独立托管，法律、行政法规另有规定的除外。

过渡期内，具有证券投资基金托管业务资质的商业银行可以托管本行理财产品，但应当为每只产品单独开立托管账户，确保资产隔离。过渡期后，具有证券投资基金托管业务资质的商业银行应当设立具有独立法人地位的子公司开展资产管理业务，该商业银行可以托管子公司发行的资产管理产品，但应当实现实质性的独立托管。独立托管有名无实的，由金融监督管理部门进行纠正和处罚。

十五、金融机构应当做到每只资产管理产品的资金单独管理、单独建账、单独核算，不得开展或者参与具有滚动发行、集合运作、分离定价特征的资金池业务。

金融机构应当合理确定资产管理产品所投资资产的期限，加强对期限错配的流动性风险管理，金融监督管理部门应当制定流动性风险管理规定。

为降低期限错配风险，金融机构应当强化资产管理产品久期管理，封闭式资产管理产品期限不得低于90天。资产管理产品直接或者间接投资于非标准化债权类资产的，非标准化债权类资产的终止日不得晚于封闭式资产管理产品的到期日或者开放式资产管理产品的最近一次开放日。

资产管理产品直接或者间接投资于未上市企业股权及其受（收）益权的，应当为封闭式资产管理产品，并明确股权及其受（收）益权的退出安排。未上市企业股权及其受（收）益权的退出日不得晚于封闭式资产管理产品的到期日。

金融机构不得违反金融监督管理部门的规定，通过为单一融资项目设立多只资产管理产品的方式，变相突破投资人数限制或者其他监管要求。同一金融机构发行多只资产管理产品投资同一资产的，为防止同一资产发生风险波及多只资产管理产品，多只资产管理产品投资该资产的资金总规模合计不得超过300亿元。如果超出该限额，需经相关金融监督管理部门批准。

十六、金融机构应当做到每只资产管理产品所投资资产的风险等级与投资者的风险承担能力相匹配，做到每只产品所投资资产构成清晰，风险可识别。

金融机构应当控制资产管理产品所投资资产的集中度：

（一）单只公募资产管理产品投资单只证券或者单只证券投资基金的市值不得超过该资产管理产品净资产的10%。

（二）同一金融机构发行的全部公募资产管理产品投资单只证券或者单只证券投资基金的市值不得超过该证券市值或者证券投资基金市值的30%。其中，同一金融机构全部开放式公募资产管理产品投资单一上市公司发行的股票不得超过该上市公司可流通股票的15%。

（三）同一金融机构全部资产管理产品投资单一上市公司发行的股票不得超过该上市公司可流通股票的30%。

金融监督管理部门另有规定的除外。

非因金融机构主观因素导致突破前述比例限制的，金融机构应当在流动性受限资产可出售、可转让或者恢复交易的10个交易日内调整至符合相关要求。

十七、金融机构应当按照资产管理产品管理费收入的10%计提风险准备金，或者按照规定计量操作风险资本或相应风险资本准备。风险准备金余额达到产品余额的1%时可以不再提取。风险准备金主要用于弥补因金融机构违法违规、违反资产管理产品协议、操作错误或者技术故障等给资产管理产品财产或者投资者造成的损失。金融机构应当定期将风险准备金的使用情况报告金融管理部门。

十八、金融机构对资产管理产品应当实行净值化管理，净值生成应当符合企业会计准则规定，及时反映基础金融资产的收益和风险，由托管机构进行核算并定期提供报告，由外部审计机构进行审计确认，被审计金融机构应当披露审计结果并同时报送金融管理部门。

金融资产坚持公允价值计量原则，鼓励使用市值计量。符合以下条件之一的，可按照企业会计准则以摊余成本进行计量：

（一）资产管理产品为封闭式产品，且所投金融资产以收取合同现金流量为目的并持有到期。

（二）资产管理产品为封闭式产品，且所投金融资产暂不具备活跃交易市场，或者在活跃市场中没有报价、也不能采用估值技术可靠计量公允价值。

金融机构以摊余成本计量金融资产净值，应当采用适当的风险控制手段，对金融资产净值的公允性进行评估。当以摊余成本计量已不能真实公允反映金融资产净值时，托管机构应当督促金融机构调整会计核算和估值方法。金融机构前期以摊余成本计量的金融资产的加权平均价格与资产管理产品实际兑付时金融资产的价值的偏离度不得达到5%或以上，如果偏离5%或以上的产品数超过所发行产品总数的5%，金融机构不得再发行以摊余成本计量金融资产的资产管理产品。

十九、经金融管理部门认定，存在以下行为的视为刚性兑付：

（一）资产管理产品的发行人或者管理人违反真实公允确定净值原则，对产品进行保本保收益。

（二）采取滚动发行等方式，使得资产管理产品的本金、收益、风险在不同投资者之间发生转移，实现产品保本保收益。

（三）资产管理产品不能如期兑付或者兑付困难时，发行或者管理该产品的金融机构自行筹集资金偿付或者委托其他机构代为偿付。

（四）金融管理部门认定的其他情形。

经认定存在刚性兑付行为的，区分以下两类机构进行惩处：

（一）存款类金融机构发生刚性兑付的，认定为利用具有存款本质特征的资产管理产品进行监管套利，由国务院银行保险监督管理机构和中国人民银行按照存款业务予以规范，足额补缴存款准备金和存款保险保费，并予以行政处罚。

（二）非存款类持牌金融机构发生刚性兑付的，认定为违规经营，由金融监督管理部门和中国人民银行依法纠正并予以处罚。

任何单位和个人发现金融机构存在刚性兑付行为的，可以向金融管理部门举报，查证属实且举报内容未被相关部门掌握的，给予适当奖励。

外部审计机构在对金融机构进行审计时，如果发现金融机构存在刚性兑付行为的，应当及时报告金融管理部门。外部审计机构在审计过程中未能勤勉尽责，依法追究相应责任或依法依规给予行政处罚，并将相关信息纳入全国信用信息共享平台，建立联合惩戒机制。

二十、资产管理产品应当设定负债比例（总资产/净资产）上限，同类产品适用统一的负债比例上限。每只开放式公募产品的总资产不得超过该产品净资产的140%，每只封闭式公募产品、每只私募产品的总资产不得超过该产品净资产的200%。计算单只产品的总资产时应当按照穿透原则合并计算所投资资产管理产品的总资产。

金融机构不得以受托管理的资产管理产品份额进行质押融资，放大杠杆。

二十一、公募产品和开放式私募产品不得进行份额分级。

分级私募产品的总资产不得超过该产品净资产的140%。分级私募产品应当根据所投资资产的风险程度设定分级比例（优先级份额/劣后级份额，中间级份额计入优先级份额）。固定收益类产品的分级比例不得超过3∶1，权益类产品的分级比例不得超过1∶1，商品及金融衍生品类产品、混合类产品的分级比例不得超过2∶1。发行分级资产管理产品的金融机构应当对该资产管理产品进行自主管理，不得转委托给劣后级投资者。

分级资产管理产品不得直接或者间接对优先级份额认购者提供保本保收益安排。

本条所称分级资产管理产品是指存在一级份额以上的份额为其他级份额提供一

定的风险补偿，收益分配不按份额比例计算，由资产管理合同另行约定的产品。

二十二、金融机构不得为其他金融机构的资产管理产品提供规避投资范围、杠杆约束等监管要求的通道服务。

资产管理产品可以再投资一层资产管理产品，但所投资的资产管理产品不得再投资公募证券投资基金以外的资产管理产品。

金融机构将资产管理产品投资于其他机构发行的资产管理产品，从而将本机构的资产管理产品资金委托给其他机构进行投资的，该受托机构应当为具有专业投资能力和资质的受金融监督管理部门监管的机构。公募资产管理产品的受托机构应当为金融机构，私募资产管理产品的受托机构可以为私募基金管理人。受托机构应当切实履行主动管理职责，不得进行转委托，不得再投资公募证券投资基金以外的资产管理产品。委托机构应当对受托机构开展尽职调查，实行名单制管理，明确规定受托机构的准入标准和程序、责任和义务、存续期管理、利益冲突防范机制、信息披露义务以及退出机制。委托机构不得因委托其他机构投资而免除自身应当承担的责任。

金融机构可以聘请具有专业资质的受金融监督管理部门监管的机构作为投资顾问。投资顾问提供投资建议指导委托机构操作。

金融监督管理部门和国家有关部门应当对各类金融机构开展资产管理业务实行平等准入、给予公平待遇。资产管理产品应当在账户开立、产权登记、法律诉讼等方面享有平等的地位。金融监督管理部门基于风险防控考虑，确实需要对其他行业金融机构发行的资产管理产品采取限制措施的，应当充分征求相关部门意见并达成一致。

二十三、运用人工智能技术开展投资顾问业务应当取得投资顾问资质，非金融机构不得借助智能投资顾问超范围经营或者变相开展资产管理业务。

金融机构运用人工智能技术开展资产管理业务应当严格遵守本意见有关投资者适当性、投资范围、信息披露、风险隔离等一般性规定，不得借助人工智能业务夸大宣传资产管理产品或者误导投资者。金融机构应当向金融监督管理部门报备人工智能模型的主要参数以及资产配置的主要逻辑，为投资者单独设立智能管理账户，充分提示人工智能算法的固有缺陷和使用风险，明晰交易流程，强化留痕管理，严格监控智能管理账户的交易头寸、风险限额、交易种类、价格权限等。金融机构因违法违规或者管理不当造成投资者损失的，应当依法承担损害赔偿责任。

金融机构应当根据不同产品投资策略研发对应的人工智能算法或者程序化交

易，避免算法同质化加剧投资行为的顺周期性，并针对由此可能引发的市场波动风险制定应对预案。因算法同质化、编程设计错误、对数据利用深度不够等人工智能算法模型缺陷或者系统异常，导致羊群效应、影响金融市场稳定运行的，金融机构应当及时采取人工干预措施，强制调整或者终止人工智能业务。

二十四、金融机构不得以资产管理产品的资金与关联方进行不正当交易、利益输送、内幕交易和操纵市场，包括但不限于投资于关联方虚假项目、与关联方共同收购上市公司、向本机构注资等。

金融机构的资产管理产品投资本机构、托管机构及其控股股东、实际控制人或者与其有其他重大利害关系的公司发行或者承销的证券，或者从事其他重大关联交易的，应当建立健全内部审批机制和评估机制，并向投资者充分披露信息。

二十五、建立资产管理产品统一报告制度。中国人民银行负责统筹资产管理产品的数据编码和综合统计工作，会同金融监督管理部门拟定资产管理产品统计制度，建立资产管理产品信息系统，规范和统一产品标准、信息分类、代码、数据格式，逐只产品统计基本信息、募集信息、资产负债信息和终止信息。中国人民银行和金融监督管理部门加强资产管理产品的统计信息共享。金融机构应当将含债权投资的资产管理产品信息报送至金融信用信息基础数据库。

金融机构于每只资产管理产品成立后 5 个工作日内，向中国人民银行和金融监督管理部门同时报送产品基本信息和起始募集信息；于每月 10 日前报送存续期募集信息、资产负债信息，于产品终止后 5 个工作日内报送终止信息。

中央国债登记结算有限责任公司、中国证券登记结算有限公司、银行间市场清算所股份有限公司、上海票据交易所股份有限公司、上海黄金交易所、上海保险交易所股份有限公司、中保保险资产登记交易系统有限公司于每月 10 日前向中国人民银行和金融监督管理部门同时报送资产管理产品持有其登记托管的金融工具的信息。

在资产管理产品信息系统正式运行前，中国人民银行会同金融监督管理部门依据统计制度拟定统一的过渡期数据报送模板；各金融监督管理部门对本行业金融机构发行的资产管理产品，于每月 10 日前按照数据报送模板向中国人民银行提供数据，及时沟通跨行业、跨市场的重大风险信息和事项。

中国人民银行对金融机构资产管理产品统计工作进行监督检查。资产管理产品统计的具体制度由中国人民银行会同相关部门另行制定。

二十六、中国人民银行负责对资产管理业务实施宏观审慎管理，会同金融监督管理部门制定资产管理业务的标准规制。金融监督管理部门实施资产管理业务的市场准入和日常监管，加强投资者保护，依照本意见会同中国人民银行制定出台各自监管领域的实施细则。

本意见正式实施后，中国人民银行会同金融监督管理部门建立工作机制，持续监测资产管理业务的发展和风险状况，定期评估标准规制的有效性和市场影响，及时修订完善，推动资产管理行业持续健康发展。

二十七、对资产管理业务实施监管遵循以下原则：

（一）机构监管与功能监管相结合，按照产品类型而不是机构类型实施功能监管，同一类型的资产管理产品适用同一监管标准，减少监管真空和套利。

（二）实行穿透式监管，对于多层嵌套资产管理产品，向上识别产品的最终投资者，向下识别产品的底层资产（公募证券投资基金除外）。

（三）强化宏观审慎管理，建立资产管理业务的宏观审慎政策框架，完善政策工具，从宏观、逆周期、跨市场的角度加强监测、评估和调节。

（四）实现实时监管，对资产管理产品的发行销售、投资、兑付等各环节进行全面动态监管，建立综合统计制度。

二十八、金融监督管理部门应当根据本意见规定，对违规行为制定和完善处罚规则，依法实施处罚，并确保处罚标准一致。资产管理业务违反宏观审慎管理要求的，由中国人民银行按照法律法规实施处罚。

二十九、本意见实施后，金融监督管理部门在本意见框架内研究制定配套细则，配套细则之间应当相互衔接，避免产生新的监管套利和不公平竞争。按照“新老划断”原则设置过渡期，确保平稳过渡。过渡期为本意见发布之日起至2020年底，对提前完成整改的机构，给予适当监管激励。过渡期内，金融机构发行新产品应当符合本意见的规定；为接续存量产品所投资的未到期资产，维持必要的流动性和市场稳定，金融机构可以发行老产品对接，但应当严格控制在存量产品整体规模内，并有序压缩递减，防止过渡期结束时出现断崖效应。金融机构应当制定过渡期内的资产管理业务整改计划，明确时间进度安排，并报送相关金融监督管理部门，由其认可并监督实施，同时报备中国人民银行。过渡期结束后，金融机构的资产管理产品按照本意见进行全面规范（因子公司尚未成立而达不到第三方独立托管要求的情形除外），金融机构不得再发行或存续违反本意见规定的资产管理产品。

三十、资产管理业务作为金融业务，属于特许经营行业，必须纳入金融监管。

非金融机构不得发行、销售资产管理产品，国家另有规定的除外。

非金融机构违反上述规定，为扩大投资者范围、降低投资门槛，利用互联网平台等公开宣传、分拆销售具有投资门槛的投资标的、过度强调增信措施掩盖产品风险、设立产品二级交易市场等行为，按照国家规定进行规范清理，构成非法集资、非法吸收公众存款、非法发行证券的，依法追究法律责任。非金融机构违法违规开展资产管理业务的，依法予以处罚；同时承诺或进行刚性兑付的，依法从重处罚。

三十一、本意见自发布之日起施行。

本意见所称“金融管理部门”是指中国人民银行、国务院银行保险监督管理机构、国务院证券监督管理机构和国家外汇管理局。“发行”是指通过公开或者非公开方式向资产管理产品的投资者发出认购邀约，进行资金募集的活动。“销售”是指向投资者宣传推介资产管理产品，办理产品申购、赎回的活动。“代理销售”是指接受合作机构的委托，在本机构渠道向投资者宣传推介、销售合作机构依法发行的资产管理产品的活动。

第二节　中国银保监会有关保险投资的法规

1. 保险资金运用管理办法

（2018 年 1 月 10 日中国保险监督管理委员会第 5 次主席办公会审议通过
2018 年 1 月 24 日公布　自 2018 年 4 月 1 日起实施）

第一章　总　则

第一条　为了规范保险资金运用行为，防范保险资金运用风险，保护保险当事人合法权益，维护保险市场秩序，根据《中华人民共和国保险法》等法律、行政法规，制定本办法。

第二条　在中国境内依法设立的保险集团（控股）公司、保险公司从事保险资金运用活动适用本办法规定。

第三条　本办法所称保险资金，是指保险集团（控股）公司、保险公司以本外币计价的资本金、公积金、未分配利润、各项准备金以及其他资金。

第四条　保险资金运用必须以服务保险业为主要目标，坚持稳健审慎和安全性原则，符合偿付能力监管要求，根据保险资金性质实行资产负债管理和全面风险管理，实现集约化、专业化、规范化和市场化。

保险资金运用应当坚持独立运作。保险集团（控股）公司、保险公司的股东不得违法违规干预保险资金运用工作。

第五条　中国保险监督管理委员会（以下简称中国保监会）依法对保险资金运用活动进行监督管理。

第二章　资金运用形式

第一节　资金运用范围

第六条　保险资金运用限于下列形式：

（一）银行存款；

（二）买卖债券、股票、证券投资基金份额等有价证券；

（三）投资不动产；

（四）投资股权；

（五）国务院规定的其他资金运用形式。

保险资金从事境外投资的，应当符合中国保监会、中国人民银行和国家外汇管理局的相关规定。

第七条　保险资金办理银行存款的，应当选择符合下列条件的商业银行作为存款银行：

（一）资本充足率、净资产和拨备覆盖率等符合监管要求；

（二）治理结构规范、内控体系健全、经营业绩良好；

（三）最近三年未发现重大违法违规行为；

（四）信用等级达到中国保监会规定的标准。

第八条　保险资金投资的债券，应当达到中国保监会认可的信用评级机构评定的、且符合规定要求的信用级别，主要包括政府债券、金融债券、企业（公司）债券、非金融企业债务融资工具以及符合规定的其他债券。

第九条　保险资金投资的股票，主要包括公开发行并上市交易的股票和上市公司向特定对象非公开发行的股票。

保险资金开展股票投资，分为一般股票投资、重大股票投资和上市公司收购等，中国保监会根据不同情形实施差别监管。

保险资金投资全国中小企业股份转让系统挂牌的公司股票，以及以外币认购及交易的股票，由中国保监会另行规定。

第十条　保险资金投资证券投资基金的，其基金管理人应当符合下列条件：

（一）公司治理良好、风险控制机制健全；

（二）依法履行合同，维护投资者合法权益；

（三）设立时间一年（含）以上；

（四）最近三年没有重大违法违规行为；设立未满三年的，自其成立之日起没有重大违法违规行为；

（五）建立有效的证券投资基金和特定客户资产管理业务之间的防火墙机制；

（六）投资团队稳定，历史投资业绩良好，管理资产规模或者基金份额相对稳定。

第十一条 保险资金投资的不动产，是指土地、建筑物以及其他附着于土地上的定着物，具体办法由中国保监会制定。

第十二条 保险资金投资的股权，应当为境内依法设立和注册登记，且未在证券交易所公开上市的股份有限公司和有限责任公司的股权。

第十三条 保险集团（控股）公司、保险公司购置自用不动产、开展上市公司收购或者从事对其他企业实现控股的股权投资，应当使用自有资金。

第十四条 保险集团（控股）公司、保险公司对其他企业实现控股的股权投资，应当满足有关偿付能力监管规定。保险集团（控股）公司的保险子公司不符合中国保监会偿付能力监管要求的，该保险集团（控股）公司不得向非保险类金融企业投资。

实现控股的股权投资应当限于下列企业：

（一）保险类企业，包括保险公司、保险资产管理机构以及保险专业代理机构、保险经纪机构、保险公估机构；

（二）非保险类金融企业；

（三）与保险业务相关的企业。

本办法所称保险资产管理机构，是指经中国保监会同意，依法登记注册，受托管理保险资金等资金的金融机构，包括保险资产管理公司及其子公司、其他专业保险资产管理机构。

第十五条 保险资金可以投资资产证券化产品。

前款所称资产证券化产品，是指金融机构以可特定化的基础资产所产生的现金流为偿付支持，通过结构化等方式进行信用增级，在此基础上发行的金融产品。

第十六条 保险资金可以投资创业投资基金等私募基金。

前款所称创业投资基金是指依法设立并由符合条件的基金管理机构管理，主要投资创业企业普通股或者依法可转换为普通股的优先股、可转换债券等权益的股权投资基金。

第十七条　保险资金可以投资设立不动产、基础设施、养老等专业保险资产管理机构，专业保险资产管理机构可以设立符合条件的保险私募基金，具体办法由中国保监会制定。

第十八条　除中国保监会另有规定以外，保险集团（控股）公司、保险公司从事保险资金运用，不得有下列行为：

（一）存款于非银行金融机构；

（二）买入被交易所实行“特别处理”“警示存在终止上市风险的特别处理”的股票；

（三）投资不符合国家产业政策的企业股权和不动产；

（四）直接从事房地产开发建设；

（五）将保险资金运用形成的投资资产用于向他人提供担保或者发放贷款，个人保单质押贷款除外；

（六）中国保监会禁止的其他投资行为。

第十九条　保险集团（控股）公司、保险公司从事保险资金运用应当符合中国保监会比例监管要求，具体规定由中国保监会另行制定。

中国保监会根据保险资金运用实际情况，可以对保险资产的分类、品种以及相关比例等进行调整。

第二十条　投资连结保险产品和非寿险非预定收益投资型保险产品的资金运用，应当在资产隔离、资产配置、投资管理等环节，独立于其他保险产品资金，具体办法由中国保监会制定。

第二节　资金运用模式

第二十一条　保险集团（控股）公司、保险公司应当按照“集中管理、统一配置、专业运作”的要求，实行保险资金的集约化、专业化管理。

保险资金应当由法人机构统一管理和运用，分支机构不得从事保险资金运用业务。

第二十二条　保险集团（控股）公司、保险公司应当选择符合条件的商业银行等专业机构，实施保险资金运用第三方托管和监督，具体办法由中国保监会制定。

托管的保险资产独立于托管机构固有资产，并独立于托管机构托管的其他资产。托管机构因依法解散、被依法撤销或者被依法宣告破产等原因进行清算的，托管资产不属于其清算财产。

第二十三条 托管机构从事保险资金托管的，主要职责包括：

（一）保险资金的保管、清算交割和资产估值；

（二）监督投资行为；

（三）向有关当事人披露信息；

（四）依法保守商业秘密；

（五）法律、行政法规、中国保监会规定和合同约定的其他职责。

第二十四条 托管机构从事保险资金托管，不得有下列行为：

（一）挪用托管资金；

（二）混合管理托管资金和自有资金或者混合管理不同托管账户资金；

（三）利用托管资金及其相关信息谋取非法利益；

（四）其他违法行为。

第二十五条 保险集团（控股）公司、保险公司、保险资产管理机构开展保险资金运用业务，应当具备相应的投资管理能力。

第二十六条 保险集团（控股）公司、保险公司根据投资管理能力和风险管理能力，可以按照相关监管规定自行投资或者委托符合条件的投资管理人作为受托人进行投资。

本办法所称投资管理人，是指依法设立的，符合中国保监会规定的保险资产管理机构、证券公司、证券资产管理公司、证券投资基金管理公司等专业投资管理机构。

第二十七条 保险集团（控股）公司、保险公司委托投资管理人投资的，应当订立书面合同，约定双方权利与义务，确保委托人、受托人、托管人三方职责各自独立。

保险集团（控股）公司、保险公司应当履行制定资产战略配置指引、选择受托人、监督受托人执行情况、评估受托人投资绩效等职责。

受托人应当执行委托人资产配置指引，根据保险资金特性构建投资组合，公平对待不同资金。

第二十八条 保险集团（控股）公司、保险公司委托投资管理人投资的，不得有下列行为：

（一）妨碍、干预受托人正常履行职责；

（二）要求受托人提供其他委托机构信息；

（三）要求受托人提供最低投资收益保证；

（四）非法转移保险利润或者进行其他不正当利益输送；

（五）其他违法行为。

第二十九条　投资管理人受托管理保险资金的，不得有下列行为：

（一）违反合同约定投资；

（二）不公平对待不同资金；

（三）混合管理自有、受托资金或者不同委托机构资金；

（四）挪用受托资金；

（五）向委托机构提供最低投资收益承诺；

（六）以保险资金及其投资形成的资产为他人设定担保；

（七）将受托资金转委托；

（八）为委托机构提供通道服务；

（九）其他违法行为。

第三十条　保险资产管理机构根据中国保监会相关规定，可以将保险资金运用范围内的投资品种作为基础资产，开展保险资产管理产品业务。

保险集团（控股）公司、保险公司委托投资或者购买保险资产管理产品，保险资产管理机构应当根据合同约定，及时向有关当事人披露资金投向、投资管理、资金托管、风险管理和重大突发事件等信息，并保证披露信息的真实、准确和完整。

保险资产管理机构应当根据受托资产规模、资产类别、产品风险特征、投资业绩等因素，按照市场化原则，以合同方式与委托或者投资机构，约定管理费收入计提标准和支付方式。

保险资产管理产品业务，是指由保险资产管理机构作为发行人和管理人，向保险集团（控股）公司、保险公司、保险资产管理机构以及其他合格投资者发售产品份额，募集资金，并选聘商业银行等专业机构为托管人，为投资人利益开展的投资管理活动。

第三十一条　保险资产管理机构开展保险资产管理产品业务，应当在中国保监会认可的资产登记交易平台进行发行、登记、托管、交易、结算、信息披露以及相关信用增进和抵质押融资等业务。

保险资金投资保险资产管理产品以外的其他金融产品，金融产品信息应当在中国保监会认可的资产登记交易平台进行登记和披露，具体操作参照保险资产管理产品的相关规定执行。

前款所称其他金融产品是指商业银行、信托公司、证券公司、证券投资基金管理公司等金融机构依照相关法律、行政法规发行，符合中国保监会规定的金融产品。

第三章 决策运行机制

第一节 组织结构与职责

第三十二条 保险集团（控股）公司、保险公司应当建立健全公司治理，在公司章程和相关制度中明确规定股东（大）会、董事会、监事会和经营管理层的保险资金运用职责，实现保险资金运用决策权、运营权、监督权相互分离，相互制衡。

第三十三条 保险资金运用实行董事会负责制。保险公司董事会应当对资产配置和投资政策、风险控制、合规管理承担最终责任，主要履行下列职责：

（一）审定保险资金运用管理制度；

（二）确定保险资金运用管理方式；

（三）审定投资决策程序和授权机制；

（四）审定资产战略配置规划、年度资产配置计划及相关调整方案；

（五）决定重大投资事项；

（六）审定新投资品种的投资策略和运作方案；

（七）建立资金运用绩效考核制度；

（八）其他相关职责。

董事会应当设立具有投资决策、资产负债管理和风险管理等相应职能的专业委员会。

第三十四条 保险集团（控股）公司、保险公司决定委托投资，以及投资无担保债券、股票、股权和不动产等重大保险资金运用事项，应当经董事会审议通过。

第三十五条 保险集团（控股）公司、保险公司经营管理层根据董事会授权，应当履行下列职责：

（一）负责保险资金运用的日常运营和管理工作；

（二）建立保险资金运用与财务、精算、产品和风险控制等部门之间的沟通协商机制；

（三）审议资产管理部门拟定的保险资产战略配置规划和年度资产配置计划及相关调整方案，并提交董事会审定；

（四）组织实施经董事会审定的资产战略配置规划和年度资产配置计划；

（五）控制和管理保险资金运用风险；

（六）其他相关职责。

第三十六条　保险集团（控股）公司、保险公司应当设置专门的保险资产管理部门，并独立于财务、精算、风险控制等其他业务部门，履行下列职责：

（一）拟定保险资金运用管理制度；

（二）拟定资产战略配置规划和年度资产配置计划及相关调整方案；

（三）执行资产战略配置规划和年度资产配置计划；

（四）实施保险资金运用风险管理措施；

（五）其他相关职责。

保险集团（控股）公司、保险公司自行投资的，保险资产管理部门应当负责日常投资和交易管理；委托投资的，保险资产管理部门应当履行监督投资行为和评估投资业绩等委托人职责。

第三十七条　保险集团（控股）公司、保险公司的保险资产管理部门应当在投资研究、资产清算、风险控制、业绩评估、相关保障等环节设置岗位，建立防火墙体系，实现专业化、规范化、程序化运作。

保险集团（控股）公司、保险公司自行投资的，保险资产管理部门应当设置投资、交易等与资金运用业务直接相关的岗位。

第三十八条　保险集团（控股）公司、保险公司风险管理部门以及具有相应管理职能的部门，应当履行下列职责：

（一）拟定保险资金运用风险管理制度；

（二）审核和监控保险资金运用合法合规性；

（三）识别、评估、跟踪、控制和管理保险资金运用风险；

（四）定期报告保险资金运用风险管理状况；

（五）其他相关职责。

第三十九条　保险资产管理机构应当设立首席风险管理执行官。

首席风险管理执行官为公司高级管理人员，负责组织和指导保险资产管理机构风险管理，履职范围应当包括保险资产管理机构运作的所有业务环节，独立向董事会、中国保监会报告有关情况，提出防范和化解重大风险建议。

首席风险管理执行官不得主管投资管理。如需更换，应当于更换前至少 5 个工作日向中国保监会书面说明理由和其履职情况。

第二节　资金运用流程

第四十条　保险集团（控股）公司、保险公司应当建立健全保险资金运用的管理制度和内部控制机制，明确各个环节、有关岗位的衔接方式及操作标准，严格分离前、中、后台岗位责任，定期检查和评估制度执行情况，做到权责分明、相对独立和相互制衡。相关制度包括但不限于：

（一）资产配置相关制度；

（二）投资研究、决策和授权制度；

（三）交易和结算管理制度；

（四）绩效评估和考核制度；

（五）信息系统管理制度；

（六）风险管理制度等。

第四十一条　保险集团（控股）公司、保险公司应当以独立法人为单位，统筹境内境外两个市场，综合偿付能力约束、外部环境、风险偏好和监管要求等因素，分析保险资金成本、现金流和期限等负债指标，选择配置具有相应风险收益特征、期限及流动性的资产。

第四十二条　保险集团（控股）公司、保险公司应当建立专业化分析平台，并利用外部研究成果，研究制定涵盖交易对手管理和投资品种选择的模型和制度，实时跟踪并分析市场变化，为保险资金运用决策提供依据。

第四十三条　保险集团（控股）公司、保险公司应当建立健全相对集中、分级管理、权责统一的投资决策和授权制度，明确授权方式、权限、标准、程序、时效和责任，并对授权情况进行检查和逐级问责。

第四十四条　保险集团（控股）公司、保险公司应当建立和完善公平交易机制，有效控制相关人员操作风险和道德风险，防范交易系统的技术安全疏漏，确保交易行为的合规性、公平性和有效性。公平交易机制至少应当包括以下内容：

（一）实行集中交易制度，严格隔离投资决策与交易执行；

（二）构建符合相关要求的集中交易监测系统、预警系统和反馈系统；

（三）建立完善的交易记录制度；

（四）在账户设置、研究支持、资源分配、人员管理等环节公平对待不同资金等。

保险集团（控股）公司、保险公司开展证券投资业务，应当遵守证券行业相关法律法规，建立健全风险隔离机制，实行相关从业人员本人及直系亲属投资信息申报制度，切实防范内幕交易、利用未公开信息交易、利益输送等违法违规行为。

第四十五条　保险集团（控股）公司、保险公司应当建立以资产负债管理为核心的绩效评估体系和评估标准，定期开展保险资金运用绩效评估和归因分析，推进长期投资、价值投资和分散化投资，实现保险资金运用总体目标。

第四十六条　保险集团（控股）公司、保险公司应当建立保险资金运用信息管理系统，减少或者消除人为操纵因素，自动识别、预警报告和管理控制资产管理风险，确保实时掌握风险状况。

信息管理系统应当设定合规性和风险指标阀值，将风险监控的各项要素固化到相关信息技术系统之中，降低操作风险、防止道德风险。

信息管理系统应当建立全面风险管理数据库，收集和整合市场基础资料，记录保险资金管理和投资交易的原始数据，保证信息平台共享。

第四章　风险管控

第四十七条　保险集团（控股）公司、保险公司应当建立全面覆盖、全程监控、全员参与的保险资金运用风险管理组织体系和运行机制，改进风险管理技术和信息技术系统，通过管理系统和稽核审计等手段，分类、识别、量化和评估各类风险，防范和化解风险。

第四十八条　保险集团（控股）公司、保险公司应当管理和控制资产负债错配风险，以偿付能力约束和保险产品负债特性为基础，加强成本收益管理、期限管理和风险预算，确定保险资金运用风险限额，采用缺口分析、敏感性和情景测试等方法，评估和管理资产错配风险。

第四十九条　保险集团（控股）公司、保险公司应当管理和控制流动性风险，根据保险业务特点和风险偏好，测试不同状况下可以承受的流动性风险水平和自身风险承受能力，制定流动性风险管理策略、政策和程序，防范流动性风险。

第五十条　保险集团（控股）公司、保险公司应当管理和控制市场风险，评估和管理利率风险、汇率风险以及金融市场波动风险，建立有效的市场风险评估和管理机制，实行市场风险限额管理。

第五十一条　保险集团（控股）公司、保险公司应当管理和控制信用风险，建立信用风险管理制度，及时跟踪评估信用风险，跟踪分析持仓信用品种和交易对手，定期组织回测检验。

第五十二条 保险集团（控股）公司、保险公司应当加强同业拆借、债券回购和融资融券业务管理，严格控制融资规模和使用杠杆，禁止投机或者用短期拆借资金投资高风险和流动性差的资产。保险资金参与衍生产品交易，仅限于对冲风险，不得用于投机，具体办法由中国保监会制定。

第五十三条 保险集团（控股）公司、保险公司、保险资产管理机构开展投资业务或者资产管理产品业务，应当建立风险责任人制度，明确相应的风险责任人，具体办法由中国保监会制定。

第五十四条 保险集团（控股）公司、保险公司应当建立内部稽核和外部审计制度。

保险集团（控股）公司、保险公司应当每年至少进行一次保险资金运用内部稽核。

保险集团（控股）公司、保险公司应当聘请符合条件的外部专业审计机构，对保险资金运用内部控制情况进行年度专项审计。

上述内部稽核和年度审计的结果应当向中国保监会报告。具体办法由中国保监会制定。

第五十五条 保险集团（控股）公司、保险公司主管投资的高级管理人员、保险资金运用部门负责人和重要岗位人员离任前应当进行离任审计，审计结果应当向中国保监会报告。

第五十六条 保险集团（控股）公司、保险公司应当建立保险资金运用风险处置机制，制定应急预案，及时控制和化解风险隐患。投资资产发生大幅贬值或者出现债权不能清偿的，应当制定处置方案，并及时报告中国保监会。

第五十七条 保险集团（控股）公司、保险公司应当确保风险管控相关岗位和人员具有履行职责所需知情权和查询权，有权查阅、询问所有与保险资金运用业务相关的数据、资料和细节，并列席与保险资金运用相关的会议。

第五十八条 保险集团（控股）公司、保险公司的保险资金运用行为涉及关联交易的，应当遵守法律、行政法规、国家会计制度，以及中国保监会的有关监管规定。

第五章　监督管理

第五十九条 中国保监会对保险资金运用的监督管理，采取现场监管与非现场监管相结合的方式。

中国保监会可以授权其派出机构行使保险资金运用监管职权。

第六十条　中国保监会应当根据公司治理结构、偿付能力、投资管理能力和风险管理能力，按照内控与合规计分等有关监管规则，对保险集团（控股）公司、保险公司保险资金运用实行分类监管、持续监管、风险监测和动态评估。

中国保监会应当强化对保险公司的资本约束，确定保险资金运用风险监管指标体系，并根据评估结果，采取相应监管措施，防范和化解风险。

第六十一条　保险集团（控股）公司、保险公司分管投资的高级管理人员、保险资产管理公司的董事、监事、高级管理人员，应当在任职前取得中国保监会核准的任职资格。

保险集团（控股）公司、保险公司的首席投资官由分管投资的高级管理人员担任。

保险集团（控股）公司、保险公司的首席投资官和资产管理部门主要负责人应当在任命后10个工作日内，由任职机构向中国保监会报告。

第六十二条　保险集团（控股）公司、保险公司的重大股权投资，应当报中国保监会核准。

重大股权投资的具体办法由中国保监会另行制定。

第六十三条　保险资产管理机构发行或者发起设立的保险资产管理产品，实行核准、备案或注册管理。

注册不对保险资产管理产品的投资价值以及风险作实质性判断。

第六十四条　中国保监会有权要求保险集团（控股）公司、保险公司提供报告、报表、文件和资料。

提交报告、报表、文件和资料，应当及时、真实、准确、完整。

第六十五条　保险集团（控股）公司、保险公司应当依法披露保险资金运用的相关信息。保险集团（控股）公司、保险公司的股东（大）会、董事会的重大投资决议，应当在决议作出后5个工作日内向中国保监会报告，中国保监会另有规定的除外。

第六十六条　中国保监会有权要求保险集团（控股）公司、保险公司将保险资金运用的有关数据与中国保监会的监管信息系统动态连接。

保险集团（控股）公司、保险公司应当按照中国保监会规定，及时、准确、完整地向中国保监会的监管信息系统报送相关数据。

第六十七条 保险集团（控股）公司和保险公司违反本办法规定，存在以下情形之一的，中国保监会可以限制其资金运用的形式和比例：

（一）偿付能力状况不符合中国保监会要求的；

（二）公司治理存在重大风险的；

（三）资金运用违反关联交易有关规定的。

第六十八条 保险集团（控股）公司、保险公司违反资金运用形式和比例有关规定的，由中国保监会责令限期改正。

第六十九条 中国保监会有权对保险集团（控股）公司、保险公司的董事、监事、高级管理人员和保险资产管理部门负责人进行监管谈话，要求其就保险资金运用情况、风险控制、内部管理等有关重大事项作出说明。

第七十条 保险集团（控股）公司、保险公司严重违反资金运用有关规定的，中国保监会可以责令调整负责人及有关管理人员。

第七十一条 保险集团（控股）公司、保险公司严重违反保险资金运用有关规定，被责令限期改正逾期未改正的，中国保监会可以决定选派有关人员组成整顿组，对公司进行整顿。

第七十二条 保险集团（控股）公司、保险公司违反本办法规定运用保险资金的，由中国保监会依法予以罚款、限制业务范围、责令停止接受新业务或者吊销业务许可证等行政处罚，对相关责任人员依法予以警告、罚款、撤销任职资格、禁止进入保险业等行政处罚。

受到行政处罚的，保险集团（控股）公司、保险公司应当对相关责任人员进行内部责任追究。

第七十三条 保险资金运用的其他当事人在参与保险资金运用活动中，违反有关法律、行政法规和本办法规定的，中国保监会应当记录其不良行为，并将有关情况通报其行业主管部门；情节严重的，中国保监会可以通报保险集团（控股）公司、保险公司3年内不得与其从事相关业务，并商有关监管部门依法给予行政处罚。

第七十四条 中国保监会工作人员滥用职权、玩忽职守，或者泄露所知悉的有关单位和人员的商业秘密的，依法追究法律责任。

第六章 附 则

第七十五条 保险资产管理机构以及其他投资管理人管理运用保险资金参照

本办法执行。

第七十六条　中国保监会对保险集团（控股）公司、自保公司以及其他类型保险机构的资金运用另有规定的，从其规定。

第七十七条　本办法由中国保监会负责解释和修订。

第七十八条　本办法自2018年4月1日起施行。中国保监会2010年7月30日发布的《保险资金运用管理暂行办法》（保监会令2010年第9号）、2014年4月4日发布的《中国保险监督管理委员会关于修改〈保险资金运用管理暂行办法〉的决定》（保监会令2014年第3号）同时废止。

2. 中国保监会关于印发《保险资金委托投资管理暂行办法》的通知

（2012年7月16日　保监发〔2012〕60号）

各保险集团（控股）公司、保险公司、保险资产管理公司：

为规范保险资金委托投资行为，防范投资管理风险，切实保障资产安全，维护保险当事人合法权益，我会制定了《保险资金委托投资管理暂行办法》，现印发给你们，请遵照执行。

保险资金委托投资管理暂行办法

第一章　总　则

第一条　为规范保险资金委托投资行为，防范投资管理风险，切实保障资产安全，维护保险当事人合法权益，根据《中华人民共和国保险法》、《中华人民共和国合同法》、《保险资金运用管理暂行办法》等法律法规，制定本办法。

第二条　中国境内依法设立的保险集团（控股）公司和保险公司（以下统称保险公司），将保险资金委托给符合条件的投资管理人，开展定向资产管理、专项资产管理或者特定客户资产管理等投资业务，适用本办法。

本办法所称投资管理人，是指在中国境内依法设立的，符合中国保险监督管理委员会（以下简称中国保监会）规定的保险资产管理公司、证券公司、证券资产管理公司、证券投资基金管理公司及其子公司（以下简称基金管理公司）等专业投资管理机构。

第三条 保险公司开展保险资金委托投资，应当建立资产托管机制，并按照本办法规定选择投资管理人。保险公司委托投资资金及其运用形成的财产，应当独立于投资管理人、托管人的固有财产及其管理的其他财产。投资管理人因投资、管理或者处分保险资金取得的财产和收益，应当归入委托投资资产。相关机构不得对受托投资的保险资金采取强制措施。

第四条 中国保监会负责制定保险资金委托投资的政策规定，依法对委托投资和受托投资等行为实施监督管理。

第二章 资质条件

第五条 保险公司开展委托投资，应当满足下列要求：

（一）具有完善的公司治理、决策流程和内控机制；

（二）具有健全的资产管理体制和明确的资产配置计划；

（三）财务状况良好，资产配置能力符合中国保监会有关规定；

（四）建立委托投资管理制度，包括投资管理人选聘、监督、评价、考核等制度，并覆盖委托投资全部过程；

（五）建立委托资产托管机制，资金运作透明规范；

（六）最近三年未发现重大违法违规行为。

第六条 保险公司开展委托投资，受托的投资管理人应当符合下列条件：

（一）公司治理完善，市场信誉良好，具有国家有关部门认可的资产管理业务资质；

（二）具有健全的操作流程、内控机制、风险管理及稽核制度，建立公平交易和风险隔离机制；

（三）具有丰富的产品线，稳定的过往投资业绩；

（四）设置产品开发、投资研究、投资管理、风险控制、绩效评估、咨询服务等专业岗位；

（五）具有稳定的投资管理团队，拥有不少于 15 名具有相关资质和投资经验的专业人员，其中具有5年以上投资经验的不少于5名，具有3年以上投资经验的不少于5名；

（六）最近三年未发现重大违法违规行为。

第七条　保险公司选择保险资产管理公司开展委托投资，该公司除符合第六条规定外，还应当符合下列条件：

（一）注册资本不低于1亿元；

（二）管理资产余额不低于100亿元；

（三）具有一年以上受托投资经验。

保险资产管理公司受托管理关联方机构的资金，不受前款第（二）、（三）项的限制。

第八条　保险公司选择证券公司或证券资产管理公司开展委托投资，该公司除符合第六条规定外，还应当符合下列条件：

（一）取得客户资产管理业务资格三年以上；

（二）最近一年客户资产管理业务管理资产余额（含全国社保基金和企业年金）不低于100亿元，或者集合资产管理业务受托资金余额不低于50亿元；

（三）接受中国保监会涉及保险资金委托投资的质询，并报告有关情况。

第九条　保险公司选择基金管理公司开展委托投资，该公司除符合第六条规定外，还应当符合下列条件：

（一）取得特定客户资产管理业务资格三年以上；

（二）最近一年管理非货币类证券投资基金余额不低于100亿元；

（三）接受中国保监会涉及保险资金委托投资的质询，并报告有关情况。

第三章　投资规范

第十条　保险资金委托投资范围，限于境内市场的存款、依法公开发行并上市交易的债券和股票、证券投资基金及其他金融工具。保险资金投资金融工具的品种和比例，应当符合中国保监会规定。

第十一条　保险公司开展委托投资，应当按照规定和内控要求，完善决策程序和授权机制，确定股东（大）会、董事会和经营管理层的决策及批准权限，由董事会承担委托投资的最终责任。

第十二条　保险公司开展委托投资，应当制定投资管理人选聘标准和流程，综合考虑风险、成本和收益等因素，通过市场化方式，合理确定投资管理人数量。

第十三条 保险公司开展委托投资，应当与投资管理人签订委托投资管理协议，载明当事人权利义务、关键人员变动、利益冲突处理、风险防范、信息披露、异常情况处置、资产退出安排以及责任追究等事项。

保险公司应当根据保险资金风险收益特征，审慎制定委托投资指引，合理确定投资范围、投资目标、投资期限和投资限制等要素，定期或者不定期审核委托投资指引，并做出适当调整。

第十四条 保险公司与投资管理人应当按照市场化原则，根据资产规模、投资目标、投资策略、投资绩效等因素，协商确定管理费率定价机制，动态调整管理费率水平，并在委托投资管理协议中载明。

第十五条 投资管理人受托管理保险资金，应当履行以下职责：

（一）严格遵守委托投资管理协议、委托投资指引和本办法规定，清晰制定投资说明书，恪尽职守，履行诚实、信用、谨慎、有效的管理义务；

（二）持续评估、分析、监控和核查保险资金的划拨、投资、交易等行为，确保保险资金在投资研究、投资决策和交易执行等环节得到公平对待；

（三）依法保守保险资金投资的商业秘密；定期或不定期向保险公司披露受托资金配置状况、价格波动、交易记录、绩效归因、风险合规及投资人员变动等信息，为保险公司查询上述信息提供便利和技术支持；

（四）对不同保险公司和不同保险产品的保险资金进行分账和分类管理。

第十六条 投资管理人有下列情形之一的，保险公司应当及时解聘或者更换投资管理人：

（一）违反保险资金委托投资管理协议约定；

（二）利用保险资金财产谋取不正当利益，或者为他人谋取不正当利益；

（三）与受托管理保险资金发生重大利益冲突；

（四）投资管理人解散、依法被撤销、破产或者由接管人接管其资产；

（五）不再满足受托管理保险资金业务资质；

（六）中国保监会规定或保险资金委托投资管理协议约定的其他情形。

第四章 风险控制

第十七条 保险公司应当根据保险资金风险收益特征，加强资产配置管理，优化投资资产结构。

第十八条　保险公司选聘投资管理人，应当开展审慎尽职调查：

（一）充分论证投资管理人的投资管理能力，包括人员配备、收益水平、系统配置、技术支持等方面；充分评估投资管理人的信用风险、操作风险、道德风险和法律风险等风险管理能力；

（二）根据投资管理人过往投资业绩、风险特征以及管理经验等指标，实行动态业务授权管理或者比例管理；

（三）定期分析潜在利益冲突，并制定应急管理预案。

第十九条　保险公司应当定期评估投资管理人的管理能力、投资业绩、服务质量等要素，跟踪监测各类委托投资账户风险及合规状况，定期出具分析报告。发生重大突发事件，保险公司应当立即采取有效措施。

第二十条　保险公司可在规定范围内，授权投资管理人运用远期、掉期、期权、期货等衍生产品，管理和对冲投资风险，且不得用于投机。

第二十一条　保险公司应当建立完善的风险防范和控制机制，配备满足业务发展需要的风险监测和信息反馈系统。

第二十二条　保险公司应当建立委托投资责任追究制度，高级管理人员和主要业务人员违反规定，未履行职责并造成损失的，应当依法追究责任。涉及非保险机构高级管理人员和主要业务人员责任的，保险公司应当按照有关规定和合同约定，追究其责任。

第二十三条　保险公司开展委托投资，应当建立投资资产退出机制，有效维护保险资产的安全与完整。

第五章　监督管理

第二十四条　保险公司开展委托投资，应当向中国保监会报告，并提交以下书面材料：

（一）股东（大）会或者董事会有关开展委托投资的决议；

（二）公司治理、决策流程、管理体制及内控机制的说明；

（三）资产管理部门、岗位设置及专业人员资质的说明；

（四）委托投资管理制度；

（五）委托投资资产配置计划；

（六）选聘投资管理人情况和签订的相关协议。

第二十五条 投资管理人受托管理保险资金，应当向中国保监会报告，并提交以下书面材料：

（一）股东（大）会或者董事会有关开展受托管理保险资金的决议；

（二）受托管理保险资金的可行性报告；

（三）受托投资管理制度和风险控制制度；受托投资管理部门、岗位设置及专业人员资质和经验的说明；投资管理信息系统的说明；

（四）国家相关部门颁发的资产管理业务许可证明；开展业务情况、管理资产规模、过往业绩说明及有关证明文件。

第二十六条 中国保监会将定期检验、跟踪监测保险公司及其投资管理人的投资管理能力，必要时可以聘请中介机构协助检查。

第二十七条 保险公司开展委托投资，应当于每季度结束后30个工作日内和每年4月30日前，分别向中国保监会提交季度报告和年度报告，至少包括以下内容：

（一）保险公司对投资管理人及委托投资资产，开展持续监测和绩效评估等情况；

（二）委托投资资产风险、投资及合规状况和危机事件等状况；

（三）中国保监会规定的其他审慎性内容。

第二十八条 保险公司应当在下列情形发生5个工作日内，向中国保监会报告：

（一）变更投资管理人或托管人；

（二）发生与委托投资有关的重大行政处罚、重大诉讼或者其他重大事件；

（三）中国保监会规定的其他情形。

第二十九条 投资管理人应当于每年4月30日前，就受托管理保险资金情况，向中国保监会提交年度报告，至少包括以下内容：

（一）执行委托投资指引情况；

（二）投资交易、资金清算和资产托管情况；

（三）主要风险及处置、资产估值及收益情况；

（四）向保险公司披露信息情况；

（五）经专业机构审计的保险资金投资的财务报告；

（六）中国保监会规定的其他审慎性内容。

除上述内容外，投资管理人还应当报告其投资管理能力变化、监管处罚、法律纠纷等情况。

投资管理人发生重大诉讼、受到重大行政处罚以及投资管理能力明显下降或者发生其他重大事件的，应当立即采取有效措施，防范相关风险，维护其受托管理保险资产的安全完整，并在5个工作日内向中国保监会报告。

第三十条　保险公司开展委托投资的相关当事人，向中国保监会报送的材料，应当真实、准确、完整，不得存在任何虚假记载、误导性陈述或重大遗漏，并符合有关监管规定。

第三十一条　保险公司开展委托投资，违反本办法规定的，中国保监会将依法给予行政处罚。

投资管理人及有关当事人违反有关法律、行政法规和本办法规定的，中国保监会将记录其不良行为；情节严重的，中国保监会有权责令保险公司予以更换。

第六章　附　则

第三十二条　中国保监会对保险资产管理公司受托投资另有规定的，从其规定。废止《关于暂不允许委托证券公司管理运用资产的通知》（保监发〔2000〕67号）的规定。其他规定与本办法不一致的，以本办法为准。

第三十三条　本办法由中国保监会负责解释和修订，自发布之日起施行。

3. 中国保险监督管理委员会关于保险机构投资风险责任人有关事项的通知

（2013年4月9日　保监发〔2013〕28号）

各保险公司、保险资产管理公司：

根据《关于加强和改进保险机构投资管理能力建设有关事项的通知》（保监发〔2013〕10号），保险机构开展直接股票投资、股权投资、不动产投资、无担保债券投资、基础设施投资计划创新、不动产投资计划创新和运用衍生品等业务，应当具备相应的投资能力并配备至少2名符合条件的风险责任人。为进一步明确保险机构投资风险责任人的资质条件、权利义务和风险责任，现就有关事项通知如下：

一、风险责任人包括行政责任人和专业责任人。风险责任人应当具有金融工作5年以上或者经济工作10年以上工作经历。行政责任人由公司董事长或者授权总经理担任，专业责任人由符合专业条件、能够承担相关业务决策风险责任的高级管理人员或者授权相关资产管理部门负责人担任。

二、专业责任人除满足本通知第一条规定条件外，还应当具有至少一项专业资质，包括注册金融分析师、金融风险管理师、注册会计师、注册资产评估师、房地产估价师、精算师、律师等资格或者中国保监会认可的其他专业资质。具备相关投资领域10年以上从业经历的，可暂不受专业技术资格规定限制。

三、无民事行为能力或者限制民事行为能力，或者最近3年受到金融监管机构以及工商和税务等部门行政处罚或撤销资格的，不得担任保险机构风险责任人。单一人员原则上不得担任两项以上投资业务专业责任人。

四、保险机构首席风险官、风险管理部门负责人比照行政和专业风险责任人，纳入风险责任人体系进行监管，其具体责权及任职要求，由各公司依据《保险资金运用管理暂行办法》等监管规定和公司内部控制相关制度确定。

五、风险责任人在任职期间，应当接受中国保监会及有关方面组织的持续教育培训，培训时间不得低于每年18课时，培训内容主要包括与风险责任人所履行的职能有关的法律法规及监管标准、宏观经济分析及金融市场动态、业务操守及职业道德准则、风险管理及监控策略、金融产品及风险分析等。中国保监会将对风险责任人和风险管理专业人员参加培训情况及培训考核情况记入培训档案。

对相关金融监管部门、保险协会、保险机构、其他专业投资机构以及相关社会团体组织的专业培训，经中国保监会认定，培训内容符合本通知规定的，可以计入年度培训总课时。

六、风险责任人应当诚实守信，勤勉尽责，遵守法规，具备相应的风险承担能力，接受监管质询，不得因职务、岗位或者工作变动而免除责任。

七、行政责任人应当切实履行法律法规和公司章程规定的职责，建立健全治理结构和内控制度，明确授权体系，对投资能力和具体投资业务的合法合规性承担主要责任，不得直接干预专业责任人对具体投资业务的风险和价值判断，不得影响公司风险管理体系的正常运行。

专业责任人是投资业务风险的初始把关者，也是初始责任人，对投资能力的有效性、具体投资业务风险揭示的及时性和充分性承担主要责任，不得故意提供存在重大遗漏、虚假信息和误导性陈述的投资意见，不得故意对可能出现的风险作不恰当的表述。

八、保险机构应当进一步完善内部管理制度和风险管理体系，分解投资业务风险责任，明晰风险责任链条，并为风险责任人履行职权提供必要的条件，保障风险责任人的知情权。风险责任人未能履行职责或者在履行职责过程中遇到困难的，应当向中国保监会提供书面说明。

九、风险责任人违反法律、行政法规规定，情节严重的，由中国保监会依法责令调整负责人及有关管理人员，或者依法撤销其高级管理人员任职资格，或者一定期限内直至终身不得进入保险业。

十、保险机构变更风险责任人，或对风险责任人的纪律处分、撤职或解除劳动关系的决定，应当于作出决定10个工作日内更换风险责任人，向中国保监会报告并说明理由。

十一、本通知自发布之日起施行。

4. 中国保监会关于加强和改进保险资金运用比例监管的通知

（2014年1月23日　保监发〔2014〕13号）

各保险集团（控股）公司、保险公司、保险资产管理公司：

为进一步推进保险资金运用体制的市场化改革，加强和改进保险资金运用比例监管，根据《保险资金运用管理暂行办法》等相关规定，我会系统梳理了现有的比例监管政策，并在整合和资产分类的基础上，形成了多层次比例监管框架。现就有关事项通知如下：

一、保险资产分类及定义

保险公司投资资产（不含独立账户资产）划分为流动性资产、固定收益类资产、权益类资产、不动产类资产和其他金融资产等五大类资产。（具体品种详见附件）

（一）流动性资产。流动性资产是指库存现金和可以随时用于支付的存款，以及期限短、流动性强、易于转换为确定金额现金，且价值变动风险较小的资产。

（二）固定收益类资产。固定收益类资产是指具有明确存续到期时间、按照预定的利率和形式偿付利息和本金等特征的资产，以及主要价值依赖于上述资产价值变动的资产。

（三）权益类资产。权益类资产包括上市权益类资产和未上市权益类资产。

上市权益类资产是指在证券交易所或符合国家法律法规规定的金融资产交易场所（统称交易所）公开上市交易的、代表企业股权或者其他剩余收益权的权属证明，以及主要价值依赖于上述资产价值变动的资产。

未上市权益类资产是指依法设立和注册登记，且未在交易所公开上市的企业股权或者其他剩余收益权，以及主要价值依赖于上述资产价值变动的资产。

（四）不动产类资产。不动产类资产指购买或投资的土地、建筑物及其他依附于土地上的定着物等，以及主要价值依赖于上述资产价值变动的资产。

（五）其他金融资产。其他金融资产是指风险收益特征、流动性状况等与上述各资产类别存在明显差异，且没有归入上述大类的其他可投资资产。

二、设立大类资产监管比例

为防范系统性风险，针对保险公司配置大类资产制定保险资金运用上限比例。

（一）投资权益类资产的账面余额，合计不高于本公司上季末总资产的30%，且重大股权投资的账面余额，不高于本公司上季末净资产。账面余额不包括保险公司以自有资金投资的保险类企业股权。

（二）投资不动产类资产的账面余额，合计不高于本公司上季末总资产的30%。账面余额不包括保险公司购置的自用性不动产。

保险公司购置自用性不动产的账面余额，不高于本公司上季末净资产的50%。

（三）投资其他金融资产的账面余额，合计不高于本公司上季末总资产的25%。

（四）境外投资余额，合计不高于本公司上季末总资产的15%。

三、设立集中度风险监管比例

为防范集中度风险，针对保险公司投资单一资产和单一交易对手制定保险资金运用集中度上限比例。

（一）投资单一固定收益类资产、权益类资产、不动产类资产、其他金融资产的账面余额，均不高于本公司上季末总资产的5%。投资境内的中央政府债券、准政府债券、银行存款，重大股权投资和以自有资金投资保险类企业股权，购置自用性不动产，以及集团内购买保险资产管理产品等除外。

投资上市公司股票，有权参与上市公司的财务和经营政策决策，或能够对上市公司实施控制的，纳入股权投资管理，遵循保险资金投资股权的有关规定。①

① 该条第2款已被《中国保监会关于进一步加强保险资金股票投资监管有关事项的通知》（2017年1月24日保监发〔2017〕9号）废止。

单一资产投资是指投资大类资产中的单一具体投资品种。投资品种分期发行，投资单一资产的账面余额为各分期投资余额合计。

（二）投资单一法人主体的余额，合计不高于本公司上季末总资产的20%。投资境内的中央政府债券、准政府债券和以自有资金投资保险类企业股权等除外。

单一法人主体是指保险公司进行投资而与其形成直接债权或直接股权关系的具有法人资格的单一融资主体。

四、设立风险监测比例

为防范资产的流动性、高波动性等风险，针对流动性状况、融资规模和类别资产等制定监测比例，主要用于风险预警。保险公司存在以下情形的，应当向中国保监会报告，并列入重点监测：

（一）流动性监测。投资流动性资产与剩余期限在1年以上的政府债券、准政府债券的账面余额合计占本公司上季末总资产的比例低于5%，财产保险公司投资上述资产的账面余额合计占本公司上季末总资产的比例低于7%，未开展保险经营业务的保险集团（控股）公司除外。其他流动性风险指标，执行中国保监会相关规定。

（二）融资杠杆监测。同业拆借、债券回购等融入资金余额合计占本公司上季末总资产的比例高于20%。

（三）类别资产监测。投资境内的具有国内信用评级机构评定的AA级（含）以下长期信用评级的债券，账面余额合计占本公司上季末总资产的比例高于10%，或投资权益类资产的账面余额合计占本公司上季末总资产的比例高于20%，或投资不动产类资产的账面余额合计占本公司上季末总资产的比例高于20%，或投资其他金融资产的账面余额合计占本公司上季末总资产的比例高于15%，或境外投资的账面余额合计占本公司上季末总资产的比例高于10%。

集团内购买的单一保险资产管理产品，账面余额占本公司上季末总资产的比例高于5%。

中国保监会将根据情况，制定资产负债匹配风险、市场风险、信用风险等风险监测比例。

五、内控比例管理

保险公司应当根据本通知及有关规定，按照资产负债管理和资产配置要求，制定分散投资管理制度和风险控制措施，严格控制大类资产投资比例、高风险（类）资产投资比例、行业和单一品种以及单一交易对手投资比例等。同时，还应当制定流动性风险、信用风险、市场风险等风险预警监测比例。保险公司应当密切监控相关风险敞口，确保其在自身风险承受能力和资本覆盖能力之内。

保险公司应当制定流动性风险管理方案，包括流动性风险管理体系和治理结构，管理策略和重要政策，识别、计量和监测流动性风险的主要方法和程序，流动性风险状况评价指标，压力测试和应急预案等，切实防范流动性风险。

六、监督管理

（一）关于监管比例

违反监管比例有关规定的，中国保监会责令限期改正。

因突发事件等客观原因，造成投资比例超过监管比例的，保险公司不得增加相关投资，且于该事项发生后5个工作日内向中国保监会报告，并在中国保监会规定期限内调整投资比例。

（二）关于监测比例

对于超出或不符合监测比例有关规定的，保险公司应当于该事项发生后5个工作日内向中国保监会报告。中国保监会认定需要披露的，保险公司应当披露相关信息，具体规定由中国保监会另行制定。

对于不按规定履行相关报告或披露义务的，中国保监会采取对高管人员进行监管谈话，列示保险公司不良记录，以及其他进一步监管措施。

（三）关于内控比例

保险公司制定投资内部风险控制比例，经董事会或董事会授权机构审定后5个工作日内向中国保监会报告，并于每年3月31日前，在上年度资产配置执行情况报告中，向中国保监会报告比例实际执行情况。

（四）关于信息登记

保险公司投资商业银行理财产品、银行业金融机构信贷资产支持证券、信托公司集合资金信托计划、证券公司专项资产管理计划以及保险资产管理公司发行的基础设施投资计划、不动产投资计划、项目资产支持计划和资产管理产品等金融产品，应当于实际支付投资款项后5个工作日内，向中国保监会指定的信息登记平台报送投资合同及产品信息，产品信息至少包括产品名称、发行人、发行规模、发行期限、发行利率、增信措施、基础资产等内容。

（五）特别监管措施

存在重大经营问题、重大投资风险的，中国保监会采取包括但不限于增加信息披露内容、提高信息披露频率等措施。

偿付能力状况不符合中国保监会要求的，中国保监会依法采取限制保险资金运用形式、比例等措施。

未按照本通知及有关规定运用保险资金的，中国保监会依法责令限期改正并处以罚款；情节严重的，可以责令调整负责人及有关管理人员，可以限制其业务范围、责令停止接受新业务或者吊销业务许可证。

（六）调整机制

中国保监会根据保险资金运用实际情况，对保险资产的分类、定义、品种以及相关比例等开展年度审议并进行动态审慎调整。

七、说明事项

（一）本通知所称总资产应当扣除债券回购融入资金余额和独立账户资产金额。

独立账户资产包括寿险投资连结保险产品、变额年金产品、健康保障委托管理产品、养老保障委托管理产品和非寿险非预定收益投资型保险产品等资产。保险集团（控股）公司总资产应当为集团母公司总资产。保险公司应当按照合同约定配置独立账户的资产范围和投资比例。

（二）保险公司应当合并计算投资境内和境外的大类资产监管比例。

（三）保险集团（控股）公司开展股权投资和境外投资，另有规定的从其规定。

本通知自发布之日起施行，原有保险资金运用监管比例以及创新试点业务适用的投资比例取消。本通知发布之前，保险公司执行原保险资金运用监管规定，形成的投资比例与本通知监管比例规定不一致的，应当及时向中国保监会报告。保险公司开展境内、境外衍生产品交易，仍执行现行有关规定。

附件：大类资产可投资品种（略）

5. 关于保险资金投资有关金融产品的通知

（2012 年 10 月 12 日 保监发〔2012〕91 号）

各保险集团（控股）公司、保险公司、保险资产管理公司：

为进一步优化保险资产配置结构，促进保险业务创新发展，根据《中华人民共和国保险法》、《保险资金运用管理暂行办法》及相关规定，现就保险资金投资理财产品等类证券化金融产品通知如下：

一、保险资金可以投资境内依法发行的商业银行理财产品、银行业金融机构信贷资产支持证券、信托公司集合资金信托计划、证券公司专项资产管理计划、保险资产管理公司基础设施投资计划、不动产投资计划和项目资产支持计划等金融产品（以下统称金融产品）。

二、保险资金投资的理财产品，其资产投资范围限于境内市场的信贷资产、存款、货币市场工具及公开发行且评级在投资级以上的债券，且基础资产由发行银行独立负责投资管理，自主风险评级处于风险水平最低的一级至三级。

保险资金投资的理财产品，其发行银行上年末经审计的净资产应当不低于300亿元人民币或者为境内外主板上市商业银行，信用等级不低于国内信用评级机构评定的A级或者相当于A级的信用级别，境外上市并免于国内信用评级的，信用等级不低于国际信用评级机构评定的BB级或者相当于BB级的信用级别。

三、保险资金投资的信贷资产支持证券，入池基础资产限于五级分类为正常类和关注类的贷款。按照孰低原则，产品信用等级不低于国内信用评级机构评定的A级或相当于A级的信用级别。

保险资金投资的信贷资产支持证券，担任发起机构的银行业金融机构，其净资产和信用等级应当符合本通知第二条第二款规定。

四、保险资金投资的集合资金信托计划，基础资产限于融资类资产和风险可控的非上市权益类资产，且由受托人自主管理，承担产品设计、项目筛选、投资决策及后续管理等实质性责任。其中，固定收益类的集合资金信托计划，信用等级应当不低于国内信用评级机构评定的A级或者相当于A级的信用级别。

保险资金投资的集合资金信托计划，担任受托人的信托公司应当具有完善的公司治理、良好的市场信誉和稳定的投资业绩，上年末经审计的净资产不低于30亿元人民币。

五、保险资金投资的专项资产管理计划，应当符合证券公司企业资产证券化业务的有关规定，信用等级不低于国内信用评级机构评定的A级或者相当于A级的信用级别。

保险资金投资的专项资产管理计划，担任计划管理人的证券公司上年末经审计的净资产应当不低于60亿元人民币，证券资产管理公司上年末经审计的净资产应当不低于10亿元人民币。

六、保险资金投资的基础设施债权投资计划，应当符合《保险资金间接投资基础设施项目试点管理办法》等有关规定，基础资产限于投向国务院、有关部委或者省级政府部门批准的基础设施项目债权资产。偿债主体最近一个会计年度资产负债率、经营现金流与负债比率和利息保障倍数，达到同期全国银行间债券市场新发行债券企业行业平均水平。产品信用等级不低于国内信用评级机构评定的A级或者相当于A级的信用级别。

保险资金投资的基础设施债权投资计划、基础设施股权投资计划和项目资产支持计划，担任受托人的保险资产管理公司等专业管理机构，应当符合《保险资金间接投资基础设施项目试点管理办法》等有关规定。

七、保险资金投资的不动产投资计划及其受托机构，应当符合《保险资金投资不动产暂行办法》等有关规定。不动产投资计划属于固定收益类的，应当具有合法有效的信用增级安排，信用等级不低于国内信用评级机构评定的A级或者相当于A级的信用级别；属于权益类的，应当落实风险控制措施，建立相应的投资权益保护机制。

八、保险资金投资的上述金融产品，募集资金投资方向应当符合国家宏观政策、产业政策和监管政策；产品结构简单，基础资产清晰，信用增级安排确凿，具有稳定可预期的现金流；建立信息披露机制和风险隔离机制，并实行资产托（保）管。保险资金应当优先投资在公开平台登记发行和交易转让的金融产品。

九、保险公司投资金融产品，应当符合下列条件：

（一）上季度末偿付能力充足率不低于120%；

（二）具有公司董事会或者董事会授权机构批准投资的决议；

（三）具有完善的投资决策与授权机制、风险控制机制、业务操作流程、内部管理制度和责任追究制度；

（四）资产管理部门合理设置投资金融产品岗位，并配备专职人员；

（五）已经建立资产托管机制，资金管理规范透明；

（六）信用风险管理能力达到规定标准；

（七）最近三年未发现重大违法违规行为。

保险公司委托投资的，不受第（四）、（六）项的限制。

十、保险公司投资理财产品、信贷资产支持证券、集合资金信托计划、专项资产管理计划和项目资产支持计划的账面余额，合计不高于该保险公司上季度末总资产的30%。保险公司投资基础设施投资计划和不动产投资计划的账面余额，合计不高于该保险公司上季度末总资产的20%。

保险公司投资单一理财产品、信贷资产支持证券、集合资金信托计划、专项资产管理计划和项目资产支持计划的账面余额，不高于该产品发行规模的20%；

投资单一基础设施投资计划和不动产投资计划的账面余额，不高于该计划发行规模的50%；保险集团（控股）公司及其保险子公司，投资单一有关金融产品的账面余额，合计不高于该产品发行规模的60%，保险公司及其投资控股的保险机构比照执行。

十一、保险公司应当对有关金融产品风险进行实质性评估，根据负债特性、投资管理能力和风险管理能力，合理制定金融产品配置计划，履行相应的内部审核程序，自主确定投资品种和规模、期限结构、信用分布和流动性安排。

十二、保险公司可以根据投资管理能力和风险管理能力，自行投资有关金融产品，或者委托保险资产管理公司投资有关金融产品。保险公司委托投资的，应当按照《保险资金委托投资管理暂行办法》等规定，与符合条件的保险资产管理公司签订委托投资管理协议，明确双方职责和权利义务。

十三、保险机构投资理财产品，应当充分评估发行银行的信用状况、经营管理能力、投资管理能力和风险处置能力，关注产品资产的投资范围和流动性管理，切实防范合规风险、信用风险和流动性风险。

十四、保险机构投资信贷资产支持证券、集合资金信托计划、专项资产管理计划、基础设施投资计划、不动产投资计划和项目资产支持计划，应当充分关注产品交易结构、基础资产状况和信用增级安排，切实防范信用风险、流动性风险、操作风险和法律风险。

十五、保险机构投资有关金融产品，应当充分发挥投资者监督作用，持续跟踪金融产品管理运作，定期评估投资风险，适时调整投资限额、风险限额和止损限额，维护资产安全。金融产品发生违约等重大投资风险的，保险机构应当采取有效措施，控制相关风险，并及时向中国保监会报告。

十六、保险机构投资有关金融产品，不得与当事人发生涉及利益输送、利益转移等不当交易行为，不得通过关联交易或者其他方式侵害公司或者被保险人利益。

十七、保险公司投资有关金融产品，应当于每季度结束后30个工作日内和每年4月30日前，分别向中国保监会提交季度报告和年度报告，并附以下书面材料：

（一）投资及合规情况；

（二）风险管理状况；

（三）涉及的关联交易情况；

（四）中国保监会规定的其他审慎性内容。

保险公司委托保险资产管理公司投资有关金融产品的，可将前款报告纳入

《保险资金委托投资管理暂行办法》规定的定期报告。

十八、本通知所指信用增级安排，其中保证担保的，应当为本息全额无条件不可撤销连带责任保证担保，且担保人信用等级不低于被担保人信用等级；抵押或质押担保的，担保财产应当权属清晰，未被设定其他担保或者采取保全措施，经评估的担保财产价值不低于待偿还本息，且担保行为已经履行必要法律程序。

本通知所指保险公司总资产，应当扣除债券回购融入资金余额和独立账户资产。

十九、本通知自发布之日起施行。《关于保险资金投资基础设施债权投资计划的通知》（保监发〔2009〕43 号）同时废止。

6. 中国保监会关于加强组合类保险资产管理产品业务监管的通知

（2016 年 6 月 13 日　保监资金〔2016〕104 号）

各保险资产管理公司、养老保险公司：

为加强保险资产管理产品业务监管，规范市场行为，强化风险管控，根据《保险资金运用管理暂行办法》《关于保险资产管理公司开展资产管理产品业务试点有关问题的通知》（保监资金〔2013〕124 号，以下简称《试点通知》）等规定，我会将对组合类保险资产管理产品（即根据《试点通知》设立的保险资产管理产品，以下简称产品）业务进行规范。现就具体事项通知如下：

一、管理人规范要求

申请开展产品业务的管理人，除具备《试点通知》规定的条件外，还应符合以下规范要求：

（一）取得保险资金受托管理资质一年以上。

（二）设立专门的产品业务管理部门，且该部门需配备具有产品研发设计、投资管理、法律合规、风险管理等相关经验的专业人员不少 5 名。

（三）管理人发行产品，保监会对其产品投资的基础资产有投资管理能力要求的，应当具备相应能力。

（四）管理人需按监管要求提交上年度保险资金运用内部控制第三方专项审计报告，如审计报告揭示相关问题，应一并提交整改报告。

（五）没有因违法违规行为正在被监管机构立案调查、司法机关立案侦查，或者正处于整改期间；且最近三年内没有因重大违法违规行为、重大失信行为受到行政处罚或者刑事处罚。

二、基础资产范围

产品投资的基础范围应当严格按照《试点通知》执行。产品为集合产品或产品资金涉及保险资金的，产品具体投资品种应当遵循保险资金运用相关规定，且限于以下投资范围：

（一）境内流动性资产，主要包括现金、货币市场基金、银行活期存款、银行通知存款和剩余期限不超过1年的政府债券、准政府债券、逆回购协议。

（二）境内固定收益类资产，主要包括银行定期存款、银行协议存款、债券型基金、金融企业（公司）债券、非金融企业（公司）债券和剩余期限在1年以上的政府债券、准政府债券。

（三）境内权益类资产，主要包括公开发行并上市的股票（不含新三板股票）、股票型基金、混合型基金。

（四）保险资产管理公司发行的基础设施投资计划、股权投资计划、资产支持计划等。

产品为定向产品且产品投资人为非保险机构的，产品的投资品种可以按照与投资人约定的产品契约及相关法律文件执行。

三、发行与登记

管理人发行产品，应当通过中国保监会指定的资产交易平台（以下简称平台）办理产品涉及的登记、发行、申购和赎回以及信息披露等事宜。

（一）产品发行前（管理人首次发行的产品，需在取得中国保监会核准文件后），管理人应向平台申请产品登记，登记完成后，管理人方可启动发售程序。

（二）管理人应当在产品发行材料中明确，投资者需通过在平台开立的持有人账户参与产品申购和赎回等业务。

（三）管理人可直接通过平台办理产品份额的线上申购和赎回业务，也可自行组织产品份额的线下申购和赎回业务，但线下申购和赎回的数据需向平台申报，相关份额需经平台登记确权。

（四）管理人应当通过平台信息披露系统向产品相关当事人披露产品发行材料、产品存续期间的信息披露材料等。

上述涉及产品的登记、发行、质押融资、申购和赎回以及信息披露等业务的具体规则要求，另行发布。

四、监管要求

（一）管理人应当对产品进行明确分类，并在产品合同和产品募集说明书等产品发行材料中载明相应类型。根据产品投资的基础资产类别和规模比例，产品可分为单一型、固定收益类、权益类、另类以及混合类等类型。具体分类标准为：

1. 单一型产品是指全部资产或 90% 以上的资产投资于某只金融产品或某一特定形式的投资工具的产品。

2. 固定收益类产品是指 80% 以上的资产投资于固定收益类资产的产品。

3. 权益类产品是指 60% 以上的资产投资于权益类资产的产品。

4. 另类产品是指 60% 以上资产投资于基础设施投资计划、股权投资计划、资产支持计划的产品。

5. 混合类产品是指不能分类为上述四种情形的产品。

（二）管理人开展产品业务，禁止出现以下情形：

1. 发行具有“资金池”性质的产品，主要是指投资于非公开市场投资品种，且具有滚动募集、混合运作、期限错配、分离定价、未单独建账或未独立核算等特征的产品。

2. 发行具有“嵌套”交易结构的产品，包括产品主要投资于单只非公开市场投资品种，或产品定向投资于另类资产管理产品，或产品定向投资于同一管理人设立的产品等情形。

3. 向非机构投资者发行分级产品。

4. 向机构投资者发行分级产品，权益类、混合类分级产品杠杆倍数超过 1 倍，其他类型分级产品杠杆倍数超过 3 倍。

5. 在产品下设立子账户形式进行运作。

6. 未明确产品投资的基础资产具体种类和比例，笼统规定相关资产的投资比例为 0 至 100% 。

7. 以外部投资顾问形式将产品转委托。

8. 委托托管银行分支机构作为产品托管人（该机构已获得托管银行总行授权除外）。

（三）在本通知发布之前已发行的产品，不符合本通知要求的，按照以下方式处理：

1. 对于无明确存续期的产品，管理人应当按照本通知要求及时对产品进行调整，需要召开持有人大会表决的，或需与产品托管人和产品持有人协商的，按照有关规定办理。

2. 对于有明确存续期的产品，在产品存续期间，不得再允许投资者申购该产品。

（四）本通知自发布之日起实施。管理人应当按照本通知要求，对已发行产品进行清理规范。请于2016年8月31日前完成清理规范工作，并将清理规范情况及时报告中国保监会。

7. 关于清理规范保险资产管理公司通道类业务有关事项的通知

（2016年6月1日　保监资金〔2016〕98号）

各保险资产管理公司：

为进一步加强受托投资管理，防范资金运用风险，避免出现因内控措施不严导致资金被不法分子挪用或诈骗等风险事件，我会将开展保险资产管理公司银行存款通道等业务清理规范工作。现就有关事项通知如下：

一、清理范围

本通知规定需要清理规范的银行存款通道等业务（简称通道类业务），是指在本通知发布之日前开展的资金来源与投资标的均由商业银行等机构确定，保险资产管理公司通过设立资产管理计划等形式接受商业银行等机构的委托，按照其意愿开展银行协议存款等投资，且在其委托合同中明确保险资产管理公司不承担主动管理职责，投资风险由委托人承担的各类业务。

二、清理内容

此次清理工作以公司全面自查为主，自查内容包括：

1. 投资风险。逐笔核查相关业务合同，明确落实投资风险责任免除条款，即投资风险由委托人自担。

2. 信用风险。全面评估相关业务涉及交易对手的信用违约风险，同时进一步加强自身信用风险评估能力建设，建立完善合规交易对手库，严格制定信用风险管理交易对手选择流程。

3. 操作风险。建立完善通道类业务相关制度，明确公司内部及外部业务操作流程，将各关键操作环节具体化、标准化、制度化。

4. 道德风险。加强对内部员工的日常道德及法制教育，建立稳定长效机制，防范内部人员与外部人员串通共谋损害公司利益。

三、有关要求

1. 清理规范期间，保险资产管理公司暂停新增办理通道类业务。

2. 各公司应于2016年7月31日前完成自查及清理规范工作，并通过电子公文传输系统向我会报送经董事会或董事会授权机构审议通过的通道类业务自查报告。

3. 对存在风险的相关业务，公司应当及时整改，并采取有效风险防范措施；对已经发生损失风险的，公司应按照内部有关制度严肃追究相关人员的管理责任。整改情况应一并向我会报告。我会将根据非现场监测情况，对有关保险资产管理公司相关业务进行现场检查。

其他保险机构开展通道类业务自查及清理规范工作，参照本通知执行。

8. 保监会关于试行《保险资产风险五级分类指引》的通知

（2014年10月17日　保监发〔2014〕82号）

各保险集团（控股）公司、保险公司、保险资产管理公司：

为完善保险资金投后管理，科学审慎评估资产风险，提高保险资产质量，我会制定了《保险资产风险五级分类指引》，现印发给你们，请结合公司实际，逐步实施并完善资产风险分类制度。鼓励有条件的保险机构参照国际惯例，探索更严格的分类标准。

保险资产风险五级分类指引

第一章　总　　则

第一条　为加强保险集团（控股）公司、保险公司（以下简称为保险机构）的全面风险管理，提高保险资金使用效率，提升资产质量，特制定本指引。

第二条　本指引所指资产风险分类，是指按照风险程度将保险机构投资资产划分为不同级别的过程。

需要进行风险分类的资产包括保险机构投资的除以公允价值计量，且其变动计入当期损益或所有者权益之外的资产。

第三条 评估保险机构资产质量，应以风险为基础，将资产分为正常、关注、次级、可疑和损失五类，后三类合称为不良资产。

分类标准的核心定义为：

正常类：资产未出现减值迹象，资金能够正常回收，没有足够理由怀疑资产及收益会发生损失。其基本特征为“一切正常”。

关注类：资产未出现显著减值迹象，但存在一些可能造成资产及收益损失的不利因素。其基本特征为“潜在缺陷”。

次级类：资产已出现显著减值迹象，即使采取各种可能措施，资产仍可能形成一定损失，但损失较小。其基本特征为“缺陷明显，损失较小”。

可疑类：资产已显著减值，即使采取措施，也肯定要形成较大损失。其基本特征为“肯定损失，损失较大”。

损失类：在采取所有可能的措施或一切必要的法律程序之后，资产仍然全部损失或只能收回极少部分。其基本特征为“基本损失”。

本指引中各类资产分类应按照核心定义的基本要求，结合资产实际情况，审慎细致分类。

第四条 资产风险分类应当以资产价值安全程度为核心，以投资成本为基准，合理评估资产风险和实际价值，并遵循以下原则：

（一）风险原则。风险分类以保险资产的内在风险为主要依据，以已经发生的或预计损失程度为主要分类标准。

（二）真实原则。广泛搜集保险资产的各类信息，采用穿透法，深入分析偿债主体和标的基础资产的风险状况，严格按照分类标准、方法和程序进行分类，充分估计现实与潜在的风险状况，全面、真实反映保险资产的风险程度。

（三）定性与定量分析相结合的原则。对保险资产的风险分类进行定性定量相结合的分析、评估，科学合理地划分风险类别。对减值迹象判断困难或计量精确性受到影响的，应运用审慎的专业判断和稳妥的分类方法。

（四）动态原则。当出现有可能影响保险资产安全的风险因素时，应适时、动态地对相关资产进行重新认定与分类，并采取措施防范和化解风险。

第五条 通过资产风险五级分类应达到以下目标：

（一）揭示保险资产的实际价值和风险程度，全面、真实、动态地反映资产质量；

（二）发现保险资金使用、管理、监控中存在的问题，加强保险资金运用风险管理；

（三）为判断保险机构计提的资产减值准备是否充足提供参考。

第二章　固定收益类资产分类标准

第六条　本指引中所称“固定收益类资产”是指具有明确存续时间、按照预定的利率和形式偿付利息和本金等特征的资产，以及主要价值依赖于上述资产价值变动的资产，并包括其他金融资产中具有固定收益属性的资产。

第七条　固定收益类资产主要形式包括：基础设施债权投资计划、不动产债权投资计划、持有到期的企业（公司）债券，以及具有固定收益资产特征的项目资产支持计划、信贷资产支持证券、证券公司专项资产管理计划、商业银行理财产品、集合资金信托计划、保险资产管理产品等。

第八条　固定收益类资产风险五级分类的定义为：

正常类：偿债主体和交易相关各方能够履行合同或协议，没有足够理由怀疑保险机构投资的本金及收益不能按时足额收回。

关注类：尽管偿债主体和交易相关各方目前有能力偿还，但存在一些可能对偿还产生不利影响的因素。

次级类：偿债主体的偿还能力出现明显问题，完全依靠其正常经营收入无法足额偿还保险机构投资的本金及收益，即使执行增信措施，也可能会造成一定损失。

可疑类：偿债主体无法足额偿还保险机构投资的本金及收益，即使执行增信措施，也肯定要造成较大损失。

损失类：在采取所有可能的措施或一切必要的法律程序之后，保险机构投资的本金及收益仍然无法收回，或只能收回极少部分。

第九条　对固定收益类资产进行风险分类时，考虑的主要因素包括：

（一）发行主体和偿债主体的信用状况；

（二）偿债主体的偿还能力；

（三）资产的增信措施；

（四）资产偿还的法律责任；

（五）偿债主体和发行主体的内部管理和控制情况；

（六）项目资金使用情况及现金流状况。

信用状况包括声誉、信用评级、征信记录、偿还记录、偿还意愿等；偿还能力包括财务状况、盈利能力、影响偿还的非财务因素等。

第十条 对固定收益类资产进行分类时，应将资产及收益的逾期天数作为资产分类的重要指标。

（一）本金或利息存在逾期情形，且逾期不超过60天（含）的，相应资产划分为次级类；

（二）本金或利息逾期60天以上至180天（含）的，相应资产划分为可疑类；

（三）本金或利息逾期180天以上的，相应资产划分为损失类。

本金和利息的逾期天数由合同约定的日期开始计算，合同约定宽限期的，可以以宽限期届满开始计算。

第十一条 基础设施债权投资计划、不动产债权投资计划、有债权特性的项目资产支持计划等资产的分类，应采用穿透法，对标的基础资产的质量和风险状况进行分析和评估，同时考虑偿债主体的资质和风险控制体系、产品交易结构、还款来源、增信措施等因素。

（一）基础资产为单个项目的，分类标准如下：

1. 正常类：应同时满足如下条件：（1）标的基础资产权属明确、边界清晰、形态完整、要件齐全；（2）标的基础资产具有持续稳定的现金流或预期收益明确；（3）产品交易结构清晰、简单；（4）偿债主体经营状况良好、偿还能力充足、风险控制措施齐备，或产品增信措施较强。

2. 关注类：出现下列情形之一：（1）标的基础资产权属、边界、形态和要件，出现较小瑕疵；（2）标的基础资产有现金流但不稳定，或预期收益存在一定的不确定性；（3）尽管偿债主体目前有能力偿还，但其内部经营管理或财务状况发生变化，可能对偿还产生不利影响。

3. 次级类：出现下列情形之一：（1）标的基础资产质量出现恶化情况，其预期收益存在较大的不确定性，已无现金流；且偿债主体的偿还能力出现明显问题，完全依靠其正常经营收入无法足额偿还保险机构投资的本金及收益；即使执行担保，也可能会造成一定损失；（2）保险机构投资本金或利息的回收存在逾期情形，且逾期不超过60天（含）。

4. 可疑类：出现下列情形之一：（1）产品到期后未能得到足额偿付，且损失较大；（2）标的基础资产质量严重恶化，价值严重贬值；且偿债主体无法足额偿还保险机构投资的本金及收益；即使执行担保，也肯定要造成较大损失；（3）投资本金或利息逾期60天以上至180天（含）。

5. 损失类：出现下列情形之一：（1）标的基础资产已灭失或丧失价值，且在采取所有可能的措施或一切必要的法律程序之后，偿债主体仍不能偿还到期本金和收益；（2）投资本金或利息逾期180天以上。

（二）基础资产为多个项目的，保险机构可参考上述标准进行资产分类；保险机构不具备相关能力的，可聘请第三方专业机构评估相应资产的价值，并按以下标准进行分类：

1. 正常类：评估价值不低于投资成本，没有影响投资的不利因素。

2. 关注类：评估价值虽不低于投资成本，但估计存在影响投资的不利因素。

3. 次级类：评估价值低于投资成本，投资存在一定风险，预计损失率在30%以内。

4. 可疑类：评估价值低于投资成本，投资存在较大风险，预计损失率在30%（含）－80%之间。

5. 损失类：评估价值低于投资成本，投资肯定损失，预计损失率在80%（含）以上。

预计损失率＝〔（投资成本－评估价值）/投资成本〕×100%

第十二条　对于以长期投资为目的、持有到期的金融企业（公司）债券、非金融企业（公司）债券等，应根据债券存续期、发行人信用及增信措施等情况，按照风险分析法进行分类。其分类标准如下：

（一）正常类：债券处于存续期内，没有足够理由怀疑债券本息不能按时足额偿还。一般具有以下特征：债券发行人经营正常；主要经营指标合理；现金流充足。

（二）关注类：债券发行人目前有能力偿还债券本息，但存在对偿还产生不利影响的因素。一般具有以下特征：宏观经济、行业和市场发生变化，或债券发行人内部经营管理或财务状况发生变化，对债券发行人正常经营产生不利影响，但偿还能力尚未出现明显问题。

（三）次级类：出现下列情形之一：

1. 债券处于存续期内，债券发行人的还款能力出现明显问题，即使执行增信措施，也可能会造成一定损失；

2. 债券投资本金或利息的回收存在逾期情形，且逾期不超过60天（含）。

一般具有以下特征：债券发行人经营状况和财务状况出现较大问题，支付出现困难，且难以获得新的资金。

（四）可疑类：出现下列情形之一：

1. 债券到期后出现偿付问题，即使执行增信措施，也肯定要造成较大损失；

2. 债券虽然处于存续期内，但已经宣布违约；

3. 债券投资本金或利息逾期 60 天以上至 180 天（含）。

一般具有以下特征：债券发行人经营状况和财务状况恶化，连续半年以上处于停业、半停业状态，收入来源很不稳定。

（五）损失类：出现下列情形之一：

1. 债券发行人已经破产或虽未破产但已经关门停业，且在采取所有可能的措施或一切必要的法律程序之后，债券发行人仍不能偿还到期本金和收益；

2. 债券发行人不能偿还到期债务且债券投资本金或利息逾期 180 天以上，确认款项无法收回。

第十三条 具有固定收益特征的信贷资产支持证券、证券公司专项资产管理计划、商业银行理财产品、集合资金信托计划、保险资产管理产品等金融产品的分类，应主要考虑发行主体及偿债主体的声誉、信用评级、内部风险控制体系，以及产品交易结构、产品增信措施等因素，同时采用穿透法，考虑标的基础资产的质量和风险状况。具体分类可比照第十一条的标准。

第三章 权益类资产分类标准

第十四条 本指引中所称“权益类资产”主要包括股权和股权金融产品。

股权是指保险机构以出资人名义投资并持有的非上市企业股权。

股权金融产品是指保险机构投资的由股权投资管理机构发起设立的股权投资类金融产品，包括未上市股权投资基金、基础设施股权投资计划、不动产股权投资计划、权益类集合资金信托计划、权益类项目资产支持计划及权益类保险资产管理产品等。

第十五条 股权投资的风险分类如下：

（一）对于可以获得被投资企业股权公允市场价格的，按投资成本与公允市场价格孰低法进行分类。公允市场价格的确定原则为：如存在活跃市场的，其市价即为公允市场价格；如不存在活跃市场，但类似股权存在活跃市场的，该股权的公允市场价格应比照相关类似股权的市价确定。类似股权建议选择上市公司，参考标准为：公司所属行业、总资产、净资产、每股收益、净资产收益率等方面的指标基本相同。

1. 正常类：公允市场价格不低于投资成本，没有影响股权投资的不利因素。

2. 关注类：公允市场价格虽不低于投资成本，但估计存在影响股权投资的不利因素。

3. 次级类：公允市场价格低于投资成本，股权投资存在一定风险，预计损失率在30%以内。

4. 可疑类：公允市场价格低于投资成本，股权投资存在较大风险，预计损失率在30%（含）－80%之间。

5. 损失类：公允市场价格低于投资成本，股权投资肯定损失，预计损失率在80%（含）以上。

预计损失率＝〔（投资成本－公允市场价格）/投资成本〕×100%

（二）对于无法获得被投资企业股权公允市场价格的，应综合考虑被投资企业的经营状况、财务状况、盈利能力、净资产等因素，以及股权的退出机制安排，整体评价其风险状况和预计损失程度。

1. 正常类：应同时满足如下条件：（1）持股净资产总额不低于投资成本；（2）被投资企业的经营状况良好、盈利能力较强、按约定正常分红；（3）股权具有明确的、有效的退出机制安排。

2. 关注类：同时满足如下条件：（1）持股净资产总额不低于投资成本；（2）被投资企业的盈利能力一般，已不能按约定正常分红；或股权的退出机制不太明确或有效性较弱。

3. 次级类：出现下列情形之一：（1）持股净资产总额低于投资成本，预计损失程度在30%以内；（2）被投资企业的盈利能力较差，经营出现较大问题，连续三年不能按约定分红。对新开业（不满三年）企业的股权投资，持股净资产总额低于投资成本，但被投资企业的经营状况良好，经营前景较好，相应的股权投资可划分为关注类。

4. 可疑类：出现下列情形之一：（1）持股净资产总额低于投资成本，预计损失程度在30%（含）－80%之间；（2）被投资企业出现经营危机或有重大违规问题，监管部门已对其发出警示或整改通知；（3）被投资企业资不抵债，但差额较小。

5. 损失类：出现下列情形之一：（1）持股净资产总额低于投资成本，预计损失程度在80%（含）以上；（2）被投资企业资不抵债，且差额较大；（3）被投资企业已被宣告破产、接管、撤销，或停止经营、名存实亡，进入清算程序等。

预计损失程度=〔（投资成本-持股净资产总额）/投资成本〕×100%，其中，持股净资产总额=每股净资产×保险机构持股数

自投资发生之日起不满两年的股权投资，可以不考虑上述分类标准的第（1）项因素。

第十六条 股权金融产品的分类，主要采用穿透法，重点对股权所指向企业的质量和风险状况进行评估，同时考虑股权投资管理机构的资信状况、投资管理能力、风险控制措施、投资权益保护机制、股权退出机制安排等因素，合理确定该类产品的风险分类。

（一）基础资产为单个标的企业的，分类标准如下：

1. 正常类：应同时满足如下条件：（1）标的企业经营状况良好、盈利能力较强，能按约定正常分红；（2）股权投资管理机构能够履行投资合同或协议，经营业绩良好；（3）股权投资管理机构具有预期可行的股权退出机制安排。

2. 关注类：出现下列情形之一：（1）标的企业的盈利能力一般，已不能按约定正常分红；（2）股权投资管理机构虽然目前能够履行投资合同或协议，但存在一些可能对履行合同或协议产生不利影响的因素；（3）股权投资管理机构安排的股权退出机制不太明确或有效性较弱。

3. 次级类：出现下列情形之一：（1）标的企业盈利能力较差，经营出现较大问题，财务状况出现恶化现象，连续三年不能按约定分红；（2）股权投资管理机构存在一定的违约可能性，或已不能正常履行投资合同或协议，可能会给保险机构的股权投资造成一定损失，预计损失程度在30%以内。

4. 可疑类：出现下列情形之一：（1）标的企业出现经营危机，财务状况严重恶化或有重大违规问题，监管部门已对其发出警示或整改通知；（2）标的企业资不抵债，但差额较小；（3）股权投资管理机构存在较大的违约可能性，或基本不能履行投资合同或协议，肯定会给保险机构的股权投资造成较大损失，预计损失程度在30%（含）-80%之间。

5. 损失类：出现下列情形之一：（1）标的企业资不抵债，且差额较大；（2）标的企业已被宣告破产、接管、撤销，或停止经营、名存实亡，进入清算程序等；（3）股权投资管理机构已宣布违约，在采取所有可能的措施或一切必要的法律程序之后，保险机构的股权投资仍然全部损失或只能收回极少部分，预计损失程度在

80%（含）以上。

预计损失程度 =〔（股权投资成本 - 收回投资额）/股权投资成本〕×100%

（二）基础资产为多个标的企业的，保险机构可参考上述标准进行资产分类；保险机构不具备相关能力的，可聘请第三方专业机构评估相应股权投资的价值，其分类标准参照第十一条第（二）款规定。

第四章　不动产类资产分类标准

第十七条　本指引中所称"不动产类资产"是指投资的土地、建筑物及其他依附于土地上的定着物等。

第十八条　需要进行风险分类的资产为以成本法计量的非自用性不动产，其主要形式包括：商业不动产、办公不动产、符合条件的政府土地储备项目、与保险业务相关的养老、医疗、汽车服务等符合中国保监会规定的投资不动产类别。

第十九条　非自用性不动产的分类主要考虑不动产的公允评估价值。公允评估价值的确定原则为：如存在活跃市场的，则其市场价值即为其公允评估价值；如不存在活跃市场，但类似资产存在活跃市场的，该不动产的公允评估价值应比照相关类似资产的市场价值确定；如本身不存在活跃市场，也不存在类似的资产活跃市场，则公允评估价值采用近一年内全国性资产评估公司做出的评估价值。

（一）正常类：不动产的公允评估价值不低于投资成本，没有影响该不动产价值的重大不利因素。

（二）关注类：不动产的公允评估价值虽不低于投资成本，但估计存在影响不动产投资的不利因素，如宏观经济、行业和市场发生不利变化。

（三）次级类：不动产的公允评估价值低于投资成本，不动产投资存在一定风险，预计损失程度在30%以内。

（四）可疑类：不动产的公允评估价值低于投资成本，不动产投资存在较大风险，预计损失程度在30%（含）-80%之间。

（五）损失类：不动产的公允评估价值低于投资成本，不动产投资肯定损失，预计损失程度在80%（含）以上。

预计损失程度 =〔（投资成本 - 公允评估价值）/投资成本〕×100%

第五章 资产分类的基本要求

第二十条 资产分类是保险机构资产质量管理的重要组成部分，保险机构应至少从以下方面开展工作：

（一）建立健全内部控制制度及资产分类制度；

（二）建立有效的资产分类业务流程和组织管理体制；

（三）明确资产分类各部门及人员职责；

（四）完善档案资料管理制度，确保投资档案的连续完整；

（五）改进管理信息系统，确保能及时有效调取资产相关信息；

（六）督促交易对手或被投资机构提供真实、准确的经营、财务等相关信息。

第二十一条 本指引中的资产风险分类标准是资产分类的最低标准，也是判定保险机构资产质量的基础。保险机构应在本指引基础上，根据自身情况制定更为审慎细致的分类标准，鼓励有条件的保险机构实行更严格的资产分类标准，但应与本指引的标准具有明确的对应和转换关系。

第二十二条 保险机构要确保资产分类的初分人员和复审人员具备相应的能力和素质，要求其具有必要的业务管理、财务分析等知识，熟悉资产分类的基本原理。要通过定期培训和后续管理措施保证资产分类的质量。

第六章 资产分类的组织与实施

第二十三条 保险机构进行资产分类时，必须严格按照分类的标准、方法、程序进行初分、复审和认定，并按审批权限进行审批。保险机构应建立由投资部门负责初分、合规及风险职能部门负责复审和认定、董事会或其授权部门负责审批的工作机制。投资资产委托给专业资产管理机构的，可委托专业资产管理机构的投资部门进行初分，合规及风险职能部门进行复审和认定，但仍由保险机构的董事会或其授权部门负责审批，确保资产分类工作的独立、连贯和可靠。

第二十四条 保险机构进行资产分类的频率不应低于每半年一次。当出现影响资产质量的不利因素时，应及时调整资产分类结果。

第二十五条 保险机构董事会全面负责资产风险分类工作，并对资产分类承担最终责任。

第七章 资产分类的监督与管理

第二十六条 保险机构应将资产风险分类制度和工作机制报送中国保监会备案，并每半年报送一次本公司资产分类情况。中国保监会将建立专门信息平台，鼓励保险机构进行风险信息共享。

第二十七条 中国保监会将通过现场检查和非现场监控方式对保险机构资产分类情况进行监管。对保险机构资产出现风险而资产分类报告未予以体现的，中国保监会将对保险机构相关责任人进行监管谈话，并视情况依法对保险机构采取进一步措施。

第八章 附 则

第二十八条 由于保险机构、交易对手等人为因素无法及时有效获取资产财务状况等信息的，投资资产应列入关注类及以下。

第二十九条 对偿债主体利用破产、解散、兼并、重组、分立、租赁、转让、承包等形式恶意逃废债务的资产，一般应列入可疑类及以下。

第三十条 违反国家有关法律法规或保险规章制度所形成的资产至少应列入可疑类及以下。

第三十一条 保险机构应按照审慎会计原则建立资产损失准备金提取制度，参考保险资产风险五级分类结果，及时提取包括减值准备在内的资产损失准备金。

第三十二条 保险机构应根据自身资产质量情况及经营状况，制定切实可行的年度资产损失准备计提计划、核销计划，以及不良资产处置计划，经董事会通过后报中国保监会备案。

第三十三条 本指引由中国保监会负责解释。

第三十四条 本指引自发布之日起施行。

9. 中国保监会关于规范保险资金银行存款业务的通知

（2014 年 2 月 28 日　保监发〔2014〕18 号）

各保险集团（控股）公司、保险公司、保险资产管理公司：

为加强保险资金银行存款业务监管，防范资金运用风险，根据《保险资金运用管理暂行办法》及相关规定，现就有关事项通知如下：

一、保险公司应当将除维持日常经营需要的活期存款之外的银行存款（以下简称银行存款）纳入投资账户管理，严格执行授信评估、投资决策和风险管理等制度，加强账户开立、资金划转、单证保管等操作环节管理，确保合规运作。

二、保险公司办理银行存款业务，存款银行应当符合《保险资金运用管理暂行办法》第七条规定的条件，且最近一年长期信用评级要求达到 A 级或者相当于 A 级以上。

三、保险公司办理银行存款业务，应当选择取得保险资金托管资质的商业银行或者其他专业金融机构实施第三方托管，防范资金挪用风险。托管职责至少包括单证保管、结息支取、会计核算、投资监督、信息报告等内容。

四、保险公司不得将银行存款用于向他人提供质押融资、担保、委托贷款或者为他人谋取利益。保险公司以银行存款质押为自身融资的，融入资金应当主要用于临时调剂头寸和应付大额保险赔付等需要，融资额度纳入融资杠杆监测比例管理。

五、保险公司应当按照规定及时报告银行存款业务信息。保险公司以银行存款质押为自身融资的，保险公司和托管机构均应逐笔报告。

六、保险业相关行业组织依法加强对保险公司银行存款业务交易对手的风险监测，对配合保险公司违规办理银行存款业务的商业银行列入行业警示名单。

七、保险公司已经开展的银行存款业务，如不符合本通知规定，应当在本通知发布之日起一个月内向中国保监会提交整改方案。保险公司未按规定办理银行存款业务的，中国保监会将依规予以处罚。

八、本通知所称信用评级应当由符合中国保监会规定的信用评级机构评定，外国银行分行可参照其总公司信用评级。保险集团（控股）公司运用保险资金、保险资产管理公司或者其他专业机构受托管理保险资金适用本通知。保险公司资本保证金存款按照《保险公司资本保证金管理办法》执行。

10. 中国保监会关于保险资金投资创业投资基金有关事项的通知

（2014 年 12 月 12 日　保监发〔2014〕101 号）

各保险集团（控股）公司、保险公司、保险资产管理公司：

为贯彻落实《国务院关于加快发展现代保险服务业的若干意见》（国发〔2014〕29 号）精神，规范保险资金投资创业投资基金行为，支持科技型企业、小微企业、战略性新兴产业发展，防范投资风险，根据《保险资金运用管理暂行办法》等监管规定，现将有关事项通知如下：

一、本通知所称创业投资基金，是指依法设立并由符合条件的基金管理机构管理，主要投资创业企业普通股或者依法可转换为普通股的优先股、可转换债券等权益的股权投资基金。

本通知所称创业企业，是指处于初创期至成长初期，或者所处产业已进入成长初期但尚不具备成熟发展模式的未上市企业。

二、保险资金可以投资创业投资基金。保险资金投资创业投资基金的基金管理机构应当符合下列条件：

（一）依法设立，公司治理、内控机制和管理制度健全有效，具有 5 年以上创业投资管理经验，历史业绩优秀，累计管理创业投资资产规模不低于 10 亿元；

（二）为创业投资基金配备专属且稳定的管理团队，拥有不少于 5 名专业投资人员，成功退出的创业投资项目合计不少于 10 个，至少 3 名专业投资人员共同工作满 5 年；投资决策人员具备 5 年以上创业投资管理经验，其中至少 2 人具有 3 年以上企业管理运营经验；

（三）建立激励约束机制、跟进投资机制、资产托管机制和风险隔离机制，管理的不同资产之间不存在利益冲突；

（四）接受中国保监会涉及保险资金投资的质询，并报告有关情况；

（五）最近三年不存在重大违法违规行为。

三、保险资金投资的创业投资基金，应当不是基金管理机构管理的首只创业投资基金，且符合下列条件：

（一）所投创业企业在境内依法设立，符合国家产业政策，具有优秀的管理团队和较强的成长潜力，企业及主要管理人员无不良记录；

（二）单只基金募集规模不超过5亿元；

（三）单只基金投资单一创业企业股权的余额不超过基金募集规模的10%；

（四）基金普通合伙人（或基金管理机构）及其关联方、基金主要管理人员投资或认缴基金余额合计不低于基金募集规模的3%。

四、保险公司投资创业投资基金，应当具备股权投资能力，投资时上季度末偿付能力充足率不低于120%，投资规范、风险控制、监督管理等遵循《保险资金投资股权暂行办法》及相关规定。

五、保险公司应当强化分散投资原则，投资创业投资基金的余额纳入权益类资产比例管理，合计不超过保险公司上季度末总资产的2%，投资单只创业投资基金的余额不超过基金募集规模的20%。

六、保险资金可以通过投资其他股权投资基金间接投资创业企业，或者通过投资股权投资母基金间接投资创业投资基金。投资其他股权投资基金和股权投资母基金的基金管理机构、主要投向、管理运作等应当符合中国保监会关于保险资金间接投资股权的规定。

七、保险资金投资创业投资基金的基金管理机构可以聘请专业机构提供相关服务，包括托管机构、投资咨询机构、募集代理机构、律师事务所、会计师事务所等，上述机构应当符合相关监管规定，并接受中国保监会涉及保险资金投资的质询，报告有关情况。

八、保险公司、基金管理机构、托管机构应当按照《保险资金投资股权暂行办法》及相关规定，向中国保监会报告保险资金投资创业投资基金的资金运作情况。

基金管理机构应当于基金募集保险资金后20个工作日内，向中国保监会或其指定的信息登记平台报送基金相关信息。

九、保险公司、基金管理机构或专业机构违反本通知及相关监管规定的，中国保监会有权责令相关当事人改正，并依法给予行政处罚或列入负面清单管理。

十、本通知自发布之日起施行。有关监管政策与本通知不一致的，以本通知为准。

11. 中国保监会关于保险资金设立股权投资计划有关事项的通知

（2017 年 12 月 27 日　保监资金〔2017〕282 号）

各保险资产管理机构：

为贯彻落实全国金融工作会议精神，规范保险资产管理机构股权投资计划设立业务，切实防范保险资金以通道、名股实债等方式变相抬高实体企业融资成本，避免保险机构通过股权投资计划直接或间接违规增加地方政府债务规模，更好发挥保险资金服务实体经济作用，现就有关事项通知如下：

一、股权投资计划，是指保险资产管理机构作为管理人发起设立，向投资人募集资金并进行投资管理，由托管人进行托管，直接或间接投资于未上市企业股权的金融工具。

二、股权投资计划应当投资符合国家宏观政策导向和监管政策规定的未上市企业股权或者私募股权投资基金份额。

三、股权投资计划取得的投资收益，应当与被投资未上市企业的经营业绩或私募股权投资基金的投资收益挂钩，不得采取以下方式承诺保障本金和投资收益：

（一）设置明确的预期回报，且每年定期向投资人支付固定投资回报；

（二）约定到期、强制性由被投资企业或关联第三方赎回投资本金；

（三）中国保监会认定的其他情形。

四、保险资产管理机构设立股权投资计划，应当承担主动管理职责，不得直接或变相开展通道业务，不得投资嵌套其他资产管理产品的私募股权投资基金。

五、股权投资计划投资私募股权投资基金的，所投资金额不得超过该基金实际募集金额的 80%。

六、保险资产管理机构设立股权投资计划，应当设置专职业务岗位，配备足够人员，并切实加强业务全过程管理，防范投资风险。

七、保险资产管理机构设立股权投资计划，应当在中国保监会指定机构办理注册。对投向国家重大发展战略、重大改革举措、重点领域、重大建设工程，以及投资于实体经济项目的股权投资计划，中国保监会指定机构予以优先注册。

八、本通知自发布之日起实施。

12. 关于保险资金参与信用风险缓释工具和信用保护工具业务的通知

（2019 年 5 月 7 日　银保监办发〔2019〕121 号）

各保险集团（控股）公司、保险公司、保险资产管理公司：

为进一步提升保险资金服务实体经济质效，丰富保险资金运用管理工具，完善市场信用风险分散、分担机制，根据《保险资金运用管理办法》、《保险资金参与金融衍生产品交易暂行办法》等规定，现就保险资金参与信用风险缓释工具和信用保护工具业务有关事项通知如下：

一、本通知所称信用风险缓释工具和信用保护工具，是指用于管理信用风险的信用衍生产品。其中，信用风险缓释工具包括合约类产品和凭证类产品，信用保护工具包括信用保护合约和信用保护凭证。

二、保险资金参与信用风险缓释工具和信用保护工具业务仅限于对冲风险，保险集团（控股）公司、保险公司和保险资产管理公司（以下统称“保险机构”）不得作为信用风险承担方。

三、参与信用风险缓释工具和信用保护工具业务的保险机构应当具备衍生品运用能力和信用风险管理能力，并符合保险资金参与金融衍生产品交易的监管规定。

四、保险机构应当遵守信用风险缓释工具和信用保护工具的相关业务规则，信用风险缓释工具和信用保护工具的参考实体和标的债务应当符合保险资金运用的相关监管规定。

五、保险机构应当制定参与信用风险缓释工具和信用保护工具业务的管理制度和业务操作流程，防范信用风险、市场风险和操作风险。

六、保险机构应实时监测信用风险缓释工具和信用保护工具的交易情况，定期评估相关风险，并按照《保险资金参与金融衍生产品交易暂行办法》要求，向银保监会报送月度、季度和年度报告，报告内容包括但不限于业务开展、风险对冲、稽核审计及合规等情况。

七、银保监会将加强对保险机构参与信用风险缓释工具和信用保护工具业务的监管，依法开展现场和非现场检查。保险机构违反规定参与相关业务的，银保监会将依据有关规定对相关机构和人员进行行政处罚。

特此通知。

13. 中国保监会关于设立保险私募基金有关事项的通知

（2015 年 9 月 10 日　保监发〔2015〕89 号）

各保险集团（控股）公司、保险公司、保险资产管理公司：

为进一步发挥保险资金长期投资的独特优势，支持实体经济发展，防范相关风险，现就规范设立保险私募基金有关事项通知如下：

一、保险资金可以设立私募基金，范围包括成长基金、并购基金、新兴战略产业基金、夹层基金、不动产基金、创业投资基金和以上述基金为主要投资对象的母基金。

二、保险资金设立私募基金，投资方向应当是国家重点支持的行业和领域，包括但不限于重大基础设施、棚户区改造、新型城镇化建设等民生工程和国家重大工程；科技型企业、小微企业、战略性新兴产业等国家重点支持企业或产业；养老服务、健康医疗服务、保安服务、互联网金融服务等符合保险产业链延伸方向的产业或业态。

三、保险资金设立私募基金，应当事先确定发起人和基金管理人。发起人和基金管理人的名称、高级管理人员、主要股东和实际控制人不得随意变更。确需变更的，应当遵循相关规定并履行决策程序。

四、保险资金设立私募基金，发起人应当由保险资产管理机构的下属机构担任，主要负责发起设立私募基金、确定基金管理人、维护投资者利益并承担法律责任，是通过私募基金开展投资业务的载体。

发起人应当通过制度设计，与相应的保险资产管理机构划清权利责任边界，确保法律意义上的独立运作；应当通过合同约定，与投资人明确权利责任界定，确保投资风险充分披露。

五、基金管理人可以由发起人担任，也可以由发起人指定保险资产管理机构或保险资产管理机构的其他下属机构担任，主要负责资金募集、投资管理、信息披露、基金退出等事宜，是私募基金的投资管理机构。

六、保险资金设立私募基金，基金管理人由保险资产管理机构担任的，应当具备相应的投资管理能力，且实际投资的项目不少于3个。

七、保险资金设立私募基金，基金管理人由保险资产管理机构下属机构担任的，应当符合下列条件：

（一）保险资产管理机构及其关联的保险机构在下属机构的股权占比合计应当高于30%；

（二）具有稳定的管理团队，核心决策人员不少于3名，且具有8年以上相关经验；团队成员已完成退出项目合计不少于3个；

（三）具有独立的、市场化的管理运作机制，包括但不限于股权激励机制、收益分成机制、跟投机制等；

（四）中国保监会规定的其他审慎性条件。

八、基金管理人可以聘请专业机构提供相关服务，包括托管机构、投资咨询机构、募集代理机构、律师事务所、会计师事务所等，上述机构应当符合《保险资金投资股权暂行办法》的相关规定。

九、保险资金设立的私募基金，应当符合下列条件：

（一）已完成立项的储备项目预期投资规模应当至少覆盖拟募集规模的20%；

（二）发起人及其关联的保险机构出资或认缴金额不低于拟募集规模的30%；

（三）配备专属投资管理团队，投资期内具有3年以上相关经验的专属投资管理人员不少于3名；

（四）明确约定投资策略、投资方式、投资领域、投资限制、共同投资、投资集中度、投资流程、决策流程、投后管理、退出机制等；

（五）建立由主要投资人组成的投资顾问委员会，重点处理关联交易，利益冲突等事项；

（六）建立托管机制，托管机构符合规定条件。

保险资产管理机构、其关联的保险机构不得为私募基金提供担保，不得以任何方式为私募基金的投资收益或赔偿投资损失向私募基金的投资者做出承诺。

十、保险资金设立私募基金实行注册制度，设立方案在相应的决策机构审议通过后，由保险资产管理机构或者基金发起人向中国保监会或者其指定机构申请办理相关手续；涉及新设发起人或基金管理人的，执行《保险资金投资股权暂行办法》的有关规定。

十一、保险资金设立私募基金，可以向保险机构和其他合格投资者募集。保险资金投资该类基金，投资比例遵循《中国保监会关于加强和改进保险资金运用比例监管的通知》的相关规定。

十二、保险资金设立的私募基金，投资业务涉及关联交易的，应当由决策机构中非关联方表决权 2/3 以上通过，且投资顾问委员会无异议方可实施，投资规模不得超过基金募集规模的 50%。

十三、保险资金设立私募基金，基金管理人应当于基金募集完成后的 5 个工作日、每季度结束后 20 个工作日和每年 4 月 30 日前，向中国保监会指定的信息登记平台提交募集情况报告、季度报告、年度报告及其他相关信息。

私募基金存续期间内，发起人和基金管理人发生变更、核心决策团队出现变动、基金管理出现重大风险和其他重大突发事件等情况的，基金管理人应当及时向中国保监会报告，并按规定办理注册信息变更事宜。

十四、保险资金设立私募基金，发起人、基金管理人，以及基金核心团队成员存在下列行为的，中国保监会将其不良行为记入档案：

（一）公司治理、管理制度、决策流程和内控机制运作不规范，存在重大风险隐患；

（二）管理团队未能勤勉尽责，未能依照法律法规和合同约定，履行投资管理职责；

（三）未能妥善处理重大突发事件；

（四）未按照规定真实、准确、完整、及时地向投资人披露投资风险；

（五）未按照规定真实、准确、完整、及时地向监管部门报告有关情况；

（六）其他违反有关法律、行政法规和本通知规定的行为。

保险资金不得投资列入不良记录名单的机构与个人发起设立的私募基金。

十五、保险资金设立私募基金，应当遵守相关规章制度以及行业自律的规定并接受监管。

十六、保险资金参与发起设立私募基金并投资该基金，保险资产管理机构及其关联的保险机构在基金管理人的股权占比合计低于 30% 的，按照《保险资金投资股权暂行办法》的有关规定执行。

十七、保险资金设立私募基金，募集境内资金投向境外市场，参照本通知执行，另有规定的从其规定。

十八、本通知自发布之日起施行。有关政策规定与本通知不一致的，以本通知为准。

14. 保险资金境外投资管理暂行办法

（2007 年 7 月 26 日中国保险监督管理委员会、中国人民银行、国家外汇管理局令第 2 号公布　自公布之日起施行）

第一章　总　　则

第一条　为了加强保险资金境外投资管理，防范风险，保障被保险人以及保险资金境外投资当事人合法权益，根据《中华人民共和国保险法》、《中华人民共和国外汇管理条例》等法律、行政法规，制定本办法。

第二条　本办法所称保险资金境外投资当事人，是指委托人、受托人和托管人。

本办法所称委托人，是指在中华人民共和国境内依法设立的保险公司、保险集团公司、保险控股公司等保险机构。

本办法所称受托人，包括境内受托人和境外受托人。境内受托人是指在中华人民共和国境内依法设立的保险资产管理公司，以及符合中国保险监督管理委员会（以下简称中国保监会）规定条件的境内其他专业投资管理机构。境外受托人是指在中华人民共和国境外依法设立，符合中国保监会规定条件的专业投资管理机构。

本办法所称托管人，是指在中华人民共和国境内依法设立，符合中国保监会规定条件的商业银行和其他金融机构。担任托管人的商业银行包括中资银行、中外合资银行、外商独资银行和外国银行分行。

第三条　本办法所称保险资金，是指委托人自有外汇资金、用人民币购买的外汇资金及上述资金境外投资形成的资产。

第四条　除中国保监会和国家外汇管理局（以下简称国家外汇局）另有规定以外，委托人从事保险资金境外投资，应当依照本办法规定委托受托人和托管人，由受托人、托管人根据协议约定，分别负责保险资金的境外投资运作和托管监督。

第五条　受托投资、托管的保险资金与属于受托人、托管人所有的财产相区别，不得归入受托人、托管人固有财产及其管理的其他财产。

除因保险资金境外投资活动产生债务等法定情形以外，不得对受托投资、托管的保险资金强制执行。

第六条　委托人应当遵循安全性、流动性、收益性和资产负债匹配原则，审慎做出投资决策，承担投资风险。

受托人、托管人以及为保险资金境外投资提供服务的其他自然人、法人或者组织，应当按照协议约定，恪尽职守，严格履行诚实、信用、谨慎、勤勉的义务。

第七条　保险资金境外投资当事人应当遵守境内有关法律、行政法规以及本办法规定，遵守境外的相关法律和规定。

第八条　中国保监会负责制定保险资金境外投资管理政策，并依法对保险资金境外投资活动进行监督管理。

国家外汇局依法对与保险资金境外投资有关的付汇额度、汇兑等外汇事项实施管理。

第二章　资 格 条 件

第九条　委托人从事保险资金境外投资，应当具备下列条件：

（一）建立健全的法人治理结构和完善的资产管理体制，内部管理制度和风险控制制度符合《保险资金运用风险控制指引（试行）》的规定；

（二）具有较强的投资管理能力、风险评估能力和投资绩效考核能力；

（三）有明确的资产配置政策和策略，实行严格的资产负债匹配管理；

（四）投资管理团队运作行为规范，主管投资的公司高级管理人员从事金融或者其他经济工作 10 年以上；

（五）财务稳健，资信良好，偿付能力充足率和风险监控指标符合中国保监会有关规定，近 3 年没有重大违法、违规记录；

（六）具有经营外汇业务许可证；

（七）中国保监会规定的其他条件。

第十条　境内受托人从事保险资金境外投资受托管理业务，应当具备下列条件：

（一）具有从事保险资产管理业务的相关资格；

（二）建立健全的法人治理结构和有效的内部管理制度；

（三）建立严密的风险控制机制，具有良好的境外投资风险管理能力、安全高效的交易管理系统和财务管理系统；

（四）具有经验丰富的管理团队，擅长境外投资和保险资产管理业务，配备一定数量的投资专业人员，主管投资的公司高级管理人员从事金融或者其他经济工作10年以上；

（五）实收资本和净资产均不低于1亿元人民币或者等值的自由兑换货币，资本规模和受托管理的资产规模符合中国保监会规定；

（六）财务稳健，资信良好，风险监控指标符合中国保监会的有关规定，近3年没有重大违法、违规记录；

（七）中国保监会规定的其他条件。

第十一条 境外受托人从事保险资金境外投资受托管理业务，应当具备下列条件：

（一）具有独立法人资格，依照所在国家或者地区的法律，具有从事资产管理业务的相关资格；

（二）建立健全的法人治理结构，实行有效的内部管理制度；

（三）建立严密的风险控制机制、安全高效的交易管理系统和财务管理系统，具备全面的风险管理能力；

（四）具有经验丰富的管理团队，擅长保险资产管理业务，配备一定数量的投资专业人员且平均专业投资经验在10年以上；

（五）财务稳健，资信良好，风险监控指标符合所在国家或者地区法律和监管机构的有关规定，近3年没有重大违法、违规记录；

（六）有符合中国保监会规定的资本规模和资产管理规模；

（七）购买与资产管理规模相适应的有关责任保险；

（八）所在国家或者地区的金融监管制度完善，金融监管机构与中国金融监管机构已经签订监管合作文件，并保持有效的监管合作关系；

（九）中国保监会规定的其他条件。

第十二条 托管人从事保险资金境外投资托管业务，应当具备下列条件：

（一）建立健全的法人治理结构，实行有效的内部管理制度；

（二）建立严密的风险控制机制、严格的托管资产隔离制度、安全高效的托管系统和灾难处置系统；

（三）具有经验丰富的管理团队，设立熟悉全球托管业务的专业托管部门，配备一定数量的托管业务人员；

（四）上年末资本充足率达到10%、核心资本充足率达到8%，财务稳健，资信良好，风险监控指标符合有关规定，近3年没有重大违法、违规记录；

（五）有符合中国保监会规定的资本规模和托管资产规模；

（六）具有结售汇业务资格；

（七）中国保监会和国家外汇局规定的其他条件。

第十三条　经委托人同意，托管人可以选择符合下列条件的商业银行或者专业托管机构作为其托管代理人：

（一）依照所在国家或者地区法律，可以从事托管业务，并与托管人保持良好合作关系；

（二）建立健全的法人治理结构，实行有效的内部管理制度；

（三）建立严密的风险控制机制、有效的托管资产隔离制度、安全高效的托管系统和灾难处置系统；

（四）具有经验丰富的管理团队，配备一定数量的熟悉所在国家或者地区托管业务的专业托管人员；

（五）财务稳健，资信良好，风险监控指标符合所在国家或者地区法律和监管机构的规定，近3年没有重大违法、违规记录；

（六）有符合中国保监会规定的资本规模和托管资产规模；

（七）所在国家或者地区金融管理制度完善，金融监管机构与中国金融监管机构已经签订监管合作文件，并保持有效的监管合作关系；

（八）托管协议规定的条件；

（九）中国保监会和国家外汇局规定的其他条件。

第十四条　委托人与托管人、委托人与托管代理人之间不得存在下列情形：

（一）持有的对方股份超过中国保监会规定的比例；

（二）中国保监会认定的足以影响托管人、托管代理人依法履行托管义务的其他情形。

委托人应当保证受托人、托管人以及托管代理人之间，不存在前款规定的情形。

第三章　申报管理

第十五条　委托人从事保险资金境外投资，应当向中国保监会提出申请，提交下列书面材料一式三份：

（一）从事保险资金境外投资业务申请书和符合中国保监会规定的承诺书；

（二）股东大会、股东会或者董事会同意保险资金境外投资的决议；

（三）保险资金境外投资战略配置方案、投资管理制度和风险管理制度；

（四）保险资金境外投资管理能力、风险评估能力和绩效考核能力说明；

（五）内设资产管理部门和主要管理人员介绍；

（六）符合中国保监会规定的财务报表、偿付能力报告及其说明；

（七）经营外汇业务许可证复印件；

（八）银行外汇账户对账单；

（九）选聘受托人、托管人情况说明和拟签订的协议草案；

（十）中国保监会规定的其他材料。

中国保监会自受理申请之日起20日以内，做出批准或者不予批准的决定。决定批准的，颁发书面决定；决定不予批准的，书面通知申请人并说明理由。批准或者不予批准的书面决定同时抄送国家外汇局。

第十六条 经中国保监会批准从事保险资金境外投资的委托人，在批准的投资比例内，向国家外汇局提出境外投资付汇额度申请，提交下列书面材料一式三份：

（一）投资付汇额度申请书，包括申请人基本情况、拟申请投资付汇额度以及资金来源说明；

（二）中国保监会批准从事保险资金境外投资的书面决定；

（三）上一年度的公司财务报表；

（四）中国保监会出具的受托人、托管人可以从事保险资金境外投资受托管理业务或者托管业务的证明文件；

（五）经营外汇业务许可证复印件；

（六）银行外汇账户对账单；

（七）国家外汇局规定的其他材料。

国家外汇局自受理申请之日起20日以内，做出核准或者不予核准的决定。决定核准的，书面通知申请人核准的投资付汇额度；决定不予核准的，书面通知申请人并说明理由。核准或者不予核准的书面决定同时抄送中国保监会。

第十七条 境内受托人从事保险资金境外投资受托管理业务，应当向中国保监会提交下列书面材料一式三份：

（一）受托管理业务申请书；

（二）从事受托管理业务的意向书；

（三）符合中国保监会规定的承诺书；

（四）从事保险资产管理业务的相关资格证明；

（五）保险资金境外投资管理制度、风险控制制度；

（六）保险资金境外投资管理能力、风险管理能力和管理系统说明；

（七）部门设置和专业投资管理人员情况；

（八）符合中国保监会规定的公司财务报表和内部控制审计报告；

（九）中国保监会规定的其他材料。

境内受托人为保险资产管理公司的，可以豁免提交本条第一款第（二）、（四）项材料。中国保监会自受理其申请之日起20日以内，做出批准或者不予批准的决定。决定批准的，颁发书面决定；决定不予批准的，书面通知申请人并说明理由。

境内受托人为其他专业投资管理机构的，可以豁免提交本条第一款第（一）项材料。中国保监会根据本办法规定对其进行审慎评估，并自收到全部材料之日起20日以内，出具意见函。

第十八条　境外受托人从事保险资金境外投资受托管理业务，应当向中国保监会提交下列书面材料一式三份：

（一）从事受托管理业务意向书和符合中国保监会规定的承诺书；

（二）合法开业证明文件的复印件；

（三）保险资金境外投资管理制度、风险控制制度；

（四）保险资金境外投资管理能力、风险管理能力和管理系统说明；

（五）部门设置和专业投资管理人员情况；

（六）符合中国保监会规定的公司财务报表和内部控制审计报告；

（七）责任保险保单复印件；

（八）所在地监管机构出具的境外受托人近3年无重大违法违规行为的意见书，所在地监管机构无法出具意见书的，由境外受托人作出相应的书面声明；

（九）中国保监会规定的其他材料。

中国保监会根据本办法规定，对境外受托人进行审慎评估，并自收到全部材料之日起20日以内，出具意见函。

第十九条　托管人开展保险资金境外投资托管业务，应当向中国保监会提交下列材料一式三份：

（一）保险资金境外投资托管意向书和符合中国保监会规定的承诺书；

（二）独立托管制度、风险控制制度和具体操作流程；

（三）全球托管能力、风险管理能力和全球托管网络说明；

（四）内设托管部门和托管业务人员情况；

（五）符合中国保监会规定的公司财务报表和内部控制审计报告；

（六）所在地监管机构出具的托管人近3年无重大违法违规行为的意见书，或者托管人股东会或者董事会作出的相应书面声明；

（七）中国保监会规定的其他材料。

中国保监会根据本办法规定，对托管人进行审慎评估，并自收到全部材料之日起20日以内，出具意见函。

第四章 账户管理

第二十条 委托人在获得监管机构批准后，应当与托管人签订托管协议，在托管人处开设境外投资境内托管账户（以下简称境内托管账户）。

托管人应当对不同受托人、不同保险产品和不同性质的保险资金分别记账、分类管理。

第二十一条 托管人应当根据与委托人签订的托管协议，为委托人开设境外投资结算账户和证券托管账户，用于境外投资的资金结算和证券托管。

托管人、托管代理人应当为不同委托人开设不同的账户，实施分类管理。

第二十二条 委托人在境外发行上市的，应当按照有关规定，在规定期限内将境外上市募集的保险资金调回境内。

委托人在境外发行上市后，经批准从事保险资金境外投资的，应当自中国保监会批准境外投资之日起30日以内，将境外上市募集的保险资金调回境内托管账户。

第二十三条 下列收入属于委托人境内托管账户收入范围：

（一）划入的保险资金；

（二）汇入的投资本金和收益、股息、分红收入、利息收入；

（三）依法可以划入的其他收入。

第二十四条 下列支出属于委托人境内托管账户支出范围：

（一）划入委托人境外投资结算账户的资金；

（二）汇出的投资本金；

（三）划回委托人外汇账户的资金；

（四）支付的有关税费；

（五）依法可以划出的其他支出。

第二十五条　下列收入属于委托人境外投资结算账户收入范围：

（一）从委托人的境内托管账户划入的资金；

（二）出售境外证券资产所得的资金；

（三）境外投资分红派息和利息所得；

（四）依法可以划入的其他收入。

第二十六条　下列支出属于委托人境外投资结算账户支出范围：

（一）划入委托人境内托管账户的资金；

（二）购买境外证券资产的资金；

（三）支付的有关税费；

（四）依法可以划出的其他支出。

第二十七条　委托人购汇从事保险资金境外投资，汇回的本金及其收益，可以结汇也可以外汇形式保留。结汇的，应当持购汇证明办理有关手续。

委托人以自有外汇资金境外投资汇回的本金及其收益，除监管机构另有规定外，应当以外汇形式保留。

第二十八条　委托人、受托人应当根据国家外汇局投资付汇额度核准文件，办理相关的购汇、付汇和结汇等手续。

托管人应当根据国家外汇局投资付汇额度核准文件、委托人或者受托人的指令，办理相关的资金划转手续。

第五章　投 资 管 理

第二十九条　委托人从事保险资金境外投资，应当按照资产负债匹配管理要求，审慎制定资产战略配置计划和境外投资指引，妥善安排投资期限和投资币种，并定期进行审验。

第三十条　保险资金应当投资全球发展成熟的资本市场，配置主要国家或者地区货币。

第三十一条　保险资金境外投资限于下列投资形式或者投资品种：

（一）商业票据、大额可转让存单、回购与逆回购协议、货币市场基金等货币市场产品；

（二）银行存款、结构性存款、债券、可转债、债券型基金、证券化产品、信托型产品等固定收益产品；

（三）股票、股票型基金、股权、股权型产品等权益类产品；

（四）《中华人民共和国保险法》和国务院规定的其他投资形式或者投资品种。

投资形式或者投资品种的具体管理办法由中国保监会另行制定。

第三十二条 委托人可以根据资产配置和风险管理需要，在中国保监会批准的具体投资比例内，自主确定境外投资比例，并应当符合下列要求：

（一）投资总额不得超过委托人上年末总资产的15%；

（二）实际投资总额不得超过国家外汇局核准的投资付汇额度；

（三）投资单一主体的比例符合中国保监会的规定；

（四）变更经批准的具体投资比例、投资形式或者品种的，应当向中国保监会提出变更申请，并经中国保监会批准；

（五）进行重大股权投资的，应当报经中国保监会批准。

第六章 风险管理

第三十三条 保险资金境外投资当事人，应当依法从事相关业务，实行全面风险管理，加强信息沟通，确保保险资金境外投资安全。

第三十四条 委托人应当与受托人、托管人签订书面协议，明确约定双方权利义务，并按照本办法的规定载明受托人、托管人对监管机构的各项报告义务。书面协议应当保证文本规范，要素齐全。

第三十五条 保险资金境外投资应当由委托人法人机构统一进行资产战略配置，内设的资产管理部门负责具体的委托管理事务。

委托人分支机构不得从事保险资金境外投资业务。

第三十六条 委托人应当充分论证保险资金境外投资的可行性，从市场状况、技术条件、风险控制、人员配备、成本收益等方面，认真评估市场风险、国家风险、汇率风险、信用风险、流动性风险、操作风险、道德风险和法律风险。

第三十七条 委托人应当依据《保险资金运用风险控制指引（试行）》，建立集中决策制度，确定岗位职责，规范投资运作流程。

第三十八条 委托人应当制定选聘受托人和托管人的标准和程序，公开、公平、公正选择受托人和托管人，并进行有效监督。

委托人可以选择多个受托人，但应当根据实际需要合理确定受托人数量；委托人只能选择一个托管人，托管人托管委托人境外投资的全部保险资金。

第三十九条　委托人应当对委托保险资金的风险状况、受托人管理能力和投资业绩、托管人履职状况和服务水平进行定期评估。

第四十条　委托人应当根据保险资金境外投资的风险特性以及交易对手信用等级、市场声誉、管理资产规模、投资管理业绩、行业管理经验等指标，实行业务授信管理或者比例管理。

第四十一条　受托人从事保险资金境外投资受托管理业务，应当符合下列规定：

（一）公平公正管理不同的受托资金，建立资产隔离制度，严格防范关联交易风险；

（二）严格遵守受托管理协议、委托人投资指引和本办法的规定，根据信用状况、风险属性、收益能力、信息透明度和流动性等指标，谨慎选择交易对手，控制投资范围和比例；

（三）建立交易监测系统、预警系统和信息反馈系统；

（四）采用风险计量指标，识别、测量不同投资品种和受托管理资产的风险，跟踪或者校正风险敞口，采取各种措施保证投资安全；

（五）加强内部风险管理，定期检查操作流程，建立信息沟通机制，确保资金运用的合法合规。

第四十二条　境内保险机构经中国保监会同意在境外设立的资产管理公司担任境外受托人的，应当接受境内控股保险机构的监督管理，及时报告境外投资管理情况。

第四十三条　托管人从事保险资金境外投资托管业务，应当符合下列规定：

（一）公平公正托管保险资金，对不同委托人的托管资产实施有效隔离；

（二）与托管代理人共同监督委托人和受托人境外投资行为，发现违法违规的，及时告知委托人、受托人，并向中国保监会报告；

（三）与托管代理人共同负责所托管保险资金的清算、交收，及时准确核对资产，监督托管代理人，确保保险资金托管安全。

第四十四条　保险资金境外投资当事人，应当规范决策和操作流程，实行专业岗位分离制度，建立内部控制和稽核监督机制，防范操作及其他风险，保障保险资金境外投资有序运行。

第四十五条　保险资金境外投资当事人，应当建立重大突发事件应急机制，防范化解重大突发风险。

第四十六条 保险资金境外投资当事人，应当采用先进的风险管理技术，严格控制各类投资风险。

委托人可以授权受托人运用远期、掉期、期权、期货等金融衍生产品，进行风险对冲管理。金融衍生产品仅用于规避投资风险，不得用于投机或者放大交易。

运用金融衍生产品的管理办法由中国保监会另行制定。

第七章 信息披露与报告

第四十七条 保险资金境外投资当事人应当按照中国保监会的规定，真实、准确、完整地向相关当事人披露下列信息，不得有重大遗漏和虚假、误导、诋毁性陈述：

（一）境外投资战略配置和投资决策；

（二）境外投资交易执行、资金清算和资产托管情况；

（三）境外投资风险状况、合规监控、重大危机等有关重要事项。

第四十八条 对在保险资金境外投资活动中知悉的对方商业秘密，当事人依法负有保密义务。

第四十九条 保险资金境外投资当事人，应当保证其他当事人可以根据合同约定，查阅或者复制有关资料。

第五十条 委托人应当自下列情形发生之日起5日以内，向中国保监会和国家外汇局报告：

（一）变更受托人、托管人或者托管代理人；

（二）变更注册资本；

（三）股东结构发生重大变更；

（四）受到重大行政处罚、发生重大诉讼或者其他重大事件；

（五）中国保监会和国家外汇局规定的其他情形。

第五十一条 受托人发生重大诉讼、受到重大行政处罚或者发生其他重大事件的，应当自起诉或者被起诉、收到处罚决定、发生重大事件之日起5日以内，向中国保监会报告。

除前款规定以外，受托人还应当按照中国保监会规定，提交财务报表、内部审计报告、受托投资管理业绩报告、风险评估报告等有关材料。

第五十二条 托管人应当按照下列要求提交有关报告：

（一）自开设委托人境内托管账户、境外投资结算账户和证券托管账户之日起5日以内，向中国保监会和国家外汇局报告账户开设情况；

（二）托管人变更注册资本和股东的，自变更之日起5日以内，向中国保监会和国家外汇局报告；

（三）托管人发生重大诉讼、受到重大行政处罚或者发生其他重大事件的，自起诉或者被起诉、收到处罚决定、发生重大事件之日起5日以内，向中国保监会和国家外汇局报告；

（四）按照中国保监会和国家外汇局规定，报告委托人购汇、结汇、汇出或者汇回本金、收益情况以及境内托管账户收支事项；

（五）按照中国保监会规定，提交保险资金境外投资情况报表、托管人财务报表和内部审计报告；

（六）向国家外汇局申报符合规定的国际收支统计和结售汇统计；

（七）中国保监会和国家外汇局规定提交的其他报告。

第八章　监督管理

第五十三条　委托人从事保险资金境外投资，不得有下列行为：

（一）以境外投资的保险资金为其他组织或者个人提供担保；

（二）从事投机性外汇买卖；

（三）洗钱；

（四）利用保险资金境外投资活动，与其他组织或者个人串通获取非法利益；

（五）境内外有关法律以及规定禁止的行为。

第五十四条　保险资金境外投资当事人，应当聘请符合中国保监会规定条件的中介机构，对保险资金境外投资情况进行评估和审计。

第五十五条　中国保监会有权调整保险资金境外投资管理政策和制度。

第五十六条　根据监管需要，中国保监会有权对委托人和境内受托人保险资金境外投资的情况进行检查和年度审核。

国家外汇局可以对委托人境外投资付汇额度、汇兑等外汇管理事项进行检查。

中国保监会、国家外汇局可以聘请中介机构协助检查。

第五十七条　委托人违反本办法的，中国保监会可以对其高级管理人员进行监管谈话，要求其就有关情况进行说明，并视情形责令委托人限期整改；依照法律、行政法规和中国保监会规定应受处罚的，由中国保监会依法给予行政处罚。

第五十八条 受托人、托管人违反本办法或者国家外汇管理规定的，由中国保监会或者有关监管机构按照各自权限和监管职责给予行政处罚。

第五十九条 受托人、托管人违反本办法和其他保险资金运用规定的，中国保监会将记录其不良行为，并视情形要求其提交书面说明；情节严重的，中国保监会可以责令保险公司予以更换。

第九章 附 则

第六十条 中国保监会对保险资金设立境外保险类机构另有规定的，适用该规定。

第六十一条 保险资金投资于香港特别行政区、澳门特别行政区，适用本办法，中国保监会另有规定的除外。

第六十二条 保险资金购买境内以人民币或者外币计价发行，以境外金融工具或者其他资产为投资对象的金融产品，适用本办法，中国保监会另有规定的除外。

第六十三条 根据本办法向中国保监会和国家外汇局提交的各类报告、材料以中文为准。

第六十四条 本办法所称“日”是指工作日，不含法定节假日。

第六十五条 本办法由中国保监会、中国人民银行和国家外汇局负责解释。

第六十六条 本办法自发布之日起施行。中国保监会、中国人民银行 2004 年 8 月 9 日发布的《保险外汇资金境外运用管理暂行办法》（保监会、人民银行令〔2004〕9 号）同时废止。

15. 保险资金境外投资管理暂行办法实施细则

（2012 年 10 月 12 日 保监发〔2012〕93 号）

第一章 总 则

第一条 为规范保险资金境外投资运作行为，防范投资管理风险，实现保险资产保值增值，根据《保险资金境外投资管理暂行办法》（以下简称《办法》），制定本细则。

第二条　保险资金境外投资当事人，应当根据《办法》和本细则规定，充分研判拟投资国家或者地区的政治、经济和法律等风险，审慎开展境外投资。

第三条　中国保监会依法对保险资金境外投资当事人的管理能力进行持续评估和监管。

第二章　资质条件

第四条　委托人除符合《办法》第九条规定外，还应当满足下列条件：

（一）设置境外投资相关岗位，境外投资专业人员不少于3人，其中具有3年以上境外证券市场投资管理经验人员不少于2人；

（二）投资时上季度末偿付能力充足率不低于120%；

（三）投资境外未上市企业股权、不动产及相关金融产品，投资管理能力应当符合有关规定。

第五条　境内受托人除符合《办法》第十条规定外，还应当满足下列条件：

（一）具有3年以上保险资产管理经验；

（二）最近一个会计年度受托管理资产规模不低于100亿元人民币；

（三）境外投资专业人员不少于5人，其中具有5年以上境外证券市场投资管理经验人员不少于3人，3年以上境外证券市场投资管理经验人员不少于2人。

境内受托人受托管理保险资金，限于投资香港市场。

第六条　境外受托人除符合《办法》第十一条规定外，还应当满足下列条件：

（一）具有5年以上国际资产管理经验，以及3年以上养老金或者保险资产管理经验；

（二）最近一个会计年度实收资本或者净资产不低于3000万美元或者等值可自由兑换货币；

（三）最近一年平均管理资产规模不低于300亿美元或者等值可自由兑换货币；管理非关联方资产不低于管理资产总规模的50%，或者不低于300亿美元或者等值可自由兑换货币；

（四）投资团队符合所在国家或地区从业资格要求，且平均从业经验5年以上，其中主要投资管理人员从业经验8年以上；

（五）具有良好的过往投资业绩。

受托人母公司或者其集团内所属资产管理机构管理的资产规模可以合并计算，但不包括投资顾问、投资银行等管理或者涉及的资产。

受托人从事专项资产管理，符合下列条件的，可以不受第一款第（三）项管理资产规模的限制：

（一）管理资产规模在50亿美元或者等值可自由兑换货币以上；

（二）管理专项资产不低于管理资产总规模的70%；

（三）拥有市场公认的专业声誉和评价，管理团队在专项资产管理领域表现卓越。

境内保险机构在香港设立资产管理机构未达到本条规定的，受托管理境内保险资金限于投资香港市场。

第七条 保险资金投资股权投资基金，发起并管理该基金的股权投资机构，应当符合下列条件：

（一）实收（缴）资本或者净资产不低于1500万美元或者等值可自由兑换货币；

（二）累计管理资产规模不低于10亿美元或者等值可自由兑换货币，且过往业绩优秀，商业信誉良好。

第八条 托管人除符合《办法》第十二条规定条件外，还应当满足下列条件：

（一）最近一个会计年度末实收资本或者净资产不低于300亿元人民币，托管资产规模不低于2000亿元人民币；

（二）托管人为外商独资银行或者外国银行分行，其母（总）公司满足第（一）项规定条件，且能够为托管人履行托管协议承担连带责任的，实收资本或者净资产和托管规模可以按其母（总）公司计算；

（三）长期信用评级在A级或者相当于A级以上；外国银行分行的资本充足率、核心资本充足率、信用级别按其母（总）公司计算；

（四）从事保险资产托管业务的专业人员不少于6人。

第九条 商业银行与委托人有下列关系之一的，不得担任该委托人的托管人或托管代理人：

（一）一方直接或者间接持有另一方股份超过10%的；

（二）两方被同一方直接或者间接持有股份超过10%的；

（三）中国保监会认定的其他关联关系。

托管人（或者托管代理人）与受托人有前款关系之一的，应当建立有效的风险隔离机制，不得从事内幕交易和利益输送。

第十条　保险资金境外投资当事人申请开展业务，应当向中国保监会报告，并承诺接受中国保监会有关保险资金境外投资的质询。委托人变更受托人和托管人，应当重新提交材料。

第三章　投资规范

第十一条　保险资金境外投资应当选择附件1所列国家或者地区的金融市场，且投资下列品种：

（一）货币市场类

包括期限不超过1年的商业票据、银行票据、大额可转让存单、逆回购协议、短期政府债券和隔夜拆出等货币市场工具或者产品。

货币市场类工具（包括逆回购协议用于抵押的证券）的发行主体应当获得A级或者相当于A级以上的信用评级。

（二）固定收益类

包括银行存款、政府债券、政府支持性债券、国际金融组织债券、公司债券、可转换债券等固定收益产品。

债券应当以国际主要流通货币计价，且发行人和债项均获得国际公认评级机构BBB级或者相当于BBB级以上的评级。按照规定免于信用评级要求的，其发行人应当具有不低于该债券评级要求的信用级别。中国政府在境外发行的债券可不受信用级别限制。可转换债券应当在附件1所列国家或者地区证券交易所主板市场挂牌交易。

（三）权益类

包括普通股、优先股、全球存托凭证、美国存托凭证、未上市企业股权等权益类工具或者产品。

股票以及存托凭证应当在附件1所列国家或者地区证券交易所主板市场挂牌交易。

直接投资的未上市企业股权，限于金融、养老、医疗、能源、资源、汽车服务和现代农业等企业股权。

（四）不动产

直接投资的不动产，限于位于附件1所列发达市场主要城市的核心地段，且具有稳定收益的成熟商业不动产和办公不动产。

第十二条 保险资金投资的境外基金，应当满足下列条件：

（一）证券投资基金

经附件1所列国家或者地区证券监督管理机构认可，或者登记注册；基金管理人符合第六条规定；可供追溯的过往业绩不少于3年；结构简单明确，基础资产清晰且符合第十一条第（一）、（二）、（三）项规定；货币市场基金还应当获得AAA级或者相当于AAA级的评级；

（二）股权投资基金

投资标的处于成长期、成熟期或者具有较高并购价值，不受附件1所列国家和地区的限制；认缴资金规模不低于3亿美元或者等值可自由兑换货币，且实缴资金按认缴规模配比到位；

拥有10名以上具有股权投资和相关经验的专业人员；高级管理人员中，具有8年以上相关经验的不少于2名，且具有完整的基金募集、管理和退出经验，主导并退出的项目不少于5个（母基金除外）；至少有3名主要专业人员共同工作满3年；具有完善的治理结构、有效的激励约束机制和利益保护机制；设定关键人条款，能够确保管理团队的专属性。

保险资金可以投资以符合前款规定的股权投资基金为标的的母基金。母基金的交易结构应当简单明晰，不得包括其他母基金。

保险资金投资的股权投资基金，金融机构及其子公司不得实际控制该基金的管理运营，不得持有该基金的普通合伙权益。

（三）房地产信托投资基金（REITs）

在附件1所列国家或者地区交易所挂牌交易。

第十三条 同一投资标的在同一会计核算期间，具有两家以上信用评级机构信用评级的，应当采用孰低原则确认信用级别。

第十四条 保险机构境外投资余额不超过上年末总资产的15%，投资附件1所列新兴市场余额不超过上年末总资产的10%。

保险机构应当合并计算境内和境外各类投资品种比例，单项投资比例参照境内同类品种执行。

第十五条 保险资金境外投资应当控制短期资金融出或者融入，并遵守下列规定：

（一）逆回购交易及隔夜拆出融出的资金，不超过上年末总资产的1%；

（二）因交易清算目的拆入资金，不超过上年末总资产的1%，且拆入资金期限不得超过5个工作日。

第十六条　保险资金境外投资不得有下列行为：

（一）投资实物商品、贵重金属或者代表贵重金属的凭证和商品类衍生工具；

（二）利用证券经营机构融资，购买证券及参与未持有基础资产的卖空交易；

（三）除为交易清算目的拆入资金外，以其他任何形式借入资金。

第四章　风险控制

第十七条　委托人应当建立覆盖境内外市场的信息管理系统，实时监控投资市场、投资品种、投资比例、交易对手集中度和衍生品风险敞口等指标，确保依规合法运作。

第十八条　委托人上季度末偿付能力充足率低于监管规定的，应当及时调整境外投资策略，不得继续投资或者增持无担保债券、权益类工具、不动产或者相关金融产品。

第十九条　委托人应当自行或者聘请投资咨询顾问，对受托人和托管人进行尽职调查，充分了解托管人选择的托管代理人，关注相关风险。

第二十条　委托人应当根据《办法》、本细则规定及投资管理协议约定，定期评估受托人和托管人，审核投资指引每年不少于一次。

第二十一条　受托人将保险资金交由母公司控制的其他专业机构投资管理的，应当经委托人同意，并承担转委托的最终责任。

除上述方式外，受托人不得以任何名义或者方式，将受托资产转委托。

第二十二条　受托人因市场波动、信用评级调整等因素，致使投资行为不符合《办法》和本细则规定的，应当在3个月内进行调整。

第二十三条　受托人应当制定并执行交易对手选择标准，并经委托人认可。除券款兑付交易外，受托人应当选择信用评级在A级或者相当于A级以上的机构。

受托人应当按照委托人最佳利益原则，选择经营规范、声誉良好的境外证券服务机构代理证券买卖，合理分配保险资金证券交易，确保交易质量，控制交易成本，并向委托人披露证券经营机构、证券经纪业务代理人的业务费用收取情况或者返还名称及收付方式。

第二十四条　托管人应当根据托管资产类别、规模及提供服务内容，合理收取托管费用。

托管代理人履职过程中，因自身过错、疏忽等原因，导致保险资金境外投资损失的，托管人应当承担相应责任。

第二十五条 托管人或者托管代理人应当妥善保管托管资产所有权文件正本或者证明全部所有权的文件正本，投资所在地法律法规另有规定的，从其规定。

第二十六条 委托人与受托人、托管人签订协议，应当符合监管要求及一般惯例，适用中华人民共和国或者中国香港特别行政区法律，并由中国境内或者香港特别行政区的仲裁机构裁决。

前款所称协议，应当由律师事务所具有 3 年以上相关执业经验的专业律师出具法律意见。

第二十七条 保险资金境外投资当事人，不得发生合法佣金、税费之外的任何利益输送行为，不得利用保险资金获取不正当利益。

第二十八条 保险资金境外投资不动产和未上市企业股权，应当参照境内同类品种相关监管规定，规范投资行为，加强后续管理，防范投资风险、经营风险和市场风险。

第二十九条 保险资金境外投资，可以运用利率远期、利率掉期、利率期货、外汇远期、外汇掉期、股指期货、买入股指期权等衍生产品规避投资风险，并遵守下列规定：

（一）不得进行投机，衍生产品合约标的物价值总额，不得超过需对冲风险基础资产的 102%；

（二）运用金融衍生产品支付的各项费用、期权费和保证金等的总额，不超过各项需对冲风险基础资产的 10%；

（三）每个工作日应当对场外交易合约进行估值，与任一场外交易对手的市值计价敞口，不超过上年末总资产的 1%；

（四）场外交易对手已与受托人签订《国际掉期与衍生品主合同》（ISDA Master Agreement），并经委托人认可和授权。利率期货、股指期货和买入股指期权限于附件 2 所列交易所上市交易。

投资指引应当明确衍生品交易的范围、种类、风险限额要求、交易对手选择、特别事项审批、信息提供与报告制度等事项。

第五章 监督管理

第三十条 委托人应当按照规定，向中国保监会报告下列事项：

（一）重大报告。签订资产委托管理协议和托管协议，签订和调整投资指引，应当在5个工作日内报告；受托人和托管人发生重大突发事件，或者投资市场发生影响保险资产安全和投资业绩的重大突发事件，应当在3个工作日内报告，报告事项应当至少包括资产保全和风险防范措施；

（二）季度报告。每季度结束后30个工作日内，报告境外投资情况、风险评估报告、境外投资结算账户余额和收支情况及关联交易；

（三）年度报告。每年4月30日前，报告上一年度受托人和托管人管理保险资金的评估报告；

（四）中国保监会规定的其他事项。

第三十一条　保险机构开展境外股权和不动产投资，应当参照境内相关规定，履行核准或者报告义务。

第三十二条　托管人应当按照规定，向中国保监会报告下列事项：

（一）重大报告。变更境外托管代理人，应当在5个工作日内报告；

（二）月度报告。每月结束后10个工作日内，报告保险资金境外投资月度托管情况；

（三）年度报告。每年4月30日前，报送会计师事务所出具的上一年度公司财务报告和内部控制审计报告。

受托人、托管人应当按照有关协议规定，向委托人充分披露相关信息，披露内容应当不少于本细则相关规定，且不得有虚假记载、误导性陈述或者重大遗漏。

本细则所称会计师事务所，是指具有境内外相关行业审计经验、信誉良好并被广泛认可的会计师事务所。

第三十三条　保险资金境外投资当事人，违反法律、行政法规及本细则规定的，中国保监会将依法对该机构和相关人员予以处罚。

第六章　附　　则

第三十四条　保险资金投资境外以人民币计价发行的金融产品，境内以人民币或者外币计价发行，以境外金融工具或者其他资产为投资对象的金融工具，适用本细则。

第三十五条　本细则由中国保监会负责解释，自发布之日起施行。本细则施行前已经开展保险资金境外投资的当事人，应当在6个月内符合本细则的规定。

附件：1. 可投资国家或者地区

2. 期货期权交易所

附件 1：

可投资国家或者地区

一、发达市场

澳大利亚　香港　葡萄牙

奥地利　爱尔兰　新加坡

比利时　以色列　西班牙

加拿大　意大利　瑞典

丹麦　日本　瑞士

芬兰　荷兰　英国

法国　卢森堡　美国

德国　新西兰

希腊　挪威

二、新兴市场

巴西　印度尼西亚　波兰

智利　韩国　俄罗斯

哥伦比亚　马来西亚　南非

捷克共和国　墨西哥　台湾

埃及　摩洛哥　泰国

匈牙利　秘鲁　土耳其

印度　菲律宾

附件2：

期货期权交易所

国家（地区）	交易所名称
美国	芝加哥商业交易所集团 CME Group
澳大利亚	悉尼期货交易所 Syndey Futures Exhange
比利时	纽约泛欧交易所 NYSE Euronext Brussels
加拿大	蒙特利尔交易所 The Montreal Exchange
英国	纽约泛欧交易所 NYSE Euronext LIFFE
法国	纽约泛欧交易所 NYSE Euronext Paris
德国	欧洲期货期权交易所 EUREX
荷兰	纽约泛欧交易所 NYSE Euronext Amsterdam
香港	香港期货交易所 HongKong Futures Exchange（HKFE）
日本	东京证券交易所 Tokyo Stock Exchange（TSE）
	大阪交易所 Osaka Securities Exchange
韩国	韩国证券交易所 Korea Exchange（KRX）
新加坡	新加坡交易所 Singapore Exchange（SGX）
瑞士	欧洲期货期权交易所 EUREX

备注：由上述两家交易所吸收合并，或者新设合并成立的交易所，将被视同为核准。

16. 中国保监会关于调整保险资金境外投资有关政策的通知

（2015 年 3 月 27 日　保监发〔2015〕33 号）

各保险集团（控股）公司、保险公司、保险资产管理公司：

为加强保险资金境外投资监管，进一步扩大保险资产的国际配置空间，优化配置结构，防范资金运用风险，同时为适应相关保险业务外汇管理政策的变化，我会决定调整保险资金境外投资相关规定，并就有关事项通知如下：

一、对保险集团（控股）公司、保险公司（以下简称保险机构）开展境外投资的专业人员数量和资质的要求，调整为应当配备至少 2 名境外投资风险责任人，风险责任人包括行政责任人和专业责任人，其责任内容、资质条件、履职和培训要求、信息报告和处罚事项等参照《关于保险机构投资风险责任人有关事项的通知》（保监发〔2013〕28 号）及相关规定执行。

二、保险资产管理公司、保险机构或保险资产管理公司在香港设立的资产管理机构受托管理集团内保险机构的保险资金开展境外投资时，投资市场由香港市场扩展至《保险资金境外投资管理暂行办法实施细则》（保监发〔2012〕93 号，以下简称《细则》）附件 1 所列的国家或者地区金融市场。

三、保险资金投资境外政府债券、政府支持性债券、国际金融组织债券、公司债券和可转换债券等固定收益类产品时，计价货币不限于国际主要流通货币，应具备的信用评级由“发行人和债项均获得国际公认评级机构 BBB 级或者相当于 BBB 级以上的评级”调整为“债项获得国际公认评级机构 BBB－级或者相当于 BBB－级以上的评级”。

四、保险机构投资境外的股票由《细则》附件 1 所列国家或者地区证券交易所主板市场挂牌交易的股票扩展为上述主板市场和香港创业板市场挂牌交易的股票。

五、保险机构申请境外投资委托人资格应当具备的“具有经营外汇业务许可证”条件，调整为“具有经营外汇保险业务的相关资格”；申请境外投资委托人资格需要提交的“经营外汇业务许可证复印件”相关材料，调整为“经营外汇保险业务的相关证明材料”。

六、保险资产管理公司的自有资金开展境外投资参照《保险资金境外投资管理暂行办法》《细则》和本通知的相关规定执行。

七、本通知自发布之日起施行。

17. 保险资产管理公司管理暂行规定

(2004 年 4 月 21 日 保监发〔2011〕19 号)

第一章 总 则

第一条 为了加强对保险资产管理公司的监督管理，防范保险资金运用风险，保护保险公司和保险资产管理公司的合法权益，根据《中华人民共和国保险法》(以下简称《保险法》)和《中华人民共和国公司法》，制定本规定。

第二条 中国保险监督管理委员会（以下简称“中国保监会”）根据国务院授权，对保险资产管理公司实施监督管理。

第三条 保险资产管理公司是指经中国保监会会同有关部门批准，依法登记注册、受托管理保险资金的金融机构。

保险资金是指保险公司的各项保险准备金、资本金、营运资金、公积金、未分配利润和其他负债，以及由上述资金形成的各种资产。

第四条 保险公司委托保险资产管理公司管理保险资金，应当遵守《保险法》和中国保监会的有关规定，遵循自愿、公平和诚实信用原则，不得损害国家利益和社会公共利益。

第五条 保险资产管理公司管理保险资金，应当遵守《保险法》和中国保监会的有关规定，履行诚实信用、谨慎勤勉的义务。

第二章 设立、变更和终止

第六条 设立保险资产管理公司，应当经中国保监会会同有关部门批准。

第七条 保险资产管理公司应当采取下列组织形式：

(一) 有限责任公司；

(二) 股份有限公司。

第八条 设立保险资产管理公司，应当至少有一家股东或者发起人为保险公司或者保险控股（集团）公司，该保险公司或者保险控股（集团）公司应当具备下列条件：

（一）经营保险业务 8 年以上；

（二）最近 3 年未因违反资金运用规定受到行政处罚；

（三）净资产不低于 10 亿元人民币；总资产不低于 50 亿元人民币，其中保险控股（集团）公司和经营有人寿保险业务的保险公司总资产不低于 100 亿元人民币；

（四）符合中国保监会规定的偿付能力要求；

（五）具有完善的法人治理结构和内控制度；

（六）设有资产负债匹配管理部门和风险控制部门，具有完备的投资信息管理系统；

（七）资金运用部门集中运用管理的资产占公司总资产的比例不低于 50%，其中经营有人寿保险业务的保险公司不低于 80%；

（八）中国保监会规定的其他条件。

第九条 境内保险公司合计持有保险资产管理公司的股份不得低于 75%。

前款所称境内保险公司，是指经中国保监会批准设立，并依法登记注册的具有法人资格的保险公司、保险控股（集团）公司。

第十条 保险资产管理公司的注册资本最低限额为 3000 万元人民币或者等值的自由兑换货币；其注册资本应当为实缴货币资本。

保险资产管理公司的注册资本不得低于其受托管理的保险资金的千分之一，低于千分之一的，应当相应增加资本金。但其注册资本达到 5 亿元人民币的，可不再增加资本金。

第十一条 设立保险资产管理公司，申请人应当向中国保监会提出书面申请，并提交下列材料：

（一）设立申请书；

（二）拟设公司的可行性研究报告及筹建方案；

（三）股东的基本资料，包括股东的姓名或者名称、法定代表人、组织形式、注册资本、经营范围、资格证明文件以及经会计师事务所审计的最近 1 年资产负债表和损益表；

（四）符合本办法第八条规定条件的股东的证明材料以及经会计师事务所审计

的最近3年的资产负债表和损益表；

（五）拟设公司的筹备负责人名单和简历；

（六）出资人出资意向书或者股份认购协议；

（七）中国保监会规定的其他材料。

第十二条　对设立保险资产管理公司的申请，中国保监会应当会同国务院有关部门进行初步审查，自收到完整的申请材料之日起3个月内作出批准或者不批准筹建的决定。决定不批准的，应当书面通知申请人并说明理由。

第十三条　申请人应当自收到中国保监会批准筹建文件之日起6个月内完成筹建工作。在规定的期限内未完成筹建工作，经申请人申请，中国保监会批准，筹建期可延长3个月。筹建期满仍未完成筹建工作的，原批准筹建文件自动失效。

筹建机构在筹建期间不得从事任何经营业务活动。

第十四条　筹建工作完成后，申请人应当向中国保监会提出开业申请，并提交下列材料：

（一）开业申请报告；

（二）法定验资机构出具的验资证明，资本金入账凭证复印件；

（三）拟任高级管理人员、主要从业人员的名单和简历；

（四）营业场所的所有权或者使用权证明文件；

（五）公司章程和内部管理制度；

（六）信息管理系统、资金运用交易设备和安全防范设施的资料；

（七）中国保监会规定的其他材料。

第十五条　中国保监会应当自收到设立保险资产管理公司完整的开业申请文件之日起20日内，作出核准或者不予核准的决定。决定核准的，颁发《经营保险资产管理业务许可证》；决定不予核准的，应当书面通知申请人并说明理由。

第十六条　保险资产管理公司设立分支机构，应当向中国保监会提出申请，并提交下列材料：

（一）设立申请书；

（二）拟设机构的业务范围；

（三）拟设机构未来3年的经营规划和市场分析；

（四）拟设机构筹建负责人的简历及相关证明材料；

（五）信息管理系统、资金运用交易设备和安全防范设施的资料。

第十七条　中国保监会对保险资产管理公司设立分支机构的申请进行初步审

查，自收到完整的申请材料之日起20日内作出批准或者不批准筹建的决定；决定不批准的，应当书面通知保险资产管理公司并说明理由。

第十八条 保险资产管理公司应当自收到中国保监会批准筹建分支机构文件之日起3个月内完成筹建工作；在规定的期限内未完成筹建工作的，原批准筹建文件自动失效。

筹建机构在筹建期间不得从事任何经营业务活动。

第十九条 分支机构筹建工作完成后，保险资产管理公司应当向中国保监会提出开业申请，并提交下列材料：

（一）开业申请；

（二）筹建工作完成情况报告；

（三）业务经营范围；

（四）拟任机构负责人的简历及相关证明材料；

（五）营业场所的使用权或者所有权证明文件；

（六）信息管理系统、资金运用交易设备和安全防范设施的资料；

（七）内部机构设置及从业人员情况。

第二十条 中国保监会应当自收到设立保险资产管理公司分支机构的完整开业申请文件之日起20日内，作出核准或者不予核准的决定。决定核准的，颁发《经营保险资产管理业务许可证》；决定不予核准的，应当书面通知申请人并说明理由。

第二十一条 经核准开业的保险资产管理公司、保险资产管理公司分支机构应当持核准文件及《经营保险资产管理业务许可证》，向工商行政管理部门办理登记手续，领取营业执照后方可营业。

第二十二条 中国保监会统一设计、印刷、颁发、扣缴、注销或者吊销《经营保险资产管理业务许可证》。其他单位和个人均不得设计、印刷、颁发、扣缴或者吊销《经营保险资产管理业务许可证》。

第二十三条 保险资产管理公司的高级管理人员应当具备下列条件：

（一）大学本科以上学历；

（二）10年以上经济工作经历或者5年以上金融、保险、证券从业经历；

（三）未受过刑事处罚或者未因从事经济活动受过行政处罚；

（四）中国保监会规定的其他条件。

保险资产管理公司的高级管理人员不得在其他营利性经营机构兼职，但中国保监会另有规定的除外。

第二十四条 保险资产管理公司有下列情形之一的，应当报中国保监会批准：

（一）变更公司章程；

（二）变更出资人或者持有公司股份10%以上的股东；

（三）调整业务范围；

（四）撤销分支机构；

（五）变更营业场所；

（六）更换高级管理人员。

第二十五条 保险资产管理公司依法解散、被依法撤销或者被宣告破产而终止，其受托管理的保险资金不属于清算财产。

第二十六条 保险资产管理公司依法解散的，应当成立清算组。清算工作由中国保监会监督指导。

保险资产管理公司被依法撤销的，由中国保监会及时组织股东、有关部门及有关专业人士成立清算组。

保险资产管理公司被依法宣告破产的，由人民法院依法组织清算组。

第二十七条 清算组应当自成立之日起10日内通知债权人，并于60日内在中国保监会指定的报纸上至少公告3次。公告内容应当经中国保监会核准。

清算组应当委托资信良好的会计师事务所等专业中介机构，对公司债权债务和资产进行评估。

第二十八条 保险资产管理公司依法解散、被撤销或者被宣告破产的，其财产清算与债权、债务处理，按有关法律、法规的规定执行。

第三章 经营范围和经营规则

第二十九条 保险资产管理公司经营范围包括以下全部或者部分业务：

（一）受托管理运用其股东的人民币、外币保险资金；

（二）受托管理运用其股东控制的保险公司的资金；

（三）管理运用自有人民币、外币资金；

（四）中国保监会批准的其他业务；

（五）国务院其他部门批准的业务。

第三十条 保险资金的管理运用限于银行存款、买卖政府债券、金融债券和国务院规定的其他资金运用形式。

第三十一条 保险资产管理公司开展外汇资金运用业务和其他外汇业务，应当经国家外汇管理部门批准。

第三十二条 保险资产管理公司自有资金与受托管理资金在同一投资渠道的总投资比例和单一投资对象的投资比例应当分别计算。

保险公司委托他人运用的资金和自己管理运用的资金在同一投资渠道的总投资比例和单一投资对象的投资比例应当分别合并计算。

第三十三条 保险公司和其委托的保险资产管理公司应当约定独立的托管人。

托管人应当是符合中国保监会规定条件的商业银行或者其他专业金融机构。

第三十四条 保险资产管理公司管理下列资金，应当由不同的投资管理人员分别管理，分别记账：

（一）自有资金和受托管理的保险资金；

（二）受托管理同一保险公司不同性质的保险资金。

保险资产管理公司应当公平对待其管理的不同保险资金。

第三十五条 保险资产管理公司因保险资金的管理运用、处分或者其他情形取得的财产，应当归入保险资金。

除依照合同约定取得报酬外，保险资产管理公司利用受托管理的保险资金为自己谋取利益的，所得利益归入受托管理的保险资金。

第三十六条 保险资产管理公司受托管理运用保险资金、托管人托管保险资金均应当订立书面合同。

中国保监会另行制定书面合同的内容和格式指引。

第三十七条 保险资产管理公司依照合同约定取得资产管理费，并应当将收取资产管理费的情况向中国保监会报告。

资产管理费率应当依照公平、合理的原则确定。

中国保监会可以制定保险资产管理费率的标准。

第三十八条 保险资产管理公司不得有下列行为：

（一）提供担保；

（二）承诺受托管理的资金不受损失或者保证最低收益；

（三）将受托管理的保险资金转委托；

（四）利用受托保险资金为委托人以外的第三人牟取利益；

（五）与股东、委托保险资金管理运用的保险公司之间或者操纵不同来源的受托资金互相进行资金运用交易；

（六）以资产管理费的名义或者其他方式与委托人合谋获取非法利益；

（七）国家有关法律、法规及监管部门禁止的其他行为。

第三十九条 由于保险资产管理公司违反国家有关规定或者合同约定，致使保险资金受到损失，保险资产管理公司应当赔偿损失。在未赔偿损失之前，不得取得报酬。

第四十条 保险资产管理公司管理运用保险资金业务的完整记录和委托运用保险资金的合同文本应当保存15年以上。

第四十一条 保险资产管理公司应当定期或者根据合同约定报告受托管理的保险资金的管理运用、处分及收支情况。

委托人有权查阅、抄录或者复制与其委托保险资金有关的账目以及其他文件，并有权要求受托人作出说明。

第四十二条 保险资产管理公司的自有资金与受托管理的保险资金的年终财务报告应当经会计师事务所审计。

第四十三条 保险资产管理公司和保险资金托管人对委托人以及保险资金运用的情况和资料负有依法保密义务。

第四十四条 保险资产管理公司作为受托人管理运用、处分受托资金所产生的债权，不得与保险资产管理公司自有财产所产生的债务相抵销。

保险资产管理公司作为受托人管理运用、处分不同委托人的财产所产生的债权债务，不得相互抵销。

保险资产管理公司与其它社会组织或者个人发生民事纠纷，其受托管理的保险资金不得用于扣押、冻结、抵偿等。

第四章 风险控制和监督管理

第四十五条 保险资产管理公司应当建立完善的公司法人治理结构和有效的内控制度，设立投资决策部门和风险控制部门，建立相互监督的制约机制。

第四十六条 保险资产管理公司应当加强信息化建设，建立完备的投资决策、资金运用和财务核算的信息管理系统。

保险资产管理公司应当有与业务操作相关的安全保卫措施。

第四十七条 保险资产管理公司应当根据有关规定设立监事会。

委托人可以向受托管理保险资金的保险资产管理公司派驻监督人员。监督人员代表委托人监督保险资产管理公司履行合同情况，但不得干预保险资产管理公司的正常业务。

第四十八条 保险资产管理公司有权列席保险公司资产负债匹配管理部门的有关会议。

第四十九条 保险资产管理公司应当在保险资金委托管理合同和托管合同签订之日起20日内向中国保监会报送合同的复印件。

第五十条 保险资产管理公司应当按照中国保监会的规定报送资产负债表、损益表、业务统计表、财务分析报告等有关报表及其他资料。

中国保监会另行发布保险资产管理公司报送报表的内容和格式。

第五十一条 中国保监会对保险资产管理公司的监督检查采取现场监管与非现场监管相结合的方式。

中国保监会可以委托会计师事务所等专业中介机构对保险资产管理公司进行检查。

第五十二条 保险公司和保险资产管理公司违反本规定及有关法律法规的，中国保监会依据《保险法》及有关行政法规给予保险公司、保险资产管理公司及其高级管理人员和直接责任人员行政处罚。

第五章 附 则

第五十三条 本规定自2004年6月1日起施行。

18. 中国保险监督管理委员会关于调整《保险资产管理公司管理暂行规定》有关规定的通知

（2011年4月7日 保监发〔2011〕19号）

各保险集团（控股）公司、保险公司、保险资产管理公司：

为防范资金运用风险，促进资产管理业务发展，根据《保险法》及有关规定，现将调整《保险资产管理公司管理暂行规定》有关事项通知如下：

一、第三条调整为“保险资产管理公司是指经中国保监会会同有关部门批准，依法登记注册、受托管理保险等资金的金融机构。”

二、第八条调整为“设立保险资产管理公司，主要发起人应当为保险集团（控股）公司或者保险公司，该保险集团（控股）公司或者保险公司应当具备下列条件”，其中：第一款调整为“经营保险业务5年以上”；第三款调整为“偿付能力不低于150%，总资产不低于100亿元人民币，保险集团（控股）公司的总资产不低于150亿元人民币”。

三、第十条调整为“保险资产管理公司的注册资本最低限额为1亿元人民币或者等值的自由兑换货币，其注册资本应当为实缴货币资本”。

四、第二十九条调整为“保险资产管理公司经营范围包括以下全部或者部分业务：

（一）受托管理委托人委托的人民币、外币资金；

（二）管理运用自有人民币、外币资金；

（三）开展保险资产管理产品业务；

（四）中国保监会批准的其他业务；

（五）国务院其他部门批准的业务。”

五、第三十四条调整为“保险资产管理公司管理下列资金，应当公平对待、分别记账并由不同投资人员管理：（一）自有资金和受托管理资金；（二）受托管理同一委托人不同性质的资金。”

六、有关涉及保险资产管理公司设立分支机构的规定，调整为“保险资产管理公司设立子公司，从事专项资产管理业务，由中国保监会依据有关法律法规研究制定。”

19. 中国保监会关于保险资产管理公司开展资产管理产品业务试点有关问题的通知

（2013年2月4日　保监资金〔2013〕124号）

各保险集团（控股）公司、保险公司、保险资产管理公司：

为支持保险资产管理公司开展资产管理产品（以下简称“产品”）业务试点，保护产品持有人权益，防范和控制风险，根据《保险资金运用管理暂行办法》等相关规定，现就有关事项通知如下：

一、本通知所称产品是指保险资产管理公司作为管理人，向投资人发售标准化产品份额，募集资金，由托管机构担任资产托管人，为投资人利益运用产品资产进行投资管理的金融工具。产品限于向境内保险集团（控股）公司、保险公司、保险资产管理公司等具有风险识别和承受能力的合格投资人发行，包括向单一投资人发行的定向产品和向多个投资人发行的集合产品。

向单一投资人发行的定向产品，投资人初始认购资金不得低于 3000 万元人民币；向多个投资人发行的集合产品，投资人总数不得超过 200 人，单一投资人初始认购资金不得低于 100 万。

二、保险资产管理公司开展产品业务所需资质参照《保险资金委托投资管理暂行办法》关于保险资金投资管理人的规定执行，公司应当制定完善的产品业务管理制度。

三、产品资产应当实施托管，托管人需具备保险资金托管人资格，履行保管产品资产、监督产品投资行为、复核产品净值、披露托管信息、参与产品资产清算等职责。

四、保险资产管理公司发行产品，实行初次申报核准，后续产品事后报告。

保险资产管理公司初次发行产品，应当在发行前向中国保监会报送下列材料：（一）发行申请；（二）具备开展产品业务能力的情况说明，并附有中国保监会出具的《投资管理人受托管理保险资金报告表》；（三）产品合同；（四）集合产品的募集说明书；（五）托管协议；（六）其他相关文件。中国保监会对申报材料进行审核，符合条件的，将向保险资产管理公司出具确认函。

保险资产管理公司后续发行集合产品，在完成发行后 15 个工作日内向中国保监会报送前款第（三）至第（六）项材料，以及验资报告和认购情况报告。

保险资产管理公司后续发行定向产品，应当在合同签订后 15 个工作日内向中国保监会提交产品说明书和产品合同。

五、保险资产管理公司发行集合产品，应当制定风险揭示书充分揭示风险。投资人认购或申购集合产品，保险资产管理公司需确认投资人已签署风险揭示书，投资人未签署风险揭示书的，保险资产管理公司不得向其发行或允许其申购集合产品。

六、产品投资范围限于银行存款、股票、债券、证券投资基金、央行票据、非金融企业债务融资工具、信贷资产支持证券、基础设施投资计划、不动产投资计划、项目资产支持计划及中国保监会认可的其他资产。

产品投资范围包括基础设施投资计划、不动产投资计划、项目资产支持计划等投资品种的，保险资产管理公司应当在产品合同和产品募集说明书中说明相应的投资比例、估值原则、估值方法和流动性支持措施等内容。

七、保险资产管理公司在产品募集期间，可以自行或委托相应的销售机构推介产品，但不得通过互联网站、电视、广播、报刊等公共媒体公开推介。推介时，应当恪守职业道德和行为规范，全面、公正、准确地介绍产品特征和风险。推介材料必须真实、准确，不得存在虚假记载、误导性陈述或重大遗漏、或向投资人违规承诺收益和承担损失。

八、保险资产管理公司、托管人以及产品的其他信息披露义务人应当依据法律法规及产品合同的约定向监管机构和投资人披露信息，并确保所披露信息的真实性、准确性和完整性。

九、保险资产管理公司应当对每只产品进行独立核算、独立管理，公平对待所管理的不同产品资产，避免利益冲突，严禁可能导致利益输送、不公平交易的各种行为。

保险资产管理公司、托管人应当在每年结束之日起的3个月内分别编制上一年度的产品业务管理报告和托管报告报中国保监会，产品业务管理报告内容包括但不限于产品运作管理、公平交易制度执行、异常交易行为等情况。

十、产品终止的，保险资产管理公司应当在清算完成后，及时进行信息披露，并在15个工作日内将清算结果报中国保监会。

十一、试点期间，中国保监会视有关情况可对产品发行人资质条件、投资人范围、产品发行审核方式、产品投资范围等进行适时调整。

十二、本通知自发布之日起施行。

20. 关于保险资产管理公司有关事项的通知

（2012年10月12日　保监发〔2012〕90号）

各保险资产管理公司：

为拓宽保险资产管理公司业务范围，促进资产管理公司创新发展，根据有关法律法规，经与有关部门协商，现就保险资产管理公司有关事项通知如下：

一、保险资产管理公司是经中国保监会会同有关部门批准，依法登记注册，受托管理保险等资金的金融机构。保险资产管理公司在有效控制风险的前提下，可以开展业务创新、产品创新和组织创新。

二、保险资产管理公司除受托管理保险资金外，还可受托管理养老金、企业年金、住房公积金等机构的资金和能够识别并承担相应风险的合格投资者的资金。

三、保险资产管理公司作为受托人，可以接受客户委托，以委托人名义，开展资产管理业务，也可以设立资产管理产品，为受益人利益或者特定目的，开展资产管理业务。

四、保险资产管理公司开展资产管理业务，应当按照相关市场规则，以资产管理产品或专户名义，开设证券账户和资金账户，进行独立运作管理。

五、保险资产管理公司符合有关规定的，可以向有关金融监管部门申请，依法开展公募性质的资产管理业务。

六、保险资产管理公司可以按照有关规定设立子公司，从事专项资产管理业务，进一步改革完善体制和机制。

七、保险资产管理公司应当完善公司治理，按照审慎经营原则，健全风险管理与内部控制，有效防范和控制风险，恪尽职守，规范管理，公平公正对待所有受托资产。

八、保险资产管理公司开展前述资产管理业务，应当具备相应资质条件。中国保监会将根据市场情况，适时制定有关业务规则，促进资产管理业务持续健康发展。

21. 关于保险资产管理公司设立专项产品有关事项的通知

（2018 年 10 月 24 日　银保监发〔2018〕65 号）

各保险集团（控股）公司、保险公司、保险资产管理公司：

为发挥保险资金长期稳健投资优势，参与化解上市公司股票质押流动性风险，加大保险资金投资优质上市公司力度，现就保险资产管理公司设立专项产品有关事项通知如下：

一、保险资产管理公司设立专项产品，应当符合下列条件：

（一）具有规范的公司治理结构、完善的内部控制和风险管理体系；

（二）具备发行组合类保险资产管理产品业务资格；

（三）最近三年内未因重大违法违规行为、重大失信行为受到行政处罚；

（四）银保监会规定的其他条件。

二、专项产品主要用于化解优质上市公司股票质押流动性风险，投资标的包括：

（一）上市公司股票；

（二）上市公司及其股东公开发行的债券；

（三）上市公司股东非公开发行的可交换债券；

（四）经银保监会认可的其他资产。

三、专项产品的投资者主要为保险机构、社保基金等机构投资者及金融机构资产管理产品。

四、专项产品应当设定合理的封闭期及产品存续期限。

五、保险资产管理公司应当合理控制产品投资集中度，有效管理各类风险。

六、保险资产管理公司应当积极发挥机构投资者作用，支持上市公司改善公司治理，提升公司价值，维护公司长期稳健经营。专项产品主要采取股东受让、上市公司回购、大宗交易与协议转让及其他方式平稳退出。

七、专项产品应当单独管理、单独建账和单独核算，确保每只产品与所投资资产相对应。专项产品应当选择符合条件的商业银行实施独立托管。

八、专项产品发行前应当向中保保险资产登记交易系统有限公司申请登记产品信息，并提交下列材料：

（一）产品登记申请；

（二）产品合同；

（三）产品募集说明书；

（四）托管协议；

（五）银保监会规定的其他材料。

九、保险公司投资专项产品的账面余额，不纳入权益类资产计算投资比例，纳入其他金融资产投资比例监管。

十、保险资产管理公司应当按照银保监会相关规定，向投资者披露专项产品的有关法律文件、产品净值以及产品运作期间发生的重大事项等情况。

十一、保险公司和保险资产管理公司不得以专项产品的资金进行不正当关联交易、利益输送、内幕交易和操纵市场。

十二、保险资产管理公司应当于每月 10 日前向中保保险资产登记交易系统报告专项产品存续期信息、产品资产负债表及投资持仓明细信息。

十三、专项产品存续期内，发生可能对投资者权益产生重大影响的事件，或发生严重影响产品正常运作的重大风险，保险资产管理公司应当及时向银保监会报告，并在事件发生后的2个工作日内向投资者披露相关信息。

十四、符合条件的养老保险公司设立专项产品参照本通知执行。

22. 保险资金间接投资基础设施项目管理办法

（2016年6月14日中国保险监督管理委员会令2016年第2号公布 自2016年8月1日起施行）

第一章 总 则

第一条 为了加强对保险资金间接投资基础设施项目的管理，防范和控制管理运营风险，确保保险资金安全，维护保险人、被保险人和各方当事人的合法权益，促进保险业稳定健康发展，根据《中华人民共和国保险法》、《中华人民共和国信托法》、《中华人民共和国合同法》等法律、行政法规，制定本办法。

第二条 本办法所称保险资金间接投资基础设施项目，是指委托人将其保险资金委托给受托人，由受托人按委托人意愿以自己的名义设立投资计划，投资基础设施项目，为受益人利益或者特定目的，进行管理或者处分的行为。

第三条 委托人投资受托人设立的投资计划，应当聘请托管人托管投资计划的财产。受益人应当聘请独立监督人监督投资计划管理运营的情况。

第四条 委托人、受托人、受益人、托管人、独立监督人以及参与投资计划的其他当事人应当依法从事相关业务活动，并按照本办法规定，签订书面合同，载明各方的权利、义务。

第五条 投资计划财产独立于受托人、托管人、独立监督人及其他为投资计划管理提供服务的自然人、法人或者组织的固有财产及其管理的其他财产。受托人因投资计划财产的管理、运用、处分或者其他情形取得的财产和收益，应当归入投资计划财产。

第六条 受托人、托管人、独立监督人及其他为投资计划管理提供服务的自然人、法人或者组织，因依法解散、被依法撤销或者被依法宣告破产等原因进行终止清算的，投资计划财产不属于其清算财产。

投资计划财产的债权，不得与受托人、托管人、独立监督人及其他为投资计划管理提供服务的自然人、法人或者组织的固有财产产生的债务相抵销。不同投资计划财产的债权债务，不得相互抵销。

非因执行投资计划产生债务，不得对投资计划财产强制执行。

第七条　保险资金间接投资基础设施项目，应当遵循安全性、收益性、流动性和资产负债匹配原则。委托人应当审慎投资，防范风险。受托人、托管人、独立监督人及其他为投资计划管理提供服务的自然人、法人或者组织，应当恪尽职守，履行诚实、信用、谨慎、勤勉的义务。

第八条　中国保险监督管理委员会（以下简称中国保监会）负责制定保险资金间接投资基础设施项目的有关政策。

中国保监会与有关监管部门依法对保险资金间接投资基础设施项目的各方当事人和相关业务活动进行监督管理。

第二章　投资计划

第九条　本办法所称投资计划，是指各方当事人以合同形式约定各自权利义务关系，确定投资份额、金额、币种、期限或者投资退出方式、资金用途、收益支付和受益凭证转让等内容的金融工具。

第十条　投资计划可以采取债权、股权、物权及其他可行方式投资基础设施项目。

投资计划采取债权方式投资基础设施项目的，应当具有明确的还款安排。采取股权、政府和社会资本合作模式投资基础设施项目的，应当选择收费定价机制透明、具有预期稳定现金流或者具有明确退出安排的项目。

第十一条　投资计划投资的基础设施项目应当符合下列条件：

（一）符合国家产业政策和有关政策；

（二）项目立项、开发、建设、运营等履行法定程序；

（三）融资主体最近 2 年无不良信用记录；

（四）中国保监会规定的其他条件。

第十二条　投资计划不得投资有下列情形之一的基础设施项目：

（一）国家明令禁止或者限制投资的；

（二）国家规定应当取得但尚未取得合法有效许可的；

（三）主体不确定或者权属不明确等存在法律风险的；

（四）融资主体不符合融资的法定条件的；

（五）中国保监会规定的其他情形。

第十三条 投资计划至少应当包括下列法律文书：

（一）投资计划募集说明书；

（二）委托人与受托人签订的受托合同，合同至少应当包括投资计划名称、管理方式、各方当事人权利义务、期限或者投资退出方式、金额、投资计划财产的收益分配和支付、管理费用和报酬、投资计划财产损失后的承担主体和承担方式、违约赔偿责任和纠纷解决方式等内容；

（三）委托人与托管人签订的托管合同，合同至少应当包括托管财产范围、投资计划财产的收益划拨、资金清算、会计核算及估值、费用计提、违约赔偿责任等内容；

（四）受托人与融资主体签订的投资合同或者相关协议，至少应当包括投资金额、期限或者投资退出方式、资金用途及划拨方式、项目管理方式、运营管理、违约赔偿责任等内容；

（五）受益人与独立监督人签订的监督合同，合同至少应当包括独立监督人的监督范围，超过限额的资金划拨确认以及资金划拨方式、项目管理运营、建设质量监督、违约赔偿责任等内容；

（六）受益人大会章程；

（七）投资计划具有信用增级安排的，应当包括信用增级的法律文件；

（八）中国保监会规定的其他法律文书。

前款第（二）、（三）、（四）、（五）、（六）项规定的法律文书应当载明其他当事人参与的有关受托、托管、项目投资、监督等事项。

第十四条 投资计划募集说明书至少应当载明下列事项：

（一）投资和管理风险；

（二）投资计划目的和基础设施项目基本情况，包括项目资金用途、金额、期限或者投资退出方式、还款方式、保证条款及违约责任、信息披露等；

（三）各方当事人基本情况，包括名称、住所、联系方式及其关联关系；

（四）投资可行性分析；

（五）投资计划业务流程，包括登记及托管事项、投后管理、风险及控制措施、流动性安排、收益分配及账户管理；

（六）投资计划的设立和终止；

（七）投资计划的纳税情况；

（八）投资计划约定或者法律、行政法规以及中国保监会规定的其他内容。

投资和管理风险应当在投资计划募集说明书的显著位置加以提示。

第十五条　投资计划各方当事人应当在投资计划中书面约定受托管理费、托管费、监督费和其他报酬的计提标准、计算方法、支付方式、保证履约条款以及违约责任等内容。

各方当事人应当按照市场公允原则，综合考虑运营成本、履职需要等因素合理确定相关费率水平。有关当事人经协商同意，可以增减约定报酬的数额，修改有关报酬的约定。

第十六条　投资计划的受益权应当分为金额相等的份额。

受益人通过受益凭证表明受益权。受益人可以转让受益凭证。受益凭证的受让方应当是具有风险识别和承受能力的合格投资者。受益凭证转让的，受让人承继原受益人的权利义务，投资计划其他各方当事人的权利义务不因转让发生变化。

投资计划受益凭证转让规则，由中国保监会另行制定。

第十七条　有下列情形之一的，投资计划终止：

（一）发生投资计划约定的终止事由；

（二）投资计划的存续违反投资计划目的；

（三）投资计划目的已经实现或者不能实现；

（四）投资计划被撤销或者解除；

（五）投资计划当事人协商同意；

（六）投资计划约定或者法律、行政法规以及中国保监会规定的其他情形。

第十八条　投资计划终止后，受托人应当在终止之日起 90 日内，完成投资计划清算工作，并向有关当事人和监管部门出具经审计的清算报告。

受益人、投资计划财产的其他权利归属人以及投资计划的相关当事人应当在收到清算报告之日起 30 日内提出意见。未提书面异议的，视为其认可清算报告，受托人就清算报告所列事项解除责任，但受托人有不当行为的除外。

第十九条　投资计划的各方当事人应当严格按照投资计划约定的时间和程序，分配投资计划收益和有关财产。

第二十条 受托人、托管人、独立监督人违反本办法规定或者投资计划约定，造成投资计划财产损失的，应当依法承担相应赔偿责任。

第三章 委 托 人

第二十一条 本办法所称委托人，是指在中华人民共和国境内，经中国保监会批准设立的保险公司、保险集团公司和保险控股公司（以下简称保险机构）以及其他具有风险识别和承受能力的合格投资者。

一个或者多个委托人可以投资一个投资计划，一个委托人可以投资多个投资计划。

第二十二条 保险机构作为投资计划委托人，应当符合下列条件：

（一）具有公司董事会或者董事会授权机构批准投资的决议；

（二）建立了完善的投资决策和授权机制、风险控制机制、业务操作流程、内部管理制度和责任追究制度；

（三）引入了投资计划财产托管机制；

（四）拥有一定数量的相关专业投资人员；

（五）最近3年无重大投资违法违规记录；

（六）偿付能力符合中国保监会有关规定；

（七）中国保监会规定的其他条件。

保险机构委托保险资产管理公司等专业管理机构，代其履行委托人相关权利义务的，不受前款第（四）项限制。

第二十三条 委托人应当履行下列职责：

（一）评估投资计划的投资可行性；

（二）测试投资计划风险及承受能力，制定风险防范措施和预案；

（三）选择受托人和托管人，约定受益人权利；

（四）与受托人签订受托合同，确定投资计划管理方式，约定受托人管理、运用及处分权限，监督受托人履行职责的情况；

（五）监督托管人履行职责的情况；

（六）约定有关当事人报酬的计提方法和支付方式；

（七）定期向有关当事人了解投资计划财产的管理、运用、收支和处分情况及项目建设和管理运营信息，并要求其作出具体说明；

（八）根据有关法律、行政法规规定以及投资计划的约定或者因未能预见的特别事由致使投资计划不符合受益人利益的，要求受托人调整投资计划财产的管理方法；

（九）受托人违反有关法律规定和投资计划约定，造成投资计划财产损失的，要求受托人恢复投资计划财产原状、给予赔偿；

（十）受托人、托管人违反投资计划目的处分投资计划财产或者管理、运用、处分投资计划财产有重大过失的，根据投资计划的约定和本办法的规定解任受托人、托管人；

（十一）保存投资计划投资会计账册、报表等；

（十二）接受中国保监会的监督管理，及时报送相关文件及材料；

（十三）投资计划约定或者法律、行政法规以及中国保监会规定的其他职责。

第二十四条　委托人不得有下列行为：

（一）投资未依照有关规定注册的投资计划；

（二）利用投资计划违法转移保险资金、向关联方输送不正当利益；

（三）妨碍相关当事人履行投资计划约定的职责；

（四）投资计划约定或者法律、行政法规以及中国保监会禁止的行为。

第四章　受 托 人

第二十五条　本办法所称受托人，是指根据投资计划约定，按照委托人意愿，为受益人利益，以自己的名义投资基础设施项目的信托公司、保险资产管理公司、产业投资基金管理公司或者其他专业管理机构。

受托人与托管人、独立监督人、融资主体不得为同一人，且受托人与独立监督人、融资主体不得具有关联关系。

受托人与托管人具有关联关系的，应当及时向投资计划各方当事人披露，并向中国保监会报告。

第二十六条　受托人设立投资计划，应当具备相应的投资管理能力。具体规则由中国保监会另行制定。

第二十七条　受托人设立投资计划，应当向中国保监会指定的注册机构注册。

受托人应当按照注册机构的要求报送注册材料。受托人报送的注册材料应当真实、完备、规范。

注册机构对注册材料的完备性和合规性进行程序性审核，不对投资计划的投资价值及风险作实质性判断。

第二十八条 受托人应当履行下列职责：

（一）调查投资项目情况，出具尽职调查报告；

（二）选择基础设施项目，评估项目投资价值及管理运营风险；

（三）设立投资计划，与委托人签订受托合同；

（四）与融资主体签订投资合同或者相关协议，约定融资主体书面承诺接受独立监督人的监督并为独立监督人实施监督提供便利；

（五）代表委托人与托管人签订托管合同，为每个投资计划开立一个独立的投资计划财产银行账户；

（六）代表受益人与独立监督人签订独立监督合同，为受益人最大利益，谨慎处理投资计划事务，保障投资计划财产安全；

（七）在投资计划授权额度内，及时向托管人下达项目资金划拨指令；

（八）及时向受益人分配并支付投资计划收益，将到期投资计划财产归还受益人；

（九）协助受益人办理受益凭证转让事宜；

（十）及时披露投资计划信息，接受有关当事人查询，如实提供相关材料，报告项目管理运营情况；

（十一）持续管理和跟踪监测基础设施项目建设或者运营情况，要求融资主体履行相关信息披露义务；

（十二）编制投资计划管理及财务会计报告；

（十三）聘请会计师事务所等中介机构审计投资计划管理和投资项目运营情况；

（十四）保存处理投资计划事务的完整记录及投资项目的会计账册、报表等；

（十五）依法保守投资计划的商业机密；

（十六）受益人大会实质性变更投资计划的，及时将有关投资计划变更的文件资料报送中国保监会；

（十七）遇有突发紧急事件，及时向有关当事人、中国保监会和有关监管部门报告；

（十八）主动接受有关当事人、中国保监会和有关监管部门的监督，报送相关文件及资料；

（十九）投资计划约定或者法律、行政法规以及中国保监会规定的其他职责。

第二十九条　受托人按照投资计划约定取得报酬。

受托人违反投资计划约定处分投资计划财产，或者因违背管理职责、处理投资计划不当致使投资计划财产损失的，在未恢复投资计划财产原状或者未予赔偿前，不得请求给付报酬。

第三十条　受托人违反投资计划约定，致使对第三方所负债务或者自己受到的损失，以其固有财产承担。

受托人违背受托合同约定，管理、运用、处分投资计划财产取得的不正当利益，应当归入投资计划财产；导致投资计划财产受到损失的，应当承担赔偿责任。

受托人提供虚假或者模糊信息，误导独立监督人，造成投资计划财产损失的，应当承担赔偿责任。

第三十一条　有下列情形之一的，受托人职责终止：

（一）受托人被依法暂停或者终止从事受托业务；

（二）受托人被委托人或者受益人大会解任；

（三）受托人依法解散、被依法撤销、被依法接管或者被依法宣告破产；

（四）投资计划约定的其他情形。

第三十二条　受托人职责终止的，委托人或者受益人大会应当在30日内委任新的受托人。

受托人职责终止的，新受托人继任前，原受托人应当继续履行有关职责，妥善保管有关资料，及时办理受托管理业务移交手续。新受托人应当承继原受托人处理投资计划事务的职责。

受托人出现第三十一条第（三）项情形时，委托人或者受益人大会应当指定临时受托人负责投资计划的相关事宜。

投资计划终止时，受托人应当继续履行有关职责，直至清算结束。

第三十三条　受托人职责终止的，应当聘请会计师事务所对其受托管理投资计划的行为进行审计，将审计结果书面通报投资计划的其他当事人，并报送中国保监会和有关监管部门。

第三十四条　受托人不得有下列行为：

（一）挪用投资计划财产；

（二）将投资计划财产用于信用交易；

（三）以投资计划财产为他人提供担保或者向融资主体之外的人提供贷款；

（四）将投资计划财产与其固有财产、他人财产混合管理；

（五）将不同投资计划财产混合管理；

（六）利用投资计划财产牟取约定报酬以外的利益，或者为他人牟取不正当利益；

（七）以任何方式提供保本或者最低投资收益承诺；

（八）不公平管理不同投资计划财产；

（九）将受托人固有财产与投资计划财产进行交易或者将不同投资计划财产进行相互交易；

（十）从事导致投资计划财产承担无限责任的投资；

（十一）投资计划约定或者法律、行政法规以及中国保监会禁止的行为。

第五章　受益人

第三十五条　本办法所称受益人，是指持有投资计划受益凭证，享有投资计划受益权的人。

投资计划受益人可以为委托人。受益人可以兼任独立监督人。

委托人是唯一受益人的，委托人可以要求解除投资计划。投资计划另有约定的，从其约定。

第三十六条　保险机构受让投资计划的受益凭证，应当符合本办法第二十二条规定的条件。

第三十七条　投资计划生效后，受益人依法享有下列权利：

（一）分享投资计划财产收益；

（二）参与分配清算后的剩余投资计划财产；

（三）依法转让其持有的投资计划受益凭证；

（四）按规定要求召开或者召集受益人大会，按其持有投资计划受益凭证份额或者投资计划约定行使表决权；

（五）向投资计划有关当事人了解投资计划管理及项目建设和运营信息，监督有关当事人履职情况；

（六）投资计划约定或者法律、行政法规以及中国保监会规定的其他权利。

第三十八条　受益人为两人以上的，应当设立受益人大会。受益人大会依法行使下列职权：

（一）审议受益人大会章程和独立监督合同；

（二）决定提前终止受托合同或者延长投资计划期限；

（三）决定改变投资计划财产投资方式；

（四）决定更换受托人、托管人、独立监督人；

（五）决定调整受托人、托管人以及投资计划的其他当事人报酬标准；

（六）投资计划约定的其他职权。

第三十九条 受益人大会由持有投资计划 1/3 以上受益凭证份额的受益人或者受托人提议召开。除突发紧急事件外，召集人应当至少提前 10 日通知受益人大会的召开时间、会议形式、审议事项、议事程序和表决方式等事项，同时报告中国保监会。中国保监会可以委派监管人员作为会议观察员列席会议。

受益人大会召开、提交议题和审议表决等事项按照受益人大会章程和有关规定执行。

第四十条 投资计划终止或者受益人将其投资计划受益凭证全部转让后，其受益人权利义务自行终止。

第四十一条 受益人不得有下列行为：

（一）授意受托人违法违规投资；

（二）损害其他受益人利益；

（三）妨碍其他当事人依法履行职责；

（四）投资计划约定或者法律、行政法规以及中国保监会禁止的行为。

第六章 托 管 人

第四十二条 本办法所称托管人，是指根据投资计划约定，由委托人聘请，负责投资计划财产托管的商业银行或者其他专业金融机构。

一个投资计划选择一个托管人。托管人不得与受托人、融资主体为同一人，且不得与融资主体具有关联关系。

托管人与受益人为同一人、托管人与受益人或者受托人具有关联关系的，应当及时向投资计划各方当事人披露，并向中国保监会报告。

第四十三条 托管人应当符合中国保监会规定的有关条件，并已取得相关托管业务资格。

第四十四条 托管人应当履行下列职责：

（一）忠实履行托管职责；

（二）根据不同投资计划，分别设置专门账户，保证投资计划财产独立和安全完整；

（三）根据委托人指令，及时托管投资计划财产，办理委托人的资金划拨；

（四）根据投资计划约定，审核受托人指令，及时办理投资计划的资金划拨，将投资收益及到期投资计划财产划入受益人指定账户；

（五）确保融资主体支付投资收益和清算财产分配进入投资计划专门账户；

（六）负责投资计划的会计核算，复核、审查受托人计算的投资计划财产价值；

（七）了解并获取投资计划管理运营的有关信息，要求受托人、融资主体作出说明；

（八）监督投资计划资金使用及回收、投资计划收益计算及分配情况，发现受托人违规操作的，应当及时向其他当事人及中国保监会和有关监管部门报告；

（九）定期编制托管报告；

（十）及时披露投资计划信息，如实提供相关材料，报告投资计划执行情况，接受委托人、受益人及独立监督人的查询；

（十一）保存投资计划资金划拨指令、收益计算、支付及分配的会计账册、报表等；

（十二）主动接受委托人、受益人以及中国保监会和有关监管部门的监督，向其报送相关文件及资料；

（十三）投资计划约定或者法律、行政法规以及中国保监会规定的其他职责。

第四十五条 托管人按照投资计划约定取得报酬。

托管人因未履行托管义务造成投资计划财产损失的，应当承担赔偿责任。

第四十六条 有下列情形之一的，托管人职责终止：

（一）托管人被依法暂停或者终止从事托管业务；

（二）托管人被委托人或者受益人大会解任；

（三）托管人依法解散、被依法撤销、被依法接管或者被依法宣告破产；

（四）投资计划约定的其他情形。

第四十七条 托管人职责终止的，委托人或者受益人大会应当在30日内委任新托管人。

托管人职责终止的，新托管人继任前，原托管人应当继续履行有关职责，妥善保管托管管理资料，及时办理托管业务移交手续。新托管人应当承继原托管人处理投资计划事务的职责。

托管人出现本办法第四十六条第（三）项情形时，委托人或者受益人大会可以指定临时托管人负责相关托管事宜。

第四十八条 托管人职责终止的，应当聘请会计师事务所对其托管投资计划财产进行审计，将审计结果通报其他投资计划当事人，并报送中国保监会和有关监管部门。

第四十九条 托管人不得有下列行为：

（一）挪用其托管的投资计划财产；

（二）将其托管的投资计划财产与其固有财产混合管理；

（三）将其托管的不同投资计划财产混合管理；

（四）将其托管的投资计划财产转交他人托管；

（五）与受托人、融资主体、独立监督人合谋，损害受益人利益；

（六）投资计划约定或者法律、行政法规以及中国保监会禁止的行为。

第七章 独立监督人

第五十条 本办法所称独立监督人，是指根据投资计划约定，由受益人聘请，为维护受益人利益，对受托人管理投资计划和融资主体具体运营情况进行监督的专业管理机构。

一个投资计划选择一个独立监督人，项目建设期和运营期可以分别聘请独立监督人，投资计划另有约定的除外。独立监督人与受托人、融资主体不得为同一人，不得具有关联关系。

第五十一条 独立监督人可由下列机构担任：

（一）投资计划受益人；

（二）最近一年国内评级在AA级以上的金融机构；

（三）国家有关部门已经颁发相关业务许可证的专业机构；

（四）中国保监会认可的其他机构。

第五十二条 独立监督人应当符合下列条件：

（一）具有良好的诚信和市场形象；

（二）具有完善的内部管理、项目监控和操作制度，并且执行规范；

（三）具备承担独立监督职责的专业知识及技能；

（四）从事相关业务3年以上并有相关经验；

（五）近3年未被主管部门或者监管部门处罚；

（六）中国保监会规定的其他条件。

第五十三条 独立监督人应当履行下列职责：

（一）遵守职业准则，忠实履行监督职责；

（二）必要时聘请法人、自然人及其他组织，协助完成独立监督职责；

（三）监督受托人管理投资计划以及履行法定、投资计划约定职责的情况；

（四）跟踪监测融资主体管理的基础设施项目情况，包括但不限于投资计划资金投向，项目期限、质量、成本、运营以及履行合同情况。发现融资主体财务状况严重恶化、担保方不能继续提供有效担保等重大情况，应当及时向有关当事人以及中国保监会和有关监管部门报告；

（五）分析项目建设及运营风险，及时提出防范和化解建议；

（六）了解、获取投资计划管理及项目运营的有关信息，并要求受托人、融资主体作出说明；

（七）列席受益人大会；

（八）向受益人和中国保监会提交监督报告，主动接受受益人以及中国保监会和有关监管部门的监督检查，报送相关文件及资料；

（九）投资计划约定或者法律、行政法规以及中国保监会规定的其他职责。

第五十四条 独立监督人按照投资计划约定取得报酬。

独立监督人因监督不力造成投资计划财产损失的，应当承担赔偿责任。

第五十五条 有下列情形之一的，独立监督人职责终止：

（一）独立监督人被依法暂停或者终止从事独立监督业务；

（二）独立监督人被受益人大会解任；

（三）独立监督人依法解散、被依法撤销、被依法接管或者被依法宣告破产；

（四）投资计划约定的其他情形。

第五十六条 独立监督人职责终止的，受益人大会应当在30日内委任新独立监督人。

独立监督人职责终止的，新独立监督人继任前，原独立监督人应当继续履行有关职责，妥善保管监督资料，及时办理监督业务移交手续。新独立监督人应当承继原独立监督人处理投资计划事务的职责。

独立监督人出现本办法第五十五条第（三）项情形时，受益人大会可以指定临时独立监督人负责相关独立监督事宜。

第五十七条 独立监督人职责终止的，应当通报其他当事人，并报告中国保监会。

第五十八条　独立监督人不得有下列行为：

（一）与受托人、托管人和融资主体合谋，损害受益人利益；

（二）投资计划约定或者法律、行政法规以及中国保监会禁止的行为。

第八章　信息披露

第五十九条　各方当事人应当根据投资计划约定或者法律、行政法规、中国保监会以及有关部门的规定，完整保存投资计划相关资料，履行信息披露义务，保证有关当事人可以查阅或者复制。

各方当事人应当按照投资计划约定的时间和方式，准确、及时、规范报送有关投资计划管理运营、监督情况的文件资料，并对其真实性和完整性负责。

第六十条　受托人应当按照本办法第十三条的规定，向委托人提供投资计划法律文书和法律意见书等书面文件，充分披露相关信息，明示投资计划要素，揭示并以醒目方式提示各类风险以及风险承担原则。

第六十一条　受托人应当按照投资计划约定向委托人、受益人、托管人和独立监督人披露下列信息：

（一）投资计划设立情况，包括委托人和受益人范围和数量、资金总额等；

（二）投资计划运作管理情况，包括受托人、项目、融资主体、信用增级最新情况、收益和本金支付情况、投资管理情况、投资计划终止以及财产的归属和分配情况、投资计划协助关联方与投资计划相关当事人发生他项交易的情况等；

（三）重大事项、突发紧急事件和拟采取的措施；

（四）投资计划季度、半年、年度管理报告，其中年度管理报告应当附经会计师事务所审计的财务会计报告；

（五）投资计划约定或者法律、行政法规以及中国保监会和有关监管部门规定披露的信息。

第六十二条　受托人应当向中国保监会报告本办法第六十一条规定的各项信息。

向中国保监会提交的年度管理报告还应当包括下列信息：

（一）相关子公司或者事业部运营状况；

（二）相关管理人员履职情况。

第六十三条　保险机构作为委托人或者受益人，应当按照中国保监会的规定提交投资情况的报告。

受益人召开受益人大会的，应当及时向所有受益人披露受益人大会的决议和有关情况。

第六十四条 托管人、独立监督人应当向委托人、受益人以及中国保监会和有关监管部门披露、报告下列信息和事项：

（一）受托人履行职责情况；

（二）投资计划收益及财产现状；

（三）托管报告及监督报告；

（四）其他需要披露及报告的事项。

第六十五条 受托人、独立监督人应当采取必要措施，促使融资主体详尽充分披露有关信息。

第六十六条 各方当事人提供报告和披露信息时，应当保证所提供报告和信息真实、有效、完整，不得虚假陈述、诋毁其他当事人，不得做出违反法律、行政法规和本办法规定的承诺。

第六十七条 除本办法规定的内容外，凡有可能对委托人、受益人决策或者利益产生实质性影响的信息，各方当事人均有义务履行披露职责。

第九章 风险管理

第六十八条 委托人、受益人应当对投资计划风险进行实质性评估，根据资金性质、投资管理能力和风险管理能力，合理制定投资方案，履行相应的内部审核程序，自主投资、自担风险。

第六十九条 受托人应当建立有效的风险控制体系，覆盖项目开发、项目评审、审批决策、风险监控等关键环节。受托人董事会负责定期审查和评价业务开展情况，并承担风险管理的最终责任。

第七十条 受托人应当健全投资问责制度，建立风险责任人机制，切实发挥风险责任人对业务运作的监督作用。受托人向委托人、受益人和中国保监会提交相关报告，须由风险责任人签字确认。

第七十一条 受托人应当建立相应的净资本管理机制和风险准备金机制，确保满足抵御业务不可预期损失的需要。风险准备金从投资计划管理费收入中计提，计提比例不低于10%，主要用于赔偿受托人因违法违规、违反受托合同、未尽责履职等给投资计划财产造成的损失。不足以赔偿上述损失的，受托人应当使用其固有财产进行赔偿。

第七十二条　受托人应当恪尽职守，勤勉尽职，加强对融资主体、信用增级、投资项目等的跟踪管理和持续监测，及时掌握资金使用及投资项目运营情况，根据投资计划投资方式制定相应的风险控制措施，切实履行受托职责。

第七十三条　委托人、受益人应当充分发挥投资者监督作用，及时与受托人、托管人、独立监督人通报相关信息，跟踪监测投资计划执行和具体管理情况。

第七十四条　委托人、受益人应当每年对受托人、托管人和独立监督人进行尽职评估，必要时按照投资计划约定予以更换。

第七十五条　投资计划存续期间发生异常、重大或者突发等风险事件，各方当事人应当采取积极措施，尽可能降低投资计划财产损失。

受托人应在知悉或者应当知悉风险事件发生之日起 5 日内向委托人、受益人等相关当事人履行信息披露义务，并向中国保监会报告。

第七十六条　各方当事人不得违反投资计划约定或者法律、行政法规以及中国保监会规定，泄露与投资计划相关的商业秘密。

第十章　监督管理

第七十七条　中国保监会依法对投资计划当事人的经营活动进行监督，必要时可以责令各方当事人聘请具有相应资格的会计师事务所审计投资计划业务和财务状况。各方当事人应当积极配合，不得发生以下行为：

（一）拒绝、阻挠监管人员的监督检查；

（二）拒绝、拖延提供与检查事项有关的资料；

（三）隐匿、伪造、变造、毁弃会计凭证、会计账簿、会计报表以及其他有关资料；

（四）中国保监会规定的其他禁止行为。

有关监管部门按照各自职责，依法对受托人、托管人和独立监督人等有关当事人的业务情况进行监督检查。

第七十八条　中国保监会建立责任追究制度，负责对委托人、受益人及其高级管理人员和主要业务人员进行检查和问责。对违反有关法律、行政法规和本办法规定的行为进行质询和监管谈话，并依法给予行政处罚。

委托人、受益人的高级管理人员和主要业务人员离任后，发现其在该机构工作期间违反有关法律、行政法规和本办法规定的，应当依法追究责任。

第七十九条 受托人、托管人、独立监督人违反有关法律、行政法规和本办法规定的，中国保监会将记录其不良行为。情节严重的，中国保监会可以依法暂停其从事保险资金间接投资基础设施项目的业务，并会同有关监管部门依法给予行政处罚。

中国保监会可以限制、禁止委托人、受益人投资有不良记录的受托人、托管人和独立监督人参与的投资计划。受益人已经投资该类投资计划的，中国保监会可以要求其转让受益凭证。

第八十条 为投资计划提供服务的专业中介服务机构及其有关人员，应当遵守执业规范和职业道德，客观公正、勤勉尽责，独立发表专业意见。相关中介服务机构或人员未尽责履职，或其出具的报告含有虚假记载、误导性陈述或者重大遗漏的，应当承担相应法律责任。

第八十一条 中国保监会可以根据市场变化和投资运作情况，适时调整本办法规定有关当事人的资格条件、投资基础设施项目的投资范围。

第十一章 附 则

第八十二条 本办法所称关联关系是指有关当事人在股份、出资方面存在控制关系或者在股份、出资方面同为第三人所控制。

第八十三条 保险机构担任投资计划委托人或者受益人，投资于投资计划的具体比例，应当符合保险资金比例监管的有关规定。

第八十四条 非保险机构担任投资计划委托人或者受益人，还应当遵守其他相关法律、行政法规和有关监管部门的规定。

第八十五条 保险资金以投资计划形式间接投资非基础设施类不动产等项目，参照本办法执行。

第八十六条 本办法中的以上包括本数。

第八十七条 本办法由中国保监会负责解释、修订。

第八十八条 本办法自 2016 年 8 月 1 日起施行。中国保监会 2006 年 3 月 14 日发布的《保险资金间接投资基础设施项目试点管理办法》（保监会令 2006 年第 1 号）同时废止。

23. 中国保监会关于保险资金投资政府和社会资本合作项目有关事项的通知

（2017 年 5 月 4 日　保监发〔2017〕41 号）

各保监局，各保险集团（控股）公司、保险公司、保险资产管理公司：

为深入贯彻落实《中共中央 国务院关于深化投融资体制改革的意见》（中发〔2016〕18 号）和《国务院关于加快发展现代保险服务业的若干意见》（国发〔2014〕29 号）精神，推动政府和社会资本合作（PPP）项目融资方式创新，支持保险资金更好服务实体经济，根据《保险资金间接投资基础设施项目管理办法》（以下简称《管理办法》）等规定，现就保险资金投资 PPP 项目有关事项通知如下：

一、本通知所称保险资金投资 PPP 项目，是指保险资产管理公司等专业管理机构作为受托人，发起设立基础设施投资计划，面向保险机构等合格投资者发行受益凭证募集资金，向与政府方签订 PPP 项目合同的项目公司提供融资，投资符合规定的 PPP 项目。

二、投资计划投资的 PPP 项目，除满足《管理办法》第十一、十二条的有关规定外，还应当符合以下条件：

（一）属于国家级或省级重点项目，已履行审批、核准、备案手续和 PPP 实施方案审查审批程序，并纳入国家发展改革委 PPP 项目库或财政部全国 PPP 综合信息平台项目库。

（二）承担项目建设或运营管理责任的主要社会资本方为行业龙头企业，主体信用评级不低于 AA +，最近两年在境内市场公开发行过债券。

（三）PPP 项目合同的签约政府方为地市级（含）以上政府或其授权的机构，PPP 项目合同中约定的财政支出责任已纳入年度财政预算和中期财政规划。所处区域金融环境和信用环境良好，政府负债水平较低。

（四）建立了合理的投资回报机制，预期能够产生持续、稳定的现金流，社会效益良好。

三、投资计划可以采取债权、股权、股债结合等可行方式，投资一个或一组合格的 PPP 项目。投资计划应当符合以下条件：

（一）经专业律师出具专项法律意见，认定投资的PPP项目运作程序合规，相关PPP项目合同规范有效。

（二）具有预期稳定现金流，可以覆盖投资计划的投资本金和合理收益，并设定明确可行、合法合规的退出机制。

（三）投资协议明确约定，在投资计划存续期间主要社会资本方转让项目公司股权的，须取得投资计划受托人书面同意。

四、保险资产管理公司等专业管理机构担任投资计划受托人，应当具备基础设施投资计划或不动产投资计划产品创新能力，切实履行勤勉尽责义务，综合评估投资风险和收益，加强风险管控和投后管理，确保投资计划合法合规，维护保险资金安全。

五、中国保监会建立外部专家风险评审机制，督促投资计划充分揭示和披露投资风险。投资计划涉及“一带一路”、京津冀协同发展、长江经济带、脱贫攻坚和河北雄安新区等符合国家发展战略的重大项目的，中国保监会建立专门的业务受理及注册绿色通道。

六、各保监局应当根据当地监管实际，研究、反映保险资金投资PPP项目的情况和问题，协调、推动和落实保险资金投资PPP项目的相关政策，形成上下联动的资金运用监管工作机制。

七、投资计划运作管理及其它相关事项，按照《管理办法》的有关规定执行。

八、本《通知》自公布之日起施行。

24. 中国保监会关于印发《基础设施债权投资计划管理暂行规定》的通知

（2012年10月12日　保监发〔2012〕92号）

各保险资产管理公司：

为促进基础设施投资计划创新，规范管理行为，加强风险控制，维护投资者合法权益，我会制定了《基础设施债权投资计划管理暂行规定》。现印发给你们，请遵照执行。

基础设施债权投资计划管理暂行规定

第一章　总　　则

第一条　为促进基础设施债权投资计划（以下简称债权投资计划）业务创新，规范管理行为，加强风险控制，维护投资者合法权益，根据《保险资金运用管理暂行办法》、《保险资金间接投资基础设施项目试点管理办法》（以下简称《管理办法》）及有关规定，制定本规定。

第二条　本规定所称债权投资计划，是指保险资产管理公司等专业管理机构（以下简称专业管理机构）作为受托人，根据《管理办法》和本规定，面向委托人发行受益凭证，募集资金以债权方式投资基础设施项目，按照约定支付预期收益并兑付本金的金融产品。

债权投资计划的委托人，应当是能够识别、判断并承担债权投资计划投资风险的保险公司等法人机构或依法设立的其他组织。

专业管理机构、独立监督人等当事人参与债权投资计划，应当按照有关法律法规、《管理办法》、本规定及有关约定，履行相应职责。

第三条　专业管理机构管理运用债权投资计划财产，应当恪尽职守，履行诚实信用、谨慎勤勉的义务，切实维护委托人和受益人的合法权益。

第四条　债权投资计划财产独立于专业管理机构的固有财产。专业管理机构因管理、运用或者处置债权投资计划财产取得的财产和收益，应当归入债权投资计划财产；专业管理机构因依法解散、被依法撤销或者被依法宣告破产等原因进行清算的，债权投资计划财产不纳入清算范围。

第五条　债权投资计划的受益凭证，应当在中国保险监督管理委员会（以下简称中国保监会）认可的机构登记和存管，并在符合条件的金融资产交易场所发行、交易和流通。

第六条　中国保监会负责制定债权投资计划业务的政策，依法对债权投资计划业务进行监督管理。

第二章　债权投资计划的设立与发行

第七条　专业管理机构设立债权投资计划，应当符合下列能力标准：

（一）建立专业管理体制，设立专门的子公司或者事业部。子公司应当具有健全的公司治理、完善的制度体系、有效的决策机制、规范的操作流程，并设置项目储备、投资审查、投资管理、信用评级、运营保障、风险管理、法律咨询等职能部门。事业部至少具有子公司的专职岗位。

（二）信用评级部门或者岗位设置、评级系统、评级能力等达到规定标准。

（三）建立科学完善的制度体系，至少包括下列内容：

1. 项目储备库制度。明确入库标准，并对入库项目实行动态管理；

2. 项目评审制度。建立项目评审委员会，其中外部专家不少于委员会总人数的三分之一。评审委员应当保持独立性；

3. 投资决策制度。明确股东大会、董事会及相关决策机构的决策权限和程序。决策机构成员兼任项目评审委员的比例，不超过决策机构成员总数的20%；

4. 信用评级制度。建立适合自身特点的信用评级制度和评估模型，开展主体评级和债项评级，明确风险限额和发行规模；

5. 投资问责制度。建立“失职问责、尽职免责、独立问责”的机制，所有项目参与人员在各自职责范围内，承担相应的管理责任。

（四）投资管理、法律合规、资产评估、信用评级、风险管理、会计审计等专业人员不少于20人。其中，具有3年以上项目投资、信贷管理经验的人员不少于8人；具有5年以上项目投资、信贷管理经验和相关专业资质的中级以上管理人员不少于4人；具有5年以上信用评级经验的人员不少于3人；债权投资计划风险管理人员不少于3人。

（五）建立相互制衡的运作机制，并符合下列要求：

1. 评审、决策、投资与监督相互分离；

2. 项目储备、尽职调查、信用评级、项目评估、决策审批、交易结构设计、后续管理等操作流程规范；

3. 业务岗位职责明确，严格按照授权范围和规定程序操作。

第八条 专业管理机构设立的债权投资计划，应当符合下列要求：

（一）专业管理机构已与偿债主体签订投资合同，产品基础资产明确；募集资金投资方向和投资策略符合国家宏观政策、产业政策、监管政策及相关规定；

（二）交易结构清晰，制定投资者权益保护机制；

（三）债权投资计划受益权划分为等额受益凭证；

（四）中国保监会规定的其他审慎性要求。

第九条　专业管理机构应当以资金安全为前提，审慎选择偿债主体。偿债主体应当是项目方或者其母公司（实际控制人），并符合下列条件：

（一）经工商行政管理机关（或主管机关）核准登记，具备担任融资和偿债主体的法定资质；

（二）具备持续经营能力和良好发展前景，具有稳定可靠的收入和现金流，财务状况良好；

（三）信用状况良好，无违约等不良记录；

（四）还款来源明确、真实可靠，能够覆盖债权投资计划的本金和预期收益；

（五）与专业管理机构不存在关联关系。

第十条　债权投资计划的资金，应当投资于一个或者同类型的一组基础设施项目。投资项目除符合《管理办法》第十一条和第十三条规定外，还应当满足下列条件：

（一）具有较高的经济价值和良好的社会影响，符合国家和地区发展规划及产业、土地、环保、节能等相关政策；

（二）项目立项、开发、建设、运营等履行法定程序；

（三）项目方资本金不低于项目总预算的 30% 或者符合国家有关资本金比例的规定；在建项目自筹资金不低于项目总预算的 60%；

（四）一组项目的子项目，应当分别开立财务账户，确定对应资产，不得相互占用资金。

债权投资计划的资金投向，应当严格遵守本规定和债权投资计划合同约定，不得用于本规定或合同约定之外的其他用途。

第十一条　专业管理机构设立债权投资计划，应当确定有效的信用增级，并符合下列要求：

（一）信用增级方式与偿债主体还款来源相互独立。

（二）信用增级采用以下方式或其组合：

1. A 类增级方式：国家专项基金、政策性银行、上一年度信用评级 AA 级以上（含 AA 级）的国有商业银行或者股份制商业银行，提供本息全额无条件不可撤销连带责任保证担保。上述银行省级分行担保的，应当提供总行授权担保的法律文件，并说明其担保限额和已提供担保额度。

2. B 类增级方式：在中国境内依法注册成立的企业（公司），提供本息全额无条件不可撤销连带责任保证担保，并满足下列条件：

（1）担保人信用评级不低于偿债主体信用评级；

（2）债权投资计划发行规模不超过20亿元的，担保人上年末净资产不低于60亿元；发行规模大于20亿元且不超过30亿元的，担保人上年末净资产不低于100亿元；发行规模大于30亿元的，担保人上年末净资产不低于150亿元；

（3）同一担保人全部担保金额，占其净资产的比例不超过50%。全部担保金额和净资产，依据担保主体提供担保的资产范围计算确定；

（4）偿债主体母公司或实际控制人提供担保的，担保人净资产不低于偿债主体净资产的1.5倍；

（5）担保行为履行全部合法程序。

3. C类增级方式：以流动性较高、公允价值不低于债务价值2倍，且具有完全处置权的上市公司无限售流通股份提供质押担保，或者以依法可以转让的收费权提供质押担保，或者以依法有权处分且未有任何他项权利附着的、具有增值潜力且易于变现的实物资产提供抵押担保。质押担保应当办理出质登记，抵押担保办理抵押物登记，且抵押权顺位排序第一，抵押物价值不低于债务价值的2倍。

抵质押资产的公允价值，应当由具有最高专业资质的评估机构评定，且每年复评不少于一次。抵质押资产价值下降或发生变现风险，影响债权投资计划财产安全的，专业管理机构应当及时采取启动止损机制、增加担保主体或追加合法足值抵质押品等措施，确保担保足额有效。

债权投资计划同时符合下列条件的，可免于信用增级：

（一）偿债主体最近两个会计年度净资产不低于300亿元、年营业收入不低于500亿元，且符合《管理办法》和本规定要求；

（二）偿债主体最近两年发行过无担保债券，其主体及所发行债券信用评级均为AAA级；

（三）发行规模不超过30亿元。

第十二条 专业管理机构设立债权投资计划，应当开展尽职调查和可行性研究，科学设定交易结构，充分评估相关风险，严格履行各项程序，独立开展评审和决策，并聘请具备相应资质的专业中介服务机构，对设立债权投资计划的合法合规性、信用级别等作出明确判断和结论。

债权投资计划存在下列情形之一的，专业管理机构不得发起设立该债权投资计划：

（一）存在重大法律或合规性瑕疵，或者法律合规意见提示重大法律合规风险；

（二）专业管理机构风险管理部门提示重大风险；

（三）无内部或外部信用评级，或者内部或外部信用评级低于可投资级别；

（四）参与评审、决策的部门，对发起设立债权投资计划持否定意见；

（五）中国保监会规定的其他情形。

第十三条　专业管理机构设立债权投资计划，应当充分考虑经济周期和市场环境，合理确定债权投资计划的预期收益水平、发行额度和存续期限，灵活运用分期付息一次还本、等额本息、等额本金等本息偿还方式，维护保险资金安全及合法权益。

第十四条　专业管理机构设立债权投资计划，应当以债权投资计划产品名义开立资金账户，落实资金和资产独立运营及隔离安排。

第十五条　专业管理机构设立债权投资计划，应当按照中国保监会有关规定，向指定机构报送材料，依规注册或备案，并在符合条件的金融资产交易场所发行，实现受益凭证的登记存管和交易流通。

专业管理机构报送的材料应当真实、完备、规范，不得存在应报未报的合同、协议或其他与债权投资计划设立和运作相关的法律文件。

第十六条　专业管理机构发行债权投资计划，应当向投资者提供认购风险申明书、募集说明书、受托等合同、信用评级报告及跟踪评级安排、法律意见书等书面文件（文本），充分披露相关信息，明示债权投资计划要素，充分揭示并以醒目方式提示各类风险及风险承担原则。不得有以下行为：

（一）以任何方式保证债权投资计划本金或承诺债权投资计划收益；

（二）进行公开营销宣传；

（三）推介材料含有与债权投资计划文件不符的内容，或者存在虚假记载、误导性陈述或重大遗漏等；

（四）夸大过往业绩，或者恶意贬低同行；

（五）未公平公正地在不同委托人之间分配债权投资计划；

（六）将债权投资计划与其他资产管理产品进行捆绑销售；

（七）中国保监会禁止的其他行为。

第十七条　专业管理机构发行债权投资计划，应当要求委托人认购受益凭证前，仔细阅读债权投资计划文件的全部内容，并在认购风险申明书上签字，申明愿意承担债权投资计划的投资风险。专业管理机构应当为委托人查阅债权投资计划文件（含原件）提供便利。委托人获取债权投资计划信息的，应当依法履行保密义务。

委托人应当以自己合法所有的资金认购债权投资计划受益凭证，不得非法汇集他人资金参与债权投资计划。

第十八条 专业管理机构应当在债权投资计划依规履行注册或备案程序后，在规定时限内完成发行工作。债权投资计划可采取一次足额发行，或在募集规模确定且交易结构一致的前提下，采用限额内分期发行的方式。分期发行的，末期发行距首期发行时间一般不超过 12 个月。

债权投资计划发行期限届满，未能满足约定的成立条件的，专业管理机构应当在发行期限届满后 30 日内返还委托人已缴付的款项，并加计同期银行存款利息。由此产生的相关债务和费用，由专业管理机构以固有财产承担。

注册或备案机构及登记、发行机构应当按照有关规定，分别向中国保监会报送债权投资计划注册或备案情况及发行情况。

第十九条 由债权投资计划财产承担的费用限于与设立和管理债权投资计划直接相关的受托管理费、独立监督费、中介机构服务费及登记存管费和交易发行费等。专业管理机构应当在有关法律文件中清晰列示费用种类和费率水平。

专业管理机构应当严格依据《管理办法》及有关规定，明确职责定位，按照市场公允原则，综合考虑运营成本、履职需要等，合理确定和收取受托管理费用。

第二十条 专业管理机构设立债权投资计划，其业务规模应当与资本状况相适应。专业管理机构净资产与其发行并管理债权投资计划余额的比例，不低于 2‰。

专业管理机构设立债权投资计划，应当从该债权投资计划管理费收入中计提风险准备金，计提比例暂不低于 10%，主要用于赔偿专业管理机构因违法违规、违反受托合同、未尽责履职等，给债权投资计划财产或受益人造成的损失。风险准备金不足以赔偿上述损失的，专业管理机构应当使用其固有财产进行赔偿。债权投资计划终止清算后，其风险准备金可以转回。

第三章 债权投资计划的管理

第二十一条 专业管理机构应当按照《管理办法》和本规定的要求及债权投资计划约定，开展偿债主体、信用增级、投资项目等的跟踪管理和持续监测，有效评估偿债主体资信状况、还款能力及信用增级安排的效力，及时掌握资金使用及投资项目运营情况。

第二十二条　专业管理机构应当规范债权投资计划资金划拨管理，按照投资合同和用款计划拨付投资资金。债权投资计划存续期间，专业管理机构应当及时向偿债主体发出还本付息通知，督促其按时还本付息；偿债主体未能及时偿还本息的，应当启动担保机制，保全债权投资计划财产。

债权投资计划发生下列情况之一的，专业管理机构应当停止划款并视情况采取相应措施：

（一）项目所在地发生不可抗力因素，影响项目执行和经营管理；

（二）偿债主体或项目方挪用资金或者未按规定用途使用资金，或用款申请不符合计划进度；

（三）偿债主体未落实偿债安排，未按时支付利息、偿还本金及其他费用；

（四）偿债主体或者担保人涉及重大诉讼，或发生破产、兼并、重组等重大事项，对偿债能力或担保能力造成不利影响；

（五）抵质押资产价值下降，低于规定要求；

（六）偿债主体或担保人出现经营困难、现金流严重短缺等不利情形；

（七）其他需要停止划款的情形。

第二十三条　专业管理机构跟踪评估偿债主体与增信安排，应当包括但不限于下列事项：

（一）按照投资合同约定，要求偿债主体及担保人报送上一会计年度经审计的财务报表，定期评估其资信状况；采用抵押质押担保的，要求偿债主体报送经审计的抵押质押资产财务信息；

（二）定期核实已签增信合约有效性，确保无可能致使增信无效或增信效力弱化的他项权利存在；

（三）定期或者不定期了解偿债主体和担保人主要人员变动、业务调整以及是否涉及重大案件和其他相关情况。

债权投资计划存续期间，每年跟踪信用评级不少于一次。

第二十四条　专业管理机构管理债权投资计划，不得存在以下行为：

（一）以债权投资计划财产对外提供担保；

（二）以债权投资计划协助关联公司与债权投资计划相关当事人发生他项交易；

（三）引入关联机构担任或变相担任债权投资计划的独立监督人；

（四）将不同债权投资计划财产相互交易；

（五）挪用债权投资计划资金或者财产；

（六）中国保监会规定禁止的其他情形。

第二十五条 债权投资计划独立监督人应当明确监督责任，加强监督能力建设，切实履行监督职责。独立监督人应当由受益人选聘确定。

第二十六条 独立监督人除遵守《管理办法》有关规定外，还应当履行以下职责：

（一）核对偿债主体或项目方提出的用款申请是否符合资金用途和实际工程进度；

（二）监督债权投资计划资金划拨；

（三）监督、评估项目建设运营质量和风险；

（四）监督偿债主体还本付息资金安排及支付情况；

（五）关注停止划款情形出现后，专业管理机构处理情况；

（六）及时与受益人沟通，报告专业管理机构和偿债主体情况。

第二十七条 专业管理机构应当制定债权投资计划财务管理制度，确定会计核算方法、账务处理原则，合理计量公允价值。专业管理机构制定的债权投资计划财务管理制度，应当经受益人大会批准。

专业管理机构应当为不同债权投资计划分别建立会计账户和业务台账，编制财务会计报告，单独核算管理。偿债主体、登记存管机构应当按约定，分别向专业管理机构提供运营管理财务信息和登记存管信息。

第二十八条 专业管理机构应当按照约定，向受益人分配并支付债权投资计划收益和本金。变更分配或支付日期的，应当经过受益人大会审议通过。

第二十九条 专业管理机构应当按照约定，制定债权投资计划分配方案，分配债权投资计划收益并兑付本金。未能按期分配或兑付的，应当按照约定及时通知受益人。

第三十条 债权投资计划终止，专业管理机构应当按照有关规定和债权投资计划约定，做好清算工作：

（一）债权投资计划终止前 10 个工作日内，成立清算小组，指定清算责任人，聘请会计师事务所及其他中介机构协助清算；

（二）与独立监督人和受益人复核清算资产价值；

（三）在中介服务机构审计、评估、法律工作结束后 5 个工作日内，形成清算方案，提交受益人等当事人；

（四）向登记存管机构申请注销受益凭证登记；

（五）其他约定的清算事项。

第三十一条　专业管理机构应当按照《管理办法》第十九条规定，出具清算报告，并按照约定方式通知受益人和独立监督人。合计持有三分之二受益权的受益人，在规定期限内未对清算报告提出书面异议，视为认可。专业管理机构可以解除清算报告所列责任，专业管理机构有不当行为的除外。

第三十二条　专业管理机构应当按照债权投资计划约定，书面通知受益人接收清算资产。

受益人应当及时确认清算方案，接收清算资产。受益人未能及时接收的，由专业管理机构保管，保管费用和相关费用由该项资产承担。专业管理机构不得运用保管资产，保管期间产生的收益属于保管资产。

第四章　受益人大会

第三十三条　受益人大会由债权投资计划全体受益人组成。受益人大会召开、提交议题和审议表决等事项，按照受益人大会章程执行，并遵守《管理办法》有关规定。

受益人大会章程应当至少包括受益人大会职责、受益人权利和义务、议事规则、表决流程、信息披露和章程修改等。

第三十四条　受益人大会可以采取现场方式召开，也可以采取通讯等方式召开。每一份受益凭证具有一票表决权，受益人可以委托代理人出席受益人大会并行使表决权。

第三十五条　受益人大会由持有债权投资计划三分之一以上受益权份额的受益人提议召开，由持有二分之一以上表决权的受益人或其授权代理人出席方可举行。发生严重影响债权投资计划执行的重大突发事件的，任一受益人或者其授权代理人都可以提议召开并负责召集临时受益人大会。

第三十六条　召集人召集受益人大会，应当至少提前30个工作日通知受益人大会的召开时间、会议形式、审议事项、议事程序和表决方式等事项。

受益人大会不得就未经通知的事项进行表决。

第三十七条　以下事项应当由受益人大会审议决定：

（一）受益人大会章程；

（二）独立监督合同；

（三）提前终止受托合同或者延长债权投资计划期限；

（四）改变债权投资计划财产运用方式；

（五）更换专业管理机构或独立监督人；

（六）调整专业管理机构报酬标准。

第三十八条 受益人大会就审议事项作出的决定，应当经出席大会的受益人或其授权代理人所持表决权的半数以上通过；但提前终止受托合同或者延长债权投资计划期限、改变债权投资计划财产运用方式、更换专业管理机构及独立监督人的，应当经出席大会的受益人或其授权代理人所持表决权三分之二以上通过。

受益人大会决定的事项，应当及时通知相关当事人，并向中国保监会报告。

第三十九条 受益人大会由召集人整理会议纪要，并由出席大会的受益人或者其授权代理人签名确认。召集人应当将有关议案、大会决议、出席会议人员签名册、受益人授权委托书和会议纪要等送专业管理机构存档，并报送独立监督人。

第四十条 独立监督人可以列席受益人大会，并根据议题需要，向受益人大会说明有关事项。

第五章 信息披露

第四十一条 专业管理机构应当按照有关规定和债权投资计划文件约定，以适当、可行的方式，按时披露信息，并保证所披露信息真实、准确、完整。

第四十二条 受益人有权向专业管理机构查询与债权投资计划财产相关的信息，专业管理机构应在不损害其他受益人合法权益的前提下，及时、准确、完整地提供相关信息，不得拒绝、推诿。

第四十三条 专业管理机构管理债权投资计划，除按照《管理办法》第七十条规定披露信息外，还应当披露下列信息：

（一）偿债主体、投资项目及增信安排情况；

（二）经会计师事务所审计的偿债主体年度财务报表；

（三）债权投资计划跟踪信用评级；

（四）债权投资计划本息回收和兑付情况；

（五）债权投资计划涉及关联交易金额、占债权投资计划资产余额比例、实际转让价格和市场公允价格等；

（六）债权投资计划财产损失及产生原因；

（七）与债权投资计划相关的重大突发事件；

（八）债权投资计划约定或者中国保监会规定披露的信息。

第六章　风险控制

第四十四条　专业管理机构开展债权投资计划业务，应当持续评估投资管理能力，并根据市场变化、业务规模等因素，不断加强能力建设，确保始终符合规定要求和业务需要。

第四十五条　专业管理机构开展债权投资计划业务，应当建立有效的风险控制体系，覆盖项目开发、信用评级、项目评审、风险监控等关键环节。

（一）项目开发。专业管理机构应当指定债权投资计划项目经理，组织开展项目立项、尽职调查、交易结构设计、商务谈判、后续管理、资金回收等并承担相应职责。

（二）信用评级。专业管理机构内部信用评级人员应当进行现场和非现场调查，获取全面、真实、客观信息，采用定性与定量相结合的分析方法，提出投资意见，持续评估偿债主体资质状况，还款来源稳定性、可靠性、充足性及增信安排的效力。专业管理机构应当强化内部信用评级，减少对外部信用评级的依赖，通过内部信用评级印证外部评估结论，实质性判断风险程度和信用质量的变化。

（三）项目评审。项目评审人员应当综合项目经理提交的立项申请和投资建议、中介机构的评估结论、信用评级人员的评级结论等，对项目的合法合规性、经济效益、资金落实、还款资金来源和增信安排等进行评估和审核，充分揭示项目风险，形成评审结论，并向项目评审委员会提出明确的评审意见。

（四）风险监控。专业管理机构应当建立债权投资计划总责任人和各环节责任人机制；风险管理部门应当确定项目风险管理责任人，全程监督债权投资计划运作，加强后续风险管理和预警，做好跟踪检查、监测，评估相关责任人的履职情况，及时提示风险，提出整改建议。风险管理部门履职应当保持独立性，不受投资管理及投资评审决策部门干预。

第四十六条　专业管理机构董事会负责制定债权投资计划业务规划，审批和监督业务开展情况，建立定期审查和评价机制，并承担风险管理的最终责任。

第四十七条　专业管理机构开展债权投资计划业务，应当严格遵循诚实信用、公平公正原则，不得收取或变相收取与发起设立和履行职责无关的费用；不得通过发起设立或利用债权投资计划，与相关当事人发生涉及利益输送、利益转移或获取超出受托职责以外额外利益的交易行为。不得采用压低费率标准、打折或者变相打折等手段，实施恶性竞争。

第四十八条 债权投资计划存续期间发生异常、重大或突发等风险事件，专业管理机构应当立即采取有效措施，启动风险处置预案，并在5个工作日内向受益人、独立监督人等相关当事人和中国保监会履行信息披露和报告义务。

第七章 监督管理

第四十九条 专业管理机构除按照《管理办法》第七十条有关规定，向中国保监会报告债权投资计划设立和运营情况外，每年度还应当报告以下内容：

（一）子公司或者事业部运营状况；

（二）各级管理人员履职情况。

第五十条 中国保监会依法对专业管理机构发起设立和管理债权投资计划的能力和行为，以及其他各相关当事人参与债权投资计划业务进行监管检查，必要时可聘请中介机构协助检查。

第五十一条 专业管理机构开展债权投资计划业务能力下降，不再符合监管规定的，应当及时制定整改方案，落实整改措施，并向中国保监会报告；经整改重新符合监管规定前，不得发起设立新的债权投资计划。

第五十二条 专业管理机构及其有关人员违反本规定的，中国保监会将记录其不良行为并依法予以处罚。情节严重的，中国保监会可以依法暂停或终止违规机构及人员从事债权投资计划业务的资质。

第五十三条 为债权投资计划提供服务的专业中介服务机构及其有关人员，应当严格遵守执业规范和职业道德，客观公正、勤勉尽责，独立发表专业意见。上述中介服务机构或人员未尽责履职，或其出具的报告含有虚假记载、误导性陈述或重大遗漏的，应当依法承担相应的法律责任。

第八章 附　　则

第五十四条 本规定由中国保监会负责解释和修订。

第五十五条 本规定自发布之日起施行。《保险资金间接投资基础设施债权投资计划管理指引（试行）》（保监发〔2007〕53号）、《基础设施债权投资计划产品设立指引》（保监发〔2009〕41号）同时废止。

25. 中国保监会关于印发《保险资金投资不动产暂行办法》的通知

（2010年7月31日 保监发〔2010〕80号）

各保险集团（控股）公司、保险公司、保险资产管理公司：

为规范保险资金投资不动产行为，防范投资风险，保障资产安全，维护保险人和被保险人合法权益，中国保监会制定了《保险资金投资不动产暂行办法》，现印发给你们，请遵照执行。

保险资金投资不动产暂行办法

第一章 总 则

第一条 为规范保险资金投资不动产行为，防范投资风险，保障资产安全，维护保险当事人合法权益，依据《中华人民共和国保险法》、《中华人民共和国信托法》、《中华人民共和国物权法》、《中华人民共和国公司法》及《保险资金运用管理暂行办法》等规定，制定本办法。

第二条 保险资金投资的不动产，是指土地、建筑物及其它附着于土地上的定着物。

保险资金可以投资基础设施类不动产、非基础设施类不动产及不动产相关金融产品。

保险资金投资基础设施类不动产，遵照《保险资金间接投资基础设施项目试点管理办法》及有关规定。投资非基础设施类不动产及相关金融产品，遵照本办法。

第三条 本办法所称不动产投资管理机构（以下简称投资机构），是指在中华人民共和国（以下简称中国）境内依法注册登记，从事不动产投资管理的机构。

本办法所称专业服务机构（以下简称专业机构），是指经国家有关部门认可，具有相应专业资质，为保险资金投资不动产提供法律服务、财务审计和资产评估等服务的机构。

第四条 保险资金投资不动产相关金融产品形成的财产，应当独立于投资机构、托管机构和其他相关机构的固有财产及其管理的其他财产。投资机构因投资、管理或者处分不动产相关金融产品取得的财产和收益，应当归入不动产相关金融产品财产。

第五条 保险公司（含保险集团（控股）公司，下同）投资不动产，必须遵循稳健、安全原则，坚持资产负债匹配管理，审慎投资运作，有效防范风险。

第六条 保险公司、投资机构及专业机构从事保险资金投资不动产活动，应当遵守本办法规定，恪尽职守，勤勉尽责，履行诚实、信用、谨慎、守法的义务。

第七条 中国保险监督管理委员会（以下简称中国保监会）负责制定保险资金投资不动产的政策法规，依法对保险资金投资不动产活动实施监督管理。

第二章 资格条件

第八条 保险公司投资不动产，应当符合下列条件：

（一）具有完善的公司治理、管理制度、决策流程和内控机制；

（二）实行资产托管机制，资产运作规范透明；

（三）资产管理部门拥有不少于8名具有不动产投资和相关经验的专业人员，其中具有5年以上相关经验的不少于3名，具有3年以上相关经验的不少于3名；

（四）上一会计年度末偿付能力充足率不低于150%，且投资时上季度末偿付能力充足率不低于150%；

（五）上一会计年度盈利，净资产不低于1亿元人民币（货币单位下同）；

（六）具有与所投资不动产及不动产相关金融产品匹配的资金，且来源充足稳定；

（七）最近三年未发现重大违法违规行为；

（八）中国保监会规定的其他审慎性条件。

投资不动产相关金融产品的，除符合前款第（一）、（二）、（四）、（五）、（六）、（七）、（八）项规定外，资产管理部门还应当拥有不少于2名具有3年以上不动产投资和相关经验的专业人员。

保险公司聘请投资机构提供不动产投资管理服务的，可以适当放宽专业人员的数量要求。

第九条　为保险资金投资不动产提供投资管理服务的投资机构，应当符合下列条件：

（一）在中国境内依法注册登记，具有国家有关部门认可的业务资质；

（二）具有完善的公司治理，市场信誉良好，管理科学高效，投资业绩稳定；

（三）具有健全的操作流程、风险管理、内部控制及稽核制度，且执行有效；

（四）注册资本不低于1亿元；

（五）管理资产余额不低于50亿元，具有丰富的不动产投资管理和相关经验；

（六）拥有不少于15名具有不动产投资和相关经验的专业人员，其中具有5年以上相关经验的不少于3名，具有3年以上相关经验的不少于4名；

（七）接受中国保监会涉及保险资金投资的质询，并报告有关情况；

（八）最近三年未发现重大违法违规行为；

（九）中国保监会规定的其他审慎性条件。

符合上述条件的投资机构，可以为保险资金投资不动产提供有关专业服务，发起设立或者发行不动产相关金融产品。投资机构向保险资金发起设立或者发行不动产投资计划的规则，由中国保监会另行规定。

第十条　为保险资金投资不动产提供有关服务的专业机构，应当符合下列条件：

（一）具有经国家有关部门认可的业务资质；

（二）具有完善的管理制度、业务流程和内控机制；

（三）熟悉保险资金不动产投资的法律法规、政策规定、业务流程和交易结构，具有承办投资不动产相关服务的经验和能力，且商业信誉良好；

（四）与保险资金投资不动产的相关当事人不存在关联关系；

（五）接受中国保监会涉及保险资金投资的质询，并报告有关情况；

（六）最近三年未发现重大违法违规行为；

（七）中国保监会规定的其他审慎性条件。

为保险资金投资不动产提供资产托管服务的商业银行，应当接受中国保监会涉及保险资金投资的质询，并报告有关情况。

第三章　投资标的与投资方式

第十一条　保险资金可以投资符合下列条件的不动产：

（一）已经取得国有土地使用权证和建设用地规划许可证的项目；

（二）已经取得国有土地使用权证、建设用地规划许可证、建设工程规划许可证、施工许可证的在建项目；

（三）取得国有土地使用权证、建设用地规划许可证、建设工程规划许可证、施工许可证及预售许可证或者销售许可证的可转让项目；

（四）取得产权证或者他项权证的项目；

（五）符合条件的政府土地储备项目。

保险资金投资的不动产，应当产权清晰，无权属争议，相应权证齐全合法有效；地处直辖市、省会城市或者计划单列市等具有明显区位优势的城市；管理权属相对集中，能够满足保险资产配置和风险控制要求。

第十二条 保险资金可以投资符合下列条件的不动产相关金融产品：

（一）投资机构符合第九条规定；

（二）经国家有关部门认可，在中国境内发起设立或者发行，由专业团队负责管理；

（三）基础资产或者投资的不动产位于中国境内，符合第十一条第一款第（一）项至第（五）项的规定；

（四）实行资产托管制度，建立风险隔离机制；

（五）具有明确的投资目标、投资方案、后续管理规划、收益分配制度、流动性及清算安排；

（六）交易结构清晰，风险提示充分，信息披露真实完整；

（七）具有登记或者簿记安排，能够满足市场交易或者协议转让需要；

（八）中国保监会规定的其他审慎性条件。

不动产相关金融产品属于固定收益类的，应当具有中国保监会认可的国内信用评级机构评定的 AA 级或者相当于 AA 级以上的长期信用级别，以及合法有效的信用增级安排；属于权益类的，应当建立相应的投资权益保护机制。

保险资金投资不动产相关金融产品的规则，由中国保监会另行规定。

第十三条 保险资金可以采用股权方式投资第十一条第一款第（一）项至第（四）项规定的不动产，采用债权方式投资第十一条第一款第（一）项至第（五）项规定的不动产，采用物权方式投资第十一条第一款第（三）、（四）项规定的不动产。保险资金采用债权、股权或者物权方式投资的不动产，仅限于商业不动产、办公不动产、与保险业务相关的养老、医疗、汽车服务等不动产及自用性不动产。

保险资金投资医疗、汽车服务等不动产，不受第十一条第一款第（二）项至第（五）项及区位的限制；投资养老不动产、购置自用性不动产，不受第十一条第一款第（一）项至第（五）项及区位的限制；本款前述投资必须遵守专地专用原则，不得变相炒地卖地，不得利用投资养老和自用性不动产（项目公司）的名义，以商业房地产的方式，开发和销售住宅。投资养老、医疗、汽车服务等不动产，其配套建筑的投资额不得超过该项目投资总额的30%。

保险资金投资不动产，除政府土地储备项目外，可以采用债权转股权、债权转物权或者股权转物权等方式。投资方式发生变化的，应当按照本办法规定调整管理方式。保险资金以多种方式投资同一不动产的，应当分别遵守本办法规定。

第十四条　保险公司投资不动产（不含自用性不动产），应当符合以下比例规定：

（一）投资不动产的账面余额，不高于本公司上季度末总资产的10%，投资不动产相关金融产品的账面余额，不高于本公司上季度末总资产的3%；投资不动产及不动产相关金融产品的账面余额，合计不高于本公司上季度末总资产的10%。

（二）投资单一不动产投资计划的账面余额，不高于该计划发行规模的50%，投资其他不动产相关金融产品的，不高于该产品发行规模的20%。

第十五条　保险资金投资不动产，应当合理安排持有不动产的方式、种类和期限。以债权、股权、物权方式投资的不动产，其剩余土地使用年限不得低于15年，且自投资协议签署之日起5年内不得转让。保险公司内部转让自用性不动产，或者委托投资机构以所持有的不动产为基础资产，发起设立或者发行不动产相关金融产品的除外。

第十六条　保险公司投资不动产，不得有下列行为：

（一）提供无担保债权融资；

（二）以所投资的不动产提供抵押担保；

（三）投资开发或者销售商业住宅；

（四）直接从事房地产开发建设（包括一级土地开发）；

（五）投资设立房地产开发公司，或者投资未上市房地产企业股权（项目公司除外），或者以投资股票方式控股房地产企业。已投资设立或者已控股房地产企业的，应当限期撤销或者转让退出；

（六）运用借贷、发债、回购、拆借等方式筹措的资金投资不动产，中国保监会对发债另有规定的除外；

（七）违反本办法规定的投资比例；

（八）法律法规和中国保监会禁止的其他行为。

第四章 风险控制

第十七条 保险资金投资不动产，应当建立规范有效的业务流程和风控机制，涵盖项目评审、投资决策、合规审查、投资操作、管理运营、资产估值、财务分析、风险监测等关键环节，形成风险识别、预警、控制和处置的全程管理体系，并定期或者不定期进行压力测试，全面防范和管理不动产投资风险。

第十八条 保险资金投资不动产，应当按照监管规定和内控要求，规范完善决策程序和授权机制，确定股东（大）会、董事会和经营管理层的决策权限及批准权限。

决策层和执行层应当各司其职，谨慎决策，勤勉尽责，充分考虑不动产投资风险，按照资产认可标准和资本约束，审慎评估不动产投资对偿付能力和收益水平的影响，严格履行相关程序，并对决策和操作行为负责。保险资金投资不动产不得采用非现场表决方式。

第十九条 保险资金投资不动产，应当聘请符合第十条规定条件的专业机构，提供尽职调查报告和法律意见书，制定有效的投资方案、经营计划和财务预算，并通过科学的交易结构和完善的合约安排，控制投资管理和运营风险。

第二十条 保险资金以股权方式投资不动产，拟投资的项目公司应当为不动产的直接所有权人，且该不动产为项目公司的主要资产。项目公司应当无重大法律诉讼，且股权未因不动产的抵押设限等落空或者受损。

以股权方式投资不动产，应当向项目公司派驻董事、高级管理人员及关键岗位人员，并对项目公司的股权转让、资产出售、担保抵押、资金融通等重大事项发表意见，维护各项合法权益。

第二十一条 保险资金以债权方式投资不动产，应当在合同中载明还款来源及方式、担保方式及利率水平、提前或者延迟还款处置等内容。债务人应当具有良好的财务能力和偿债能力，无重大违法违规行为和不良信用记录。

第二十二条 保险资金以物权方式投资不动产，应当及时完成不动产物权的设立、限制、变更和注销等权属登记，防止因漏登、错登造成权属争议或者法律风险。对权证手续设限的不动产，应当通过书面合同，约定解限条件、操作程序、合同对价支付方式等事项，防范和控制交易风险。

第二十三条　保险资金投资不动产相关金融产品，应当对该产品的合法合规性、基础资产的可靠性和充分性，及投资策略和投资方案的可行性，进行尽职调查和分析评估。持有产品期间，应当要求投资机构按照投资合同或者募集说明书的约定，严格履行职责，有效防范风险，维护投资人权益。

第二十四条　保险资金投资不动产，应当实行资金专户管理，督促开户银行实行全程监控，严格审查资金支付及相关对价取得等事项。

保险资金投资不动产，应当合理确定交易价格。保险公司、投资机构与托管机构、专业机构不得存在关联交易。保险公司与投资机构存在关联交易的，不得偏离市场独立第三方的价格或者收费标准，不得通过关联交易或者其他方式侵害保险公司利益。

第二十五条　保险资金投资不动产，应当加强资产后续管理，建立和完善管理制度，设置专门岗位，配置管理人员，监测不动产市场情况，评估不动产资产价值和质量，适时调整不动产投资策略和业态组合，防范投资风险、经营风险和市场风险。出现重大投资风险的，应当及时启动应急预案，并向中国保监会报告风险原因、损失状况、处置措施及后续影响等情况。

第二十六条　保险资金投资不动产，应当聘请符合第十条规定条件的专业机构，按照审慎原则，综合考虑不动产所处区位、市场及其他相关因素，采用成本法、市场比较法和收益还原法等评估方法，合理评估不动产资产价值。

第二十七条　保险资金投资不动产，应当明确相关人员的风险责任和岗位职责，并建立责任追究制度。

保险公司的高级管理人员和主要业务人员，在职期间或者离任后，发现其在该公司工作期间，存在违反有关法律、行政法规和本办法规定投资不动产行为的，保险公司应当依法追究其责任。

第二十八条　保险资金投资不动产，应当要求投资机构按照法律法规、有关规定及合同约定，履行信息披露义务，并对所披露信息的及时性、真实性、完整性和合法性负责。投资机构所披露信息，应当满足保险公司了解不动产及不动产相关金融产品的风险特征、风险程度及投资管理的需要。所披露信息内容至少应当包括不动产或者不动产相关金融产品的投资规模、运作管理、资产估值、资产质量、投资收益、交易转让、风险程度等事项。

第五章 监督管理

第二十九条 保险公司投资不动产，投资余额超过20亿元或者超过可投资额度20%的，应当在投资协议签署后5个工作日内，向中国保监会报告；对已投资不动产项目追加投资的，应当经董事会审议，并在投资协议签署后5个工作日内，向中国保监会报告。

前款规定的报告，应当至少包括董事会或者其授权机构决议、可行性研究报告、资产配置计划、合法合规报告、资产评估报告、风险评估报告、关联交易说明、偿付能力分析、后续管理方案、法律意见书、投资协议书等。

保险资金投资养老项目，应当在确定投资意向后，通报中国保监会，并在签署投资协议后5个工作日内，向中国保监会报告。除本条第二款规定内容之外，还应当说明经营目的和发展规划，并提交整体设计方案和具体实施计划等材料。

中国保监会发现保险公司投资行为违反法律法规或者本办法规定的，有权责令其改正。

第三十条 保险公司投资不动产，应当在每季度结束后的15个工作日内和每年3月31日前，向中国保监会提交季度报告和年度报告，至少包括以下内容：

（一）投资总体情况；

（二）资本金运用情况；

（三）资产管理及运作情况；

（四）资产估值；

（五）资产风险及质量；

（六）重大突发事件及处置情况；

（七）中国保监会规定的其他审慎性内容。

除上述内容外，年度报告还应当说明投资收益及分配、资产认可及偿付能力、投资能力变化等情况，并附经专业机构审计的相关报告。

第三十一条 投资机构应当于每年3月31日前，就保险资金投资不动产相关金融产品情况，向中国保监会报告，至少包括以下内容：

（一）保险资金投资情况；

（二）产品运作管理、主要风险及处置、资产估值及收益等情况；

（三）基础资产或者资产池变化、产品转让或者交易流通等情况；

（四）经专业机构审计的产品年度财务报告；

（五）中国保监会规定的其他审慎性内容。

除上述内容外，投资机构还应当报告专业团队和投资能力变化、监管处罚、法律纠纷等情况。

不动产相关金融产品为公开发行或者募集的，应当按照有关规定披露相关信息。

第三十二条 托管机构应当于每季度结束后的15个工作日内和每年3月31日前，向中国保监会提交季度报告和年度报告，至少包括以下内容：

（一）保险资金投资情况；

（二）投资合法合规情况；

（三）异常交易及需提请关注事项；

（四）资产估值情况；

（五）主要风险状况；

（六）涉及的关联交易情况；

（七）中国保监会规定的其他审慎性内容。

第三十三条 中国保监会制定不动产投资能力标准，保险公司及相关投资机构应当按照规定标准自行评估，并向中国保监会提交评估报告。中国保监会将检验并跟踪监测保险公司及相关投资机构的不动产投资管理能力及变化情况。

中国保监会可以根据市场需要，适当调整投资比例、相关当事人的资质条件和报送材料等事项。保险资金投资不动产及不动产相关金融产品的相关当事人，向中国保监会报送的材料，应当符合监管规定，并对材料的真实性负责。

第三十四条 中国保监会依法对保险公司投资不动产进行现场监管和非现场监管，必要时可以聘请专业机构协助检查。

保险公司投资不动产，出现偿付能力不足、重大经营问题、存在重大投资风险，或者可能对金融体系、金融行业和金融市场产生不利影响的，中国保监会应当采取有关法律法规规定的停止投资业务、限制投资比例、调整投资人员、责令处置不动产资产、限制股东分红和高管薪酬等监管措施。保险公司投资不动产后，不能持续符合第八条规定的，中国保监会应当责令予以改正。

违规投资的不动产或者超比例投资的不动产，中国保监会按照有关规定不计入认可资产范围。突发事件或者市场变动等非主观因素，造成不动产投资比例超过本办法规定的，保险公司应当在规定期限内，按照规定调整投资比例。

保险资金投资不动产的资产评估标准和方法及风险因子的规则，由中国保监会另行规定。

第三十五条 投资机构和专业机构参与保险资金投资不动产活动，违反有关法律、行政法规和本办法规定的，中国保监会有权记录其不良行为，并将违法违规情况通报其监管或者主管部门。情节严重的，中国保监会将责令保险公司不得与该机构开展相关业务，并商有关监管或者主管部门依法给予行政处罚。

保险公司不得与列入不良记录名单的投资机构和专业机构发生业务往来。

第六章 附 则

第三十六条 保险公司投资购置办公用房、培训中心、后援中心、灾备中心等自用性不动产，应当运用资本金。

保险公司投资购置自用性不动产的账面余额，不得高于该公司上年末净资产的50%。

保险公司投资的同一不动产，含自用性不动产和投资性不动产的，应当按照本办法规定，分别确定运用资本金和保险责任准备金的比例，分别核算成本和投资收益并进行会计处理。

第三十七条 保险资金投资境外不动产，按照《保险资金境外投资管理暂行办法》和中国保监会有关规定执行，保险资金投资境内和境外的不动产及相关金融产品，投资比例合并计算。

保险资金以取得不动产所有权为目的投资项目公司股权，不适用《保险资金投资股权暂行办法》的有关规定。

第三十八条 本办法由中国保监会负责解释和修订，自发布之日起实施。

26. 关于债权投资计划注册有关事项的通知

（2013年1月24日 保监资金〔2013〕93号）

各保险资产管理公司：

为推动债权投资计划业务创新发展，提高监管效率和透明程度，根据《基础设施债权投资计划管理暂行规定》《保险资金投资不动产暂行办法》等规定，债权投资计划发行将由备案制调整为注册制，现将有关事项通知如下：

一、保险资产管理公司等专业管理机构（以下称专业管理机构）发起设立债权投资计划，应当按照监管规定，向中国保监会指定的注册机构报送注册材料，依规注册。过渡期间，注册机构临时由中国保险保障基金有限责任公司担任。

二、专业管理机构报送的注册材料，包括正本和电子版光盘各一份。注册材料应当符合监管规定和注册机构要求，格式规范，内容真实准确完整，不存在任何虚假记载、误导性陈述或重大遗漏。

三、注册机构按照监管规定和经备案的注册规则，对注册材料的完备性和合规性进行程序性、标准化形式审核。注册材料符合规定的，注册机构应在 15 个工作日内办结注册程序，出具产品注册通知书。

四、中国保监会对交易结构复杂、投资规模较大的债权投资计划，可以组织有关专家进行独立风险评估，督促发行人充分评估、揭示和披露债权投资计划投资风险。

五、债权投资计划注册后，有关当事人仍按中国保监会现行规定，办理债权投资计划登记、发行和交易，并依规履行信息披露和报告义务。中国保监会通过现场和非现场检查方式，对债权投资计划业务进行监管。

六、专业资产管理机构发行的其他类型的资产管理产品，需要注册登记的，参照本通知执行。

27. 中国保险监督管理委员会关于保险资金投资股权和不动产有关问题的通知

（2012 年 7 月 16 日　保监发〔2012〕59 号）

各保险集团（控股）公司、保险公司、保险资产管理公司：

为进一步规范保险资金投资股权和不动产行为，增强投资政策的可行性和有效性，防范投资风险，保障资产安全，根据《保险资金运用管理暂行办法》、《保险资金投资股权暂行办法》（以下简称《股权办法》）和《保险资金投资不动产暂行办法》（以下简称《不动产办法》），现就有关事项通知如下：

一、调整事项

1. 保险公司投资股权或者不动产，不再执行上一会计年度盈利的规定；上一会计年度净资产的基本要求，均调整为1亿元人民币；偿付能力充足率的基本要求，调整为上季度末偿付能力充足率不低于120%；开展投资后，偿付能力充足率低于120%的，应当及时调整投资策略，采取有效措施，控制相关风险。

2. 保险公司投资自用性不动产，其专业人员的基本要求，调整为资产管理部门应当配备具有不动产投资和相关经验的专业人员。

3. 保险资金直接投资股权的范围，增加能源企业、资源企业和与保险业务相关的现代农业企业、新型商贸流通企业的股权，且该股权指向的标的企业应当符合国家宏观政策和产业政策，具有稳定的现金流和良好的经济效益。

4. 保险资金投资股权投资基金，发起设立并管理该基金投资机构的资本要求，调整为注册资本或者认缴资本不低于1亿元人民币。

5. 保险资金投资的股权投资基金，包括成长基金、并购基金、新兴战略产业基金和以上股权投资基金为投资标的的母基金。其中，并购基金的投资标的，可以包括公开上市交易的股票，但仅限于采取战略投资、定向增发、大宗交易等非交易过户方式，且投资规模不高于该基金资产余额的20%。新兴战略产业基金的投资标的，可以包括金融服务企业股权、养老企业股权、医疗企业股权、现代农业企业股权以及投资建设和管理运营公共租赁住房或者廉租住房的企业股权。母基金的交易结构应当简单明晰，不得包括其他母基金。

6. 保险资金投资的股权投资基金，非保险类金融机构及其子公司不得实际控制该基金的管理运营，或者不得持有该基金的普通合伙权益。

7. 保险公司重大股权投资和购置自用性不动产，除使用资本金外，还可以使用资本公积金、未分配利润等自有资金。保险公司非重大股权投资和非自用性不动产投资，可以运用自有资金、责任准备金及其他资金。

8. 保险公司投资未上市企业股权、股权投资基金等相关金融产品，可以自主确定投资方式，账面余额由两项合计不高于本公司上季末总资产的5%调整为10%。其中，账面余额不包含保险公司以自有资金直接投资的保险类企业股权。

保险公司投资同一股权投资基金的账面余额，不高于该基金发行规模的20%；保险集团（控股）公司及其保险子公司，投资同一股权投资基金的账面余额，合计不高于该基金发行规模的60%，保险公司及其投资控股的保险机构比照执行。

9. 保险公司投资非自用性不动产、基础设施债权投资计划及不动产相关金融产品，可以自主确定投资标的，账面余额合计不高于本公司上季末总资产的20%。其中，投资非自用性不动产的账面余额，不高于本公司上季末总资产的15%；投资基础设施债权投资计划和不动产相关金融产品的账面余额，合计不高于本公司上季末总资产的20%。

保险公司投资同一基础设施债权投资计划或者不动产投资计划的账面余额，不高于该计划发行规模的50%，投资其他不动产相关金融产品的账面余额，不高于该产品发行规模的20%。保险集团（控股）公司及其保险子公司，投资同一基础设施债权投资计划或者不动产相关金融产品的账面余额，合计不高于该计划（产品）发行规模的60%，保险公司及其投资控股的保险机构比照执行。

10. 保险公司和托管机构向中国保监会提交投资股权和不动产季度报告的时间，调整为每季度结束后30个工作日内；保险公司、投资机构和托管机构向中国保监会提交投资股权和不动产年度报告的时间，调整为每年4月30日前。

二、明确事项

1. 保险集团（控股）公司及其保险子公司投资股权和不动产，可以整合集团内部资源，在保险机构建立股权和不动产投资专业团队，由该专业团队统一提供咨询服务和技术支持。该专业团队所在的保险机构，应当分别符合《股权办法》有关专业机构、《不动产办法》有关投资机构的规定。不动产投资机构仅为保险公司投资不动产提供咨询服务和技术支持的，应当具有10名以上不动产投资和相关经验的专业人员，其中具有5年以上相关经验的不少于2名，具有3年以上相关经验的不少于3名。

保险公司投资股权和不动产，聘请专业机构或者投资机构提供投资咨询服务和技术支持的，该保险公司资产管理部门应当配备不少于2名具有3年以上股权投资和相关经验的专业人员，以及不少于2名具有3年以上不动产投资和相关经验的专业人员。保险公司间接投资股权或者不动产相关金融产品的，专业人员的基本要求不变。

2. 保险资金投资的股权投资基金，发起设立并管理该基金的投资机构，其退出项目的最低要求，是指该机构专业人员作为投资主导人员，合计退出的项目数量；其管理资产的余额，是指在中国境内以人民币计价的实际到账资产和资金的余额。

3. 保险资金以间接方式投资公共租赁住房和廉租住房项目，该类项目应当经政府审定，权证齐全合法有效，地处经济实力较强、财政状况良好、人口增长速度较为稳定的大城市。

4. 保险公司不得用其投资的不动产提供抵押担保。保险公司以项目公司股权方式投资不动产的，该项目公司可用自身资产抵押担保，通过向其保险公司股东借款等方式融资，融资规模不超过项目投资总额的40%。

5. 保险公司根据业务发展需求，可以自主调整权属证明清晰的不动产项目属性，自用性不动产转换为投资性不动产的，应当符合投资性不动产的相关规定，并在完成转换后30个工作日内，向中国保监会报告。

三、其他事项

1. 保险公司投资股权和不动产，应当制定完善的管理制度、操作流程、内部控制及稽核规定，防范操作风险、道德风险和利益输送行为，杜绝不正当关联交易和他项交易。保险公司高级管理人员和相关投资人员，不得以个人名义或假借他人名义，投资该公司所投资股权或不动产项目。

2. 保险公司以股权方式投资不动产，应当严格规范项目公司名称，限定其经营范围。项目公司不得对外进行股权投资。

3. 保险公司投资不动产项目，应当明确投资人定位，委托具备相应资质的开发机构代为建设，不得自行开发建设投资项目，不得将保险资金挪做他用。

4. 保险公司投资不动产，不得以投资性不动产为目的，运用自用性不动产的名义，变相参与土地一级开发。保险公司转换自用性不动产和投资性不动产属性时，应当充分论证转换方案的合理性和必要性，确保转换价值公允，不得利用资产转换进行利益输送或者损害投保人利益。

5. 保险公司以外币形式出资，投资中国境内未上市企业股权或者不动产，纳入《保险资金境外投资管理暂行办法实施细则》管理。

28. 中国银行保险监督管理委员会关于保险资金参与长租市场有关事项的通知

（2018年5月28日　银保监发〔2018〕26号）

为深入贯彻中央经济工作会议精神，规范保险资金投资住房租赁市场行为，防范投资风险，根据《保险资金运用管理办法》《保险资金投资不动产暂行办法》及相关规定，现就保险资金投资长期租赁住房项目有关事项通知如下：

一、保险公司通过直接投资，保险资产管理机构通过发起设立债权投资计划、股权投资计划、资产支持计划、保险私募基金参与长租市场，所投资的长期租赁住房项目应当满足以下条件：

（一）具有良好的经济和社会效益，具备稳定的当期或预期现金流；

（二）处于北京、上海、雄安新区以及人口净流入的大中试点城市。土地性质为集体建设用地的，应处于集体建设用地建设租赁住房试点城市；

（三）产权清晰，无权属争议及受限情形；

（四）土地出让合同或土地使用权证载明土地及地上建筑物仅用于租赁住房，不得转让；

（五）履行了立项、规划、建设、竣工验收及运营管理等阶段所必需的审批程序，或者履行了项目建设阶段所必需的审批程序。

二、保险资产管理机构发起设立投资于长期租赁住房项目的债权投资计划、股权投资计划等保险资产管理产品及保险私募基金，应符合以下条件：

（一）采用债权投资计划方式的，融资主体自有现金流占其全部应还债务本息的比例为100%（含）以上；

（二）采用股权投资计划及保险私募基金方式的，拟投项目公司的核心资产为租赁住房项目，项目公司股权不得为第三方提供质押，并设置有效的退出机制。

三、保险机构投资长期租赁住房项目，应当要求融资主体与项目主体加强项目建设阶段管理，按照工程进度划拨资金，并与融资主体、项目主体、托管银行签订多方账户监管合同或协议，明确各方实行资金专户管理，督促开户银行和托管银行实行资金进出的全程监控，严格审查资金支付及对价取得等事项，确保资金封闭运行，专项用于所投资的租赁住房项目建设或改造升级，不得挪作他用。

四、保险公司应当遵循审慎稳健和安全性原则，综合考虑自身资产负债状况、偿付能力状况和流动性要求，制定长期租赁住房项目的投资预算，并纳入年度资产配置计划。

五、保险机构应当建立相应的专属岗位，负责投资期内各个长租住房项目的投后管理，并建立全程管理制度，在负债控制、款项支付、工程进展、租金回款、资产抵押等方面采取有效的风控措施，控制投资风险。

六、保险资产管理机构通过债权投资计划、股权投资计划、保险私募基金等方式投资长期租赁住房项目的，相关注册机构建立受理及注册绿色通道，优先受理。

七、本通知自发布之日起施行。

附：中国银行保险监督管理委员会发布《关于保险资金参与长租市场有关事项的通知》（略）

29. 关于保险资金投资集合资金信托有关事项的通知

（2019 年 6 月 19 日　银保监办发〔2019〕144 号）

各银保监局，各保险集团（控股）公司、保险公司、保险资产管理公司：

为进一步加强保险集团（控股）公司、保险公司、保险资产管理公司（以下简称保险机构）投资集合资金信托业务管理，规范投资行为，切实防范资金运用风险，根据《保险资金运用管理办法》等规定，现就有关事项通知如下：

一、保险机构投资集合资金信托，应当按照监管规定和内控要求，完善决策程序和授权机制，确定董事会或董事会授权机构的决策权限及批准权限。各项投资由董事会或者董事会授权机构逐项决策，并形成书面决议。

二、保险机构投资集合资金信托，应当配备独立的信托投资专业责任人，完善可追溯的责任追究机制，并向中国银行保险监督管理委员会（以下简称银保监会）报告。信托投资专业责任人比照保险机构投资管理能力专业责任人，纳入风险责任人体系进行监管，对其资质条件、权利义务和风险责任等要求，执行保险机构投资风险责任人的相关规定。

三、保险机构应当明确信托公司选择标准，完善持续评价机制，并将执行情况纳入年度内控审计。担任受托人的信托公司应当具备以下条件：

（一）具有完善的公司治理、良好的市场信誉和稳定的投资业绩，上年末经审计的净资产不低于 30 亿元人民币；

（二）近一年公司及高级管理人员未发生重大刑事案件，未受监管机构重大行政处罚。

四、保险资金投资的集合资金信托，基础资产限于非标准化债权资产、非上市权益类资产以及银保监会认可的其他资产，投资方向应当符合国家宏观政策、产业政策和监管政策。保险资金不得投资基础资产属于国家及监管部门明令禁止的行业或产业的资金信托，融资主体须承诺资金不用于国家及监管部门明令禁止的行业或产业。

五、对于基础资产为非标准化债权资产的集合资金信托，应进行外部信用评级，且信用等级不得低于符合条件的国内信用评级机构评定的 AA 级或者相当于 AA 级的信用级别。

六、对于基础资产为非标准化债权资产的集合资金信托，应当确定有效的信用增级安排，并符合下列要求：

（一）信用增级方式与融资主体还款来源相互独立。

（二）信用增级采用以下方式或其组合：

1. 设置保证担保的，应当为本息全额无条件不可撤销连带责任保证担保，担保人信用等级不低于被担保人信用等级，担保行为履行全部合法程序，且同一担保人全部对外担保金额占其净资产的比例不超过 50%。由融资主体母公司或实际控制人提供担保的，担保人净资产不得低于融资主体净资产的 1.5 倍。

2. 设置抵押或质押担保的，担保财产应当权属清晰，质押担保办理出质登记，抵押担保办理抵押物登记，经评估的担保财产价值不低于待偿还本息。

3. 银保监会认可的其他合法有效的信用增级方式。

（三）不得由金融机构提供任何直接或间接、显性或隐性的担保、回购等代为承担风险的承诺。

（四）融资主体信用等级为 AAA 级，且符合下列条件之一的，可免于信用增级：1. 上年末净资产不低于 150 亿元；2. 最近三年连续盈利；3. 融资主体募投项目为经国务院或国务院投资主管部门核准的重大工程。

七、对于基础资产为非上市权益类资产的集合资金信托，相关基础资产应当符合保险资金投资股权或不动产的监管规定。

八、保险资金投资集合资金信托，应当在信托合同中明确约定权责义务，禁止将资金信托作为通道。资金信托应当由受托人自主管理，并承担产品设计、项目筛选、尽职调查、投资决策、实施及后续管理等主动管理责任。信托公司管理资金信托聘请第三方提供投资顾问服务的，应遵守银保监会的有关规定，不得将主动管理责任让渡给投资顾问等第三方机构，不得为保险资金提供通道服务。

九、保险资金不得投资单一资金信托，不得投资结构化集合资金信托的劣后级受益权。

十、除信用等级为 AAA 级的集合资金信托外，保险集团（控股）公司或保险公司投资同一集合资金信托的投资金额，不得高于该产品实收信托规模的 50%，保险集团（控股）公司、保险公司及其关联方投资同一集合资金信托的投资金额，合计不得高于该产品实收信托规模的 80%。

十一、保险资金投资集合资金信托，不得发生涉及利益输送、利益转移等不当交易行为，不得通过关联交易或者其他方式侵害公司或者被保险人利益。涉及关联交易的，应当符合合规、诚信和公允的原则，不得偏离市场独立第三方的价格或者交易条件，应当建立健全内部审批机制和评估机制，并按照有关规定及时进行信息披露。

十二、保险机构投资集合资金信托，应当加强法律风险管理，由专业律师就投资行为、信托目的合法合规性以及投资者权益保护等内容出具相关意见。

保险机构应当加强投后管理，制定后续管理制度和风险处理预案；定期监测融资主体和项目的经营等情况；定期开展压力测试和情景分析；形成内部定期报告机制，全程跟踪信托投资风险。

保险机构投资集合资金信托出现违约风险的，要积极采取应对措施，维护保险资金安全，并查找风险发生的原因，制定整改方案，按规定及时向银保监会报告；对于履职尽责不力且违反银保监会相关规定的保险机构信托投资专业责任人，银保监会将依法追究其责任。

十三、保险资金投资的集合资金信托有个人投资者参与的，信托公司应加强投资者适当性管理，确保其符合合格投资者标准，坚持产品风险等级与投资者风险承受能力相匹配的原则，严禁误导投资者购买风险等级高于其风险承受能力等级的资金信托。

十四、保险机构投资集合资金信托，保险机构和信托公司应当按有关规定向银保监会指定的信息登记平台报送信息，对于未及时、准确、完整报送信息的，责令限期改正，逾期不改正的依法予以行政处罚。

十五、保险机构投资集合资金信托，存在以下情形之一的，应当于投资后 15 个工作日内向银保监会报告：

（一）未直接投向具体基础资产，存在一层嵌套的；

（二）基础资产涉及的不动产等项目不在直辖市、省会城市、计划单列市等具有明显区位优势的地域，且融资主体或者担保主体信用等级低于 AAA 级；

（三）基础资产所属融资主体为县级政府融资平台，且融资主体或者担保主体信用等级低于 AAA 级；

（四）信托公司或基础资产所属融资主体与保险机构存在关联关系；

（五）银保监会认定的其他情形。

银保监会审核有关报告，认为报告信息披露不完整、外部信用评级风险揭示不充分、不能客观反映投资资产风险的，可以要求保险机构作出相应调整。

十六、保险业、信托业相关行业组织应当加强行业自律管理，评估会员及其从业人员行为，同时对投资涉及的律师事务所、信用评级机构等定期开展评估，对未能尽职履责且情节严重的，列入行业警示名单。

十七、保险集团（控股）公司、保险公司委托保险资产管理公司投资集合资金信托的，由保险资产管理公司履行本通知规定的相关管理责任，保险集团（控股）公司、保险公司应当符合保险资金委托投资管理和投资金融产品的相关规定。

十八、为维护市场稳定，保险机构投资集合资金信托实行“新老划断”，确保平稳过渡。保险机构投资分期发行产品的，可以继续投资予以衔接，但新增投资的集合资金信托应按照本通知执行。

十九、上述事项自本通知发布之日起执行。《关于保险资金投资集合资金信托计划有关事项的通知》（保监发〔2014〕38 号）同时废止。

30. 中国保监会关于印发《资产支持计划业务管理暂行办法》的通知

（2015 年 8 月 25 日　保监发〔2015〕85 号）

各保险集团（控股）公司、保险公司、保险资产管理公司：

为促进资产支持计划业务创新，规范管理行为，加强风险控制，维护投资者合法权益，我会制定了《资产支持计划业务管理暂行办法》。现印发给你们，请遵照执行。

资产支持计划业务管理暂行办法

第一章　总　　则

第一条　为加强资产支持计划业务管理，支持资产证券化业务发展，维护保险资金运用安全，根据《中华人民共和国保险法》、《中华人民共和国信托法》、《保险资金运用管理暂行办法》和其他相关法律法规，制定本办法。

第二条 本办法所称资产支持计划（以下简称支持计划）业务，是指保险资产管理公司等专业管理机构作为受托人设立支持计划，以基础资产产生的现金流为偿付支持，面向保险机构等合格投资者发行受益凭证的业务活动。

支持计划业务应当建立托管机制。

第三条 支持计划作为特殊目的载体，其资产独立于基础资产原始权益人、受托人、托管人及其他为支持计划提供服务的机构（以下简称其他服务机构）的固有财产。原始权益人、受托人、托管人及其他服务机构因依法解散、被依法撤销或者被依法宣告破产等原因进行清算的，支持计划资产不纳入清算范围。

第四条 受托人因管理、运用或者处置支持计划资产取得的财产和收益，应当归入支持计划资产；因处理支持计划事务所支出的费用、对第三人所负债务，以支持计划资产承担。

受托人管理、运用和处分支持计划资产所产生的债权，不得与原始权益人、受托人、托管人及其他服务机构的固有财产产生的债务相抵销。受托人管理、运用和处分不同支持计划资产所产生的债权债务，不得相互抵销。

第五条 保险机构投资支持计划受益凭证，应当遵循稳健、安全性原则，加强资产负债匹配。受托人、托管人及其他服务机构应当遵守相关法律法规、本办法的规定及支持计划的约定，履行诚实信用、谨慎勤勉的义务，切实维护受益凭证持有人的合法利益。

第六条 中国保险监督管理委员会（以下简称中国保监会）负责制定支持计划业务监管规则，依法对支持计划业务进行监管。

第二章 基础资产

第七条 本办法所称基础资产，是指符合法律法规规定，能够直接产生独立、可持续现金流的财产、财产权利或者财产与财产权利构成的资产组合。

第八条 基础资产应当满足以下要求：

（一）可特定化，权属清晰、明确；

（二）交易基础真实，交易对价公允，符合法律法规及国家政策规定；

（三）没有附带抵押、质押等担保责任或者其他权利限制，或者能够通过相关安排解除基础资产的相关担保责任和其他权利限制；

（四）中国保监会规定的其他条件。

基础资产依据穿透原则确定。

第九条　支持计划存续期间，基础资产预期产生的现金流，应当覆盖支持计划预期投资收益和投资本金。国家政策支持的基础设施项目、保障房和城镇化建设等领域的基础资产除外。本款所指基础资产现金流不包括回购等增信方式产生的现金流。

基础资产的规模、存续期限应当与支持计划的规模、存续期限相匹配。

第十条　法律法规规定基础资产转让应当办理批准、登记手续的，应当依法办理。法律法规没有要求办理登记或者暂时不具备办理登记条件的，受托人应当采取其他措施，有效维护基础资产安全。

第十一条　中国保监会根据基础资产风险状况和监管需要对基础资产的范围实施动态负面清单管理。

第三章　交易结构

第十二条　受托人为受益凭证持有人的利益，设立支持计划并进行管理。受托人应当符合下列能力标准：

（一）具有基础设施投资计划或者不动产投资计划运作管理经验；

（二）建立相关投资决策机制、风险控制机制、内部管理制度和业务操作流程；

（三）合理设置相关部门或者岗位，并配备专职人员；

（四）信用风险管理能力达到监管标准；

（五）最近一年未因重大违法违规行为受到行政处罚；

（六）中国保监会规定的其他条件。

受托人应当在首单支持计划设立时向中国保监会报告其能力建设情况。受托人能力下降，不再符合监管规定的，应当及时整改，并报告中国保监会。

第十三条　受托人应当履行下列职责：

（一）设立、发行、管理支持计划；

（二）按照支持计划约定，向受益凭证持有人分配收益；

（三）协助受益凭证持有人办理受益凭证转让、协议回购等事宜；

（四）持续披露支持计划信息；

（五）法律法规、本办法规定及支持计划约定的其他职责。

第十四条　原始权益人依照约定将基础资产移交给支持计划。原始权益人应当符合下列条件：

（一）具备持续经营能力，无重大经营风险、财务风险和法律风险；

（二）生产经营符合法律法规和公司章程的规定，符合国家产业政策；

（三）最近三年未发生重大违约或者重大违法违规行为；

（四）法律法规和中国保监会规定的其他条件。

第十五条 原始权益人应当积极配合受托人、托管人及其他服务机构履行职责，依照法律法规的规定和支持计划的约定移交基础资产，并确保基础资产真实、合法、有效，不存在虚假或欺诈性转移等任何影响支持计划的情形。

支持计划存续期间，原始权益人应当维持正常的生产经营活动，保障基础资产现金流的持续、稳定，发生重大事项可能损害支持计划利益的，应当及时书面告知受托人并采取补救措施。

第十六条 托管人为受益凭证持有人的利益，保管支持计划资产。托管人应当具有保险资金托管资格。

托管人与受托人不得为同一人，且不得具有关联关系。

第十七条 托管人应当履行下列职责：

（一）安全保管支持计划资产；

（二）按照支持计划约定方式，向受益凭证持有人分配投资收益；

（三）监督受托人管理支持计划运作行为，发现受托人违规操作的，应当立即以书面形式通知受托人纠正，并及时报告中国保监会；

（四）出具托管报告；

（五）法律法规、本办法规定及支持计划约定的其他职责。

第十八条 受托人可以聘请资产服务机构在支持计划存续期间对基础资产进行管理。资产服务机构可以是支持计划的原始权益人。

受托人聘请资产服务机构的，应当与资产服务机构签订服务合同，明确资产服务机构的职责、管理方法和标准、操作流程、风控措施等。

第十九条 支持计划可以通过内部或者外部增信方式提升信用等级。内部信用增级包括但不限于结构化、超额抵押等方式，外部信用增级包括但不限于担保、保证保险等方式。

第二十条 受托人应当聘请符合监管要求的信用评级机构对受益凭证进行初始评级和跟踪评级。支持计划存续期间，每年跟踪信用评级应当不少于一次。

第二十一条 受托人应当聘请律师事务所对支持计划出具独立的法律意见书，

并可根据需要聘请资产评估机构、会计师事务所等专业服务机构对支持计划出具专业意见。

第四章　发行、登记和转让

第二十二条　受托人发起设立支持计划，实行初次申报核准，同类产品事后报告。中国保监会依规对初次申报的支持计划实施合规性、程序性审核。支持计划交易结构复杂的，中国保监会可以建立外部专家评估机制，向投资者提示投资风险。

本条所称同类产品，是指支持计划的基础资产类别、交易结构等核心要素基本一致。

第二十三条　受托人发行受益凭证，应当向投资者提供认购风险申明书、募集说明书、受托合同等支持计划法律文件、信用评级报告及跟踪评级安排、法律意见书等书面文件，明示支持计划要素，充分披露相关信息，揭示并以醒目方式提示各类风险和风险承担原则。

募集说明书应当充分披露基础资产的构成和运营、基础资产现金流预测分析、回款机制、分配方式的相关情况、受托人与原始权益人存在的关联关系、可能存在的风险以及防范措施等。

受托人披露的信息应当真实、准确、完整，不得存在应披露而未披露的内容。

第二十四条　受益凭证发行可以采取一次足额发行，也可以在募集规模确定且交易结构一致的前提下，采用限额内分期发行的方式。分期发行的，末期发行距首期发行时间一般不超过 12 个月。

第二十五条　受益凭证可按规定在保险资产登记交易平台发行、登记和转让，实现受益凭证的登记存管和交易流通。

保险资产登记交易平台对受益凭证发行、登记和转让及相关信息披露进行自律管理，并与中国保监会建立信息共享机制。

第二十六条　受益凭证限于向保险机构以及其他具有风险识别和承受能力的合格投资者发行，并在合格投资者范围内转让。中国保监会根据市场情况制定投资者适当性管理标准。

第二十七条　受益凭证按照募集说明书约定的条件发行完毕，支持计划设立完成。受托人应当在支持计划设立完成 10 个工作日内将发行情况报告中国保监会。

发行期限届满，未能满足约定的成立条件的，支持计划设立失败。受托人应当在发行期限届满后10个工作日内返还投资人已缴付的款项，并加计同期活期银行存款利息，同时报告中国保监会。

第二十八条 受益凭证是持有人享有支持计划权益的证明。同一支持计划的受益凭证按照风险和收益特征的不同，可以划分为不同种类，同一种类的受益凭证持有人，享有同等权益，承担同等风险。

第二十九条 受益凭证持有人享有以下权利：

（一）依法继承、转让或者质押受益凭证；

（二）按照支持计划约定，享有支持计划投资收益以及参与分配清算后的支持计划剩余财产；

（三）获得支持计划信息披露资料；

（四）参加受益凭证持有人会议；

（五）法律法规、本办法规定及支持计划约定的其他权利。

第三十条 受益凭证持有人可以根据中国保监会和保险资产登记交易平台的有关规定开展受益凭证协议回购。回购双方需审慎评估风险，通过协商约定进行回购融资。

第五章 运作管理

第三十一条 支持计划存续期间，受托人应当按照本办法的要求和支持计划的约定，对原始权益人经营状况、基础资产现金流以及增信安排效力等进行跟踪管理和持续监测评估，保障支持计划的正常运作。

受托人对原始权益人、基础资产以及增信安排的跟踪信用风险评估每年不少于一次。

第三十二条 支持计划存续期间，受托人应当按照支持计划的约定归集基础资产现金流，并向受益凭证持有人支付投资收益，支持计划资产无法按时支付投资收益的，受托人应当按照支持计划约定启动增信机制或者其他措施。

第三十三条 受托人应当为支持计划单独记账、独立核算，不同的支持计划在账户设置、资金划拨、账簿记录等方面应当相互独立。

第三十四条 受托人管理支持计划，不得以任何方式侵占、挪用支持计划资产，不得将支持计划资产和其他资产混同，不得以支持计划资产设定担保或者形成其他或有负债。

第三十五条　受益凭证持有人通过持有人会议对影响其利益的重大事项进行决策。以下重大事项应当由持有人会议审议决定：

（一）变更收益分配方式和内容；

（二）变更受托人、托管人；

（三）变更资产循环购买（如有）的标准或规模；

（四）对支持计划或者受益凭证持有人利益有重大影响的事项。

支持计划募集说明书应当约定持有人会议召集程序及会议规则，明确受益凭证持有人通过持有人会议行使权利的范围、程序、表决机制和其他重要事项。

第三十六条　支持计划终止，受托人应当按照有关规定和支持计划约定成立清算小组，负责清算工作。清算报告应当由具有资质的会计师事务所出具审计意见。

受益凭证持有人应当及时确认清算方案，接收清算资产。

第六章　风险控制

第三十七条　受托人应当建立支持计划业务风险责任人机制，加强业务风险管理，针对支持计划存续期间可能出现的重大风险进行审慎、适当的评估和管理，制定相应风控措施和风险处置预案，并协调、督促原始权益人、托管人及其他服务机构按照约定执行。

在风险发生时，受托人应当勤勉尽责地执行风险处置预案，保护受益凭证持有人利益。

第三十八条　受托人应当通过尽职调查等方式，对基础资产及交易结构的法律风险进行充分识别、评估和防范，保障基础资产合法有效，防范基础资产及相关权益被第三方主张权利的风险。

第三十九条　受托人应当审慎评估原始权益人资信状况，合理测算基础资产现金流，采取相应增信安排。基础资产现金流测算应当以历史数据为依据，并充分考虑影响未来现金流的因素。

第四十条　受托人应当建立相对封闭、独立的现金流归集机制，明确基础资产现金流转付环节和时限。受托人聘请资产服务机构的，应当要求资产服务机构为基础资产单独设帐，单独管理，并定期披露现金流的归集情况，披露频率不少于支持计划投资收益支付频率。

受托人应当制定有效方案，明确在原始权益人、资产服务机构运营情况发生重大负面变化时增强现金流归集的方式和相关触发机制，防范资金混同风险。

第四十一条 支持计划以沉淀的基础资产现金流进行再投资的，仅限于投资安全性高的流动性资产。受托人应当确保再投资在支持计划约定的投资范围内进行，并充分考虑相关风险。

第四十二条 支持计划以基础资产现金流循环购买新的同类基础资产的，受托人应当在募集说明书中明确入池标准，并对后续购买的基础资产进行事前审查和确认。

第四十三条 受托人与原始权益人存在关联关系，或者受托人以其自有资金、管理的其他客户资产认购受益凭证的，应当采取有效措施，防范可能产生的利益冲突。

第七章 信息披露

第四十四条 受托人、托管人、原始权益人和其他服务机构应当按照有关规定和支持计划约定，以适当的方式及时披露信息，并保证所披露信息真实、准确、完整。受托人作为信息披露责任主体，应当加强存续期内信息披露管理，督促其他当事人及时披露相关信息。

第四十五条 受托人应当在每年6月30日和8月31日前，向受益凭证持有人分别披露支持计划年度和半年受托管理报告，同时报送中国保监会。受托管理报告内容包括但不限于基础资产运行状况、相关当事人的履约情况、支持计划资金的收支、受益凭证投资收益的分配等。支持计划成立不满2个月的，无需编制受托管理报告。

第四十六条 托管人应当在年度受托管理报告披露同时，向受益凭证持有人披露上一年度托管报告，同时报送中国保监会。托管报告内容包括但不限于资产托管状况、托管人履职情况和对受托人管理行为的监督情况等。

第四十七条 发生可能对受益凭证投资价值或者价格有实质性影响的重大事件时，受托人应当及时向受益凭证持有人披露相关信息，并向中国保监会报告。重大事件包括但不限于：

（一）未按支持计划约定分配收益；

（二）受益凭证信用评级发生不利调整；

（三）原始权益人、受托人、托管人发生重大变化；

（四）基础资产的运行情况或产生现金流的能力发生重大变化；

（五）其它可能对支持计划产生重大影响的事项。

第四十八条　支持计划终止清算的，受托人应当在清算完成后的 10 个工作日内进行信息披露。

第四十九条　信用评级机构应当在每年 6 月 30 日前向受益凭证持有人披露受益凭证上年度定期跟踪评级报告，并及时披露不定期跟踪评级报告。

第五十条　受益凭证持有人会议的召集人应当提前不少于 10 个工作日向持有人通知会议的召开时间、会议形式、审议事项、议事程序和表决方式等事项，并于会议结束后 10 个工作日内披露持有人会议决议。

第八章　监督管理

第五十一条　中国保监会依法对支持计划业务进行监管检查，必要时可聘请中介机构协助检查。对于违反本办法规定的，中国保监会可依法采取监管措施。涉嫌犯罪的，依法移送司法机关。

第五十二条　为支持计划提供服务的其他服务机构及其有关人员，应当遵守执业规范和职业道德，客观公正、独立发表专业意见。未尽责履职，或其出具的报告含有虚假记载、误导性陈述或重大遗漏的，应当承担相应的法律责任。

第九章　附　则

第五十三条　本办法由中国保监会负责解释和修订。

第五十四条　本办法自公布之日起施行。

31. 中国保监会关于印发《保险资金投资债券暂行办法》的通知

（2012 年 7 月 16 日 保监发〔2012〕58 号）

各保险集团（控股）公司、保险公司、保险资产管理公司：

为规范保险资金投资债券行为，改善资产配置，维护保险当事人合法权益，我会制定了《保险资金投资债券暂行办法》，现印发给你们，请遵照执行。

保险资金投资债券暂行办法

第一章 总 则

第一条 为规范保险资金投资债券行为，改善资产配置，维护保险当事人合法权益，根据《中华人民共和国保险法》、《保险资金运用管理暂行办法》及有关规定，制定本办法。

第二条 中国境内依法设立的保险集团（控股）公司和保险公司（以下统称保险公司）投资债券，符合中国保监会规定的专业投资管理机构受托保险资金投资债券，适用本办法。

本办法所称债券，是指依法在中国境内发行的人民币债券和外币债券，包括政府债券、准政府债券、企业（公司）债券及符合规定的其他债券。

第三条 中国保险监督管理委员会（以下简称中国保监会）负责制定保险资金投资债券政策，依法对债券投资活动实施监督管理。

第二章 资质条件

第四条 保险公司投资债券，应当符合下列条件：

（一）具有完善的公司治理、决策流程和内控机制，健全的债券投资管理制度、风险控制制度和信用评级体系；

（二）已经建立资产托管、集中交易和防火墙机制，资金管理规范透明；

（三）合理设置债券研究、投资、交易、清算、核算、信用评估和风险管理等岗位；投资和交易实行专人专岗；

（四）具有债券投资经验的专业人员不少于2人，其中具有3年以上债券投资经验的专业人员不少于1人；信用评估专业人员不少于2人，其中具有2年以上信用分析经验的专业人员不少于1人；

（五）建立与债券投资业务相应的管理信息系统。

第五条 保险资金投资无担保非金融企业（公司）债券，其信用风险管理能力应当达到中国保监会规定的标准。

第三章 政府债券和准政府债券

第六条 保险资金投资的政府债券，是指中华人民共和国省（自治区、直辖市、计划单列市）以上政府财政部门或其代理机构，依法在境内发行的，以政府信用为基础并由财政支持的债券，包括中央政府债券和省级政府债券。

中央银行票据、财政部代理省级政府发行并代办兑付的债券，比照中央政府债券的投资规定执行。

保险资金投资省级政府债券的规定，由中国保监会另行制定。

第七条 保险资金投资的准政府债券，是指经国务院或国务院有关部门批准，由特定机构发行的，信用水平与中央政府债券相当的债券。

以国家预算管理的中央政府性基金，作为还款来源或提供信用支持的债券，纳入准政府债券管理。政策性银行发行的金融债券和次级债券、国务院批准特定机构发行的特别机构债券，比照准政府债券的投资规定执行。

第四章 企业（公司）债券

第八条 保险资金投资的企业（公司）债券，是指由企业（公司）依法合规发行，且不具备政府信用的债券，包括金融企业（公司）债券和非金融企业（公司）债券。

第九条 金融企业（公司）债券包括商业银行可转换债券、混合资本债券、次级债券以及金融债券，证券公司债券，保险公司可转换债券、混合资本债券、次级定期债券和公司债券，国际开发机构人民币债券以及中国保监会规定的投资品种。

保险资金投资的金融企业（公司）债券，应当符合下列条件：

（一）商业银行发行的金融企业（公司）债券，应当具有国内信用评级机构评定的A级或者相当于A级以上的长期信用级别；其发行人除符合中国人民银行、中国银行业监督管理委员会的有关规定外，还应当符合下列条件：

1. 最新经审计的净资产，不低于100亿元人民币；

2. 核心资本充足率不低于6%；

3. 国内信用评级机构评定的A级或者相当于A级以上的长期信用级别；

4. 境外上市并免于国内信用评级的，国际信用评级机构评定的BB级或者相当于BB级以上的长期信用级别。

保险资金投资的商业银行混合资本债券，除符合上述规定外，应当具有国内信用评级机构评定的AA级或者相当于AA级以上的长期信用级别，其发行人总资产不低于2000亿元人民币。商业银行混合资本债券纳入无担保非金融企业（公司）债券管理。

（二）证券公司债券，应当公开发行，且具有国内信用评级机构评定的AA级或者相当于AA级以上的长期信用级别；其发行人除符合中国证券监督管理委员会的有关规定外，还应当符合下列条件：

1. 最新经审计的净资本，不低于20亿元人民币；

2. 国内信用评级评定的AA级或者相当于AA级以上的长期信用级别；

3. 境外上市并免于国内信用评级的，国际信用评级机构评定的BBB级或者相当于BBB级以上的长期信用级别。

（三）保险公司可转换债券、混合资本债券、次级定期债券和公司债券，应当是保险公司按照相关规定，经中国保监会和有关部门批准发行的债券。

（四）国际开发机构人民币债券，其发行人除符合国家有关规定外，还应当符合下列条件：

1. 最新经审计的净资产，不低于50亿美元；

2. 国内信用评级机构评定的AA级或者相当于AA级以上的长期信用级别；免于国内信用评级的，国际信用评级机构评定的BBB级或者相当于BBB级以上的长期信用级别。

第十条 非金融企业（公司）债券包括非金融机构发行的企业债券，公司债券，中期票据、短期融资券、超短期融资券等非金融企业债务融资工具，可转换公司债券，以及中国保监会规定的其他投资品种。

保险资金投资的非金融企业（公司）债券，应当符合下列条件：

（一）其发行人除符合有关部门的规定外，还应当符合下列条件：

1. 最新经审计的净资产，不低于20亿元人民币；

2. 国内信用评级机构评定的A级或者相当于A级以上的长期信用级别；

3. 境外上市并免于国内信用评级的，国际信用评级机构评定的BB级或者相当于BB级以上的长期信用级别。

（二）有担保非金融企业（公司）债券，具有国内信用评级机构评定的AA级或者相当于AA级以上的长期信用级别，其担保符合下列条件：

1. 以保证方式提供担保的，应当为本息全额无条件不可撤销连带责任保证担保，且担保人资信不低于发行人的信用级别；

2. 以抵押或质押方式提供担保的，担保财产应当权属清晰。未被设定其他担保或者采取保全措施的，经有资格的资产评估机构评估的担保财产，其价值不低于担保金额，且担保行为已经履行必要的法律程序；

3. 担保金额应当持续不低于债券待偿还本息总额。

（三）无担保非金融企业（公司）债券，具有国内信用评级机构评定的AA级或者相当于AA级以上的长期信用级别。其中，短期融资券具有国内信用评级机构评定的A－1级。

有担保非金融企业（公司）债券的担保，不完全符合本条规定的，纳入无担保非金融企业（公司）债券管理。

（四）保险资金投资的无担保非金融企业（公司）债券，应当采用公开招标发行方式或者簿记建档发行方式。其中，簿记建档发行方式应当满足下列条件：

1. 发行前，发行人应当详细披露建档规则；

2. 簿记建档应当具有符合安全保密要求的簿记场所；

3. 簿记建档期间，簿记管理人应当指派专门人员值守并维持秩序；现场人员不得对外泄露相关信息；

4. 簿记管理人应当妥善保管有关资料，不得泄露或者对外披露。

（五）保险资金投资的企业（公司）债券，按照规定免于信用评级要求的，其发行人应当具有不低于该债券评级规定的信用级别。

本办法所称净资产，不包括少数股东权益。

第十一条 保险资金投资的企业（公司）债券，其发行人应当及时、准确、完整披露相关信息。披露频率每年不少于一次，披露内容至少应当包括经审计的财务报表和跟踪评级报告。经审计的财务报告，披露时间应当不晚于每年5月31日，跟踪评级报告披露时间应当不晚于每年6月30日。

第五章 投资规范

第十二条 保险公司投资中央政府债券、准政府债券，可以按照资产配置要求，自主确定投资总额。

第十三条 保险公司投资有担保的企业（公司）债券，可以按照资产配置要求，自主确定投资总额；投资无担保非金融企业（公司）债券的余额，不超过该保险公司上季末总资产的50%。

第十四条 保险公司投资同一期单品种中央政府债券和准政府债券，可以自主确定投资比例。

保险公司投资同一期单品种金融企业（公司）债券和有担保非金融企业（公司）债券的份额，不超过该期单品种发行额的40%；投资同一期单品种无担保非金融企业（公司）债券的份额，不超过该期单品种发行额的20%。

同一保险集团的保险公司，投资同一期单品种企业（公司）债券的份额，合计不超过该期单品种发行额的60%，保险公司及其投资控股的保险机构比照执行。

债券发行采取一次核准（备案或注册）、分期募集方式的，其同一期是指该债券分期发行中的每一期。

第十五条 保险公司投资同一发行人发行的企业（公司）债券的余额，不超过该发行人上一会计年度净资产的20%；投资关联方发行的企业（公司）债券的余额，不超过该保险公司上季末净资产的20%。

第十六条 保险公司委托多个专业投资管理机构投资的债券，其投资余额应当合并计算，且不超过中国保监会规定的投资比例。

第十七条 保险公司的投资连结保险产品、非寿险非预定收益型保险产品等独立账户或产品，其投资债券的余额，不超过相关合同约定的比例。

第六章 风险控制

第十八条 保险公司和专业投资管理机构应当建立明确的决策与授权机制，

严谨高效的业务操作流程，完善的风险控制制度、风险处置预案和责任追究制度。

第十九条　保险公司应当根据资产配置要求，专业投资管理机构应当按照委托人的投资指引，审慎判断债券投资的效益与风险，合理确定债券投资组合的品种配置、期限结构、信用分布和流动性安排，跟踪评估债券投资的资产质量、收益水平和风险状况。

第二十条　保险公司投资或者专业投资管理机构受托投资债券，应当综合运用外部信用评级与内部信用评级结果，不得投资内部信用评级低于公司确定的可投资信用级别的企业（公司）债券。

同一债券同时具有境内两家以上外部信用评级机构信用评级的，应当采用孰低原则确认外部信用评级；同时具有国内信用评级和国际信用评级的，应当以国内信用评级为准。本条所称信用评级是指最近一个会计年度的信用评级，同时是指同一发行人在同一会计核算期间获得的信用评级。

第二十一条　保险公司投资或者专业投资管理机构受托投资债券，应当充分关注发行人还款来源的及时性和充分性；投资有担保企业（公司）债券，应当关注担保效力的真实性和有效性。

第二十二条　保险公司上季度末偿付能力充足率低于120%的，不得投资无担保非金融企业（公司）债券；已经持有上述债券的，不得继续增持并适时减持。上季度末偿付能力处于120%和150%之间的，应当及时调整投资策略，严格控制投资无担保非金融企业（公司）债券的品种和比例。

第二十三条　保险公司投资或者专业投资管理机构受托投资债券，应当加强债券投资的市场风险和流动性风险管理，定期开展压力测试与情景分析，并根据测试结果适度调整投资策略。

第二十四条　保险公司投资或者专业投资管理机构受托投资债券，参与债券发行认购的，应当书面约定手续费及其他相关费用，且采用透明方式，通过银行转账实现。

保险公司投资或者专业投资管理机构受托投资企业（公司）债券，以非竞价交易方式投资债券的，应当建立询价制度和交易对手风险管理机制。

第二十五条　保险公司投资或者专业投资管理机构受托投资债券，与托管银行签订债券托管协议，应当明确托管事项、托管职责与义务以及监督服务等内容，并按中国保监会的有关规定执行。

保险公司投资或者专业投资管理机构受托投资企业（公司）债券，与托管银行的资金划拨和费用支付，与证券经营机构的费用支付，均应采用透明方式，通过银行转账实现。

第二十六条 保险公司与证券经营机构或其他非保险公司不得发生下列行为：

（一）出租、出借各类债券，中国保监会另有规定的除外；

（二）非法转移利润或者利用其他手段进行利益输送，谋取不当利益；

（三）法律、行政法规和中国保监会禁止的其他行为。

第二十七条 保险公司投资或者专业投资管理机构受托投资债券，参与债券衍生金融工具交易，仅限于管理和对冲投资风险，且应当遵守中国保监会的有关规定。

第二十八条 保险资金已投资债券不再符合本办法规定的，不得增加投资，保险公司或专业投资管理机构应当认真评估相关风险，及时妥善处理。

第七章 监督管理

第二十九条 保险资金可投资债券信用评级机构的规定，由中国保监会另行制定。

第三十条 为保险资金投资债券提供服务的投资管理、资产托管、证券经营等机构，应当接受中国保监会有关保险资金投资债券的质询，并报告相关情况。

第三十一条 保险公司应当按照有关规定，通过保险资产管理监管信息系统及中国保监会规定的其他方式，及时向中国保监会报送下列信息：

（一）债券投资报表；

（二）风险指标的计算方法及说明；

（三）与托管银行签订的托管协议、与证券经营机构签订的经纪业务协议副本；

（四）中国保监会要求的其他报告事项。

专业投资管理机构应当按照有关规定，向中国保监会报送受托保险资金投资债券的相关信息。

第三十二条 保险资金投资债券发生违约等风险，应当立即启动风险管理预案，并及时向中国保监会报告。

保险公司投资债券和专业投资管理机构受托投资债券，应当关注所投资债券的价格及价值波动。债券发行时，保险资金报价偏离公开市场可比债券合理估值1%以上的，或者所投资债券交易价格偏离市场合理估值1%以上的，应当于下一个季度前10个工作日内，向中国保监会报告并说明影响因素及应对方案。

第三十三条　中国保监会定期或不定期对保险公司投资债券、专业投资管理机构受托投资债券的决策与授权机制、投资管理制度、业务操作流程和信用风险管理系统等进行检查，也可聘请会计师事务所等专业中介机构对保险资金投资债券情况进行检查。

保险公司和专业投资管理机构，应当向中国保监会报告债券估值的规则。

第三十四条　保险公司投资债券、专业投资管理机构受托投资债券，违反法律、行政法规及本办法规定的，中国保监会将依据有关法规，对相关机构和人员予以处罚。

第八章　附　　则

第三十五条　外国保险公司在中国境内设立的分公司投资债券，比照本办法规定执行。

第三十六条　保险资产管理公司运用自有资金投资债券，比照本办法规定执行。

第三十七条　中国保监会根据有关规定和市场情况，可适时调整保险资金投资债券的范围、品种和比例，规范禁止行为等。

第三十八条　本办法由中国保监会负责解释和修订，自发布之日起施行。废止《关于保险机构投资公司债有关问题的通知》（保监发〔2007〕95号）、《关于保险机构投资认股权和债券分离交易可转换公司债券的通知》（保监资金〔2007〕338号）、《关于增加保险机构债券投资品种的通知》（保监发〔2009〕42号）、《关于债券投资有关事项的通知》（保监发〔2009〕105号）、《关于保险机构投资无担保企业债券有关事宜的通知》（保监发〔2009〕132号）的规定。其他规定与本办法不一致的，以本办法为准。

32. 中国银保监会关于保险资金投资银行资本补充债券有关事项的通知

（2019 年 1 月 25 日　银保监发〔2019〕7 号）

各保险集团（控股）公司、保险公司、保险资产管理公司：

为服务实体经济，防范化解金融风险，扩大保险资金配置空间，根据《保险资金运用管理办法》《保险资金投资债券暂行办法》等规定，现就保险资金投资银行资本补充债券有关事项通知如下：

一、保险资金可以投资银行发行的二级资本债券和无固定期限资本债券。

二、政策性银行发行的二级资本债券和无固定期限资本债券，比照准政府债券的投资规定执行。

三、商业银行发行的二级资本债券和无固定期限资本债券纳入无担保非金融企业（公司）债券管理。

四、保险资金投资的商业银行二级资本债券和无固定期限资本债券，其发行人应当符合下列条件：

（一）公司治理完善，经营稳健；

（二）最新经审计的总资产不低于 10000 亿元人民币，净资产不低于 500 亿元人民币；

（三）核心一级资本充足率不低于 8%，一级资本充足率不低于 9%，资本充足率不低于 11%；

（四）国内信用评级机构评定的 AAA 级或者相当于 AAA 级的长期信用级别。

五、保险资金投资的商业银行二级资本债券应当具有国内信用评级机构评定的 AAA 级或者相当于 AAA 级的长期信用级别。

六、保险资金投资的商业银行无固定期限资本债券应当具有国内信用评级机构评定的 AA + 级或者相当于 AA + 级以上的长期信用级别。

七、保险机构应当切实加强信用风险管理，审慎判断债券投资的效益与风险，自主决策，自担风险。

33. 保险公司次级定期债务管理办法

（2011年10月6日中国保险监督管理委员会令2011年第2号发布　根据2013年3月15日《中国保险监督管理委员会关于修改〈保险公司次级定期债务管理办法〉的决定》修订　根据2018年2月13日保监会令2018年第4号《中国保险监督管理委员会关于修改〈中华人民共和国外资保险公司管理条例实施细则〉等四部规章的决定》修正）

第一章　总　则

第一条　为了规范保险公司次级定期债务（以下简称“次级债”）的募集、管理、还本付息和信息披露行为，保证保险公司的偿付能力，根据《中华人民共和国公司法》、《中华人民共和国保险法》及有关法律、行政法规的规定，制定本办法。

第二条　本办法所称保险公司，是指依照中国法律在中国境内设立的中资保险公司、中外合资保险公司和外资独资保险公司。

第三条　本办法所称次级债，是指保险公司为了弥补临时性或者阶段性资本不足，经批准募集、期限在五年以上（含五年），且本金和利息的清偿顺序列于保单责任和其他负债之后、先于保险公司股权资本的保险公司债务。

第四条　保险公司募集次级债所获取的资金，可以计入附属资本，但不得用于弥补保险公司日常经营损失。保险公司计入附属资本的次级债金额不得超过净资产的50%，具体认可标准由中国保险监督管理委员会（以下简称中国保监会）另行规定。

第五条　保险集团（或控股）公司募集次级债适用本办法。

第六条　中国保监会依法对保险公司次级债的募集、管理、还本付息和信息披露行为进行监督管理。

第七条　募集次级债的保险公司（以下简称“募集人”）应当稳健经营，保护次级债债权人的合法权益。

第二章 申 请

第八条 保险公司募集次级债必须符合本办法规定的条件，并报中国保监会审批。

第九条 保险公司偿付能力充足率低于150%或者预计未来两年内偿付能力充足率将低于150%的，可以申请募集次级债。

第十条 保险公司申请募集次级债，应当符合下列条件：

（一）开业时间超过三年；

（二）经审计的上年度末净资产不低于人民币5亿元；

（三）募集后，累计未偿付的次级债本息额不超过上年度末经审计的净资产的50%；

（四）具备偿债能力；

（五）具有良好的公司治理结构；

（六）内部控制制度健全且能得到严格遵循；

（七）资产未被具有实际控制权的自然人、法人或者其他组织及其关联方占用；

（八）最近两年内未受到重大行政处罚；

（九）中国保监会规定的其他条件。

第十一条 保险公司募集次级债应当由董事会制定方案，股东（大）会对下列事项作出专项决议：

（一）募集规模、期限、利率；

（二）募集方式和募集对象；

（三）募集资金用途；

（四）募集次级债决议的有效期；

（五）与本次次级债募集相关的其他重要事项。

第十二条 募集人可以聘请资信评级机构对本次次级债进行信用评级。

资信评级机构应当客观、公正地出具有关报告文件并承担相应责任。

第十三条 保险公司申请募集次级债，应当向中国保监会报送下列文件：

（一）次级债募集申请报告；

（二）股东（大）会有关本次次级债募集的专项决议；

（三）可行性研究报告；

可行性研究报告应当包括以下内容：

1. 募集次级债的必要性；

2. 次级债的成本效益分析（募集资金的规模、期限、债务定价及成本分析、募集资金的用途、收益预测、对偿付能力的影响等）；

3. 募集方式和募集对象。

（四）招募说明书；

（五）次级债的协议（合同）文本；

（六）已募集但尚未偿付的次级债总额及募集资金运用情况；

（七）募集人制定的次级债管理方案；

（八）与次级债募集相关的其他重要合同；

（九）中国保监会规定提供的其他材料。

保险公司对本次募集次级债进行了信用评级的，还应当报送次级债信用评级报告。

第十四条　募集人向中国保监会报送的材料应当真实、准确、完整。可行性报告中应当包含有关偿付能力预测的方法、参数和假设。

第十五条　保险公司及其股东和其他第三方不得为募集的次级债提供担保。

第三章　募　　集

第十六条　募集人应当在中国保监会批准次级债募集之日起六个月内完成次级债募集工作，募集工作可以分期完成。

募集人未能在规定期限内完成募集的，原批准文件自动失效，募集人如需募集次级债，应当另行申请。

第十七条　保险公司募集的次级债金额不得超过中国保监会批准的额度。

第十八条　保险公司次级债应当向合格投资者募集。

合格投资者是指具备购买次级债的独立分析能力和风险承受能力的境内和境外法人，但不包括：

（一）募集人控制的公司；

（二）与募集人受同一第三方控制的公司。

第十九条　募集人的单个股东和股东的控制方持有的次级债不得超过单次或者累计募集额的10%，并且单次或者累计募集额的持有比例不得为最高。

募集人的全部股东和所有股东的控制方累计持有的次级债不得超过单次或者累计募集额的 20% 。

募集人分期发行次级债的，应当合并作为一次次级债适用前述两款的规定。

第二十条 募集人向保险公司或者保险资产管理公司募集次级债的条件和额度，应当符合中国保监会的有关规定。

第二十一条 募集人可以自行或者委托具有证券承销业务资格的机构募集次级债。

第二十二条 募集人应当在次级债募集结束后的十个工作日内向中国保监会报告募集情况，并将与次级债债权人签订的次级债合同的复印件报送中国保监会。

第四章 管理和偿还

第二十三条 募集人可以委托中央国债登记结算有限责任公司或者中国证券登记结算有限责任公司作为次级债的登记、托管机构，并可委托其代为兑付本息。

第二十四条 募集人应当对次级债募集的资金实施专户管理，严格按照可行性研究报告中募集资金的用途和次级债管理方案使用募集资金。

第二十五条 次级债募集资金的运用应当符合中国保监会的有关规定，不得用于投资股权、不动产和基础设施。

第二十六条 募集人只有在确保偿还次级债本息后偿付能力充足率不低于 100% 的前提下，才能偿付本息。

第二十七条 募集人在不能按时偿付次级债本息期间，不得向股东分配利润。

第二十八条 募集人可以对次级债设定赎回权，赎回时间应当设定在次级债募集五年后。

次级债合同中不得规定债权人具有次级债回售权。

次级债根据合同提前赎回的，必须确保赎回后保险公司偿付能力充足率不低于 100% 。

除依据前款设定的赎回权外，募集人不得提前赎回次级债。

第二十九条 募集人偿还次级债全部本息或者提前赎回次级债后，应当在十个工作日内向中国保监会报告偿还或者赎回情况。

第三十条 次级债需要延期的，募集人应当对延期期限、利率调整等事项提出议案，并经次级债债权人同意。

募集人应当在与次级债债权人签订延期协议后的五个工作日内，向中国保监会报告延期情况，并将相关合同文本的复印件报送中国保监会。

第三十一条　债权人可以向其他合格投资者转让次级债。

第五章　信息披露

第三十二条　次级债招募说明书、专题财务报告及重大事项告知等信息披露文件的内容及其制作、发布等，应当符合中国保监会的有关规定。

第三十三条　募集人应当按照中国保监会的有关规定制作次级债招募说明书和其他信息披露文件，保证真实、准确、完整、及时地披露一切对募集对象有实质性影响的信息。

募集人和有关当事人不得以任何方式误导投资者购买次级债。

第三十四条　募集人应当在招募说明书的显著位置提示投资者："投资者购买本期次级定期债务，应当认真阅读本招募说明书及有关的信息披露文件，进行独立的投资判断。中国保险监督管理委员会对本期次级定期债务募集的批准，并不表明其对本期债务的投资价值作出了任何评价，也不表明对本期债务的投资风险作出了任何判断"。

第三十五条　募集人应当在招募说明书的募集条款中明确约定：

（一）募集人只有在确保偿还次级债本息后偿付能力充足率不低于100%的前提下，才能偿付本息；

（二）募集人在无法按时支付利息或者偿还本金时，债权人无权向法院申请对募集人实施破产清偿；

（三）募集人依法进入破产偿债程序后，次级债本金和利息的清偿顺序列于所有非次级债务之后。

第三十六条　招募说明书中的募集条款应当具体明确，向投资者充分披露本办法关于次级债募集、赎回、延期和本息偿付的规定，详细约定次级债当事人双方的权利和义务，约定条款的内容不得违反法律、行政法规和中国保监会的强制性规定。

招募说明书至少应当包括下列内容：

（一）次级债募集的规模、期限（起止时间）、利率；

（二）募集方式和募集对象；

（三）募集资金的用途；

（四）本息偿付的法定条件、时间、程序、方式；

（五）次级债的转让和赎回；

（六）募集人和次级债债权人的违约责任；

（七）中介机构及其责任。

募集人对本次次级债募集进行了信用评级的，招募说明书中还应当包括信用评级报告及跟踪评级安排的内容。

第三十七条 在次级债存续期间，募集人应当在每个会计年度结束后四个月内，向次级债债权人披露上一年度的次级债专题财务报告。该报告至少应当包括下列内容：

（一）经审计的财务报表；

（二）经审计的偿付能力状况表、最低资本计算表、认可资产表和认可负债表；

（三）债务本息的支付情况；

（四）募集资金的运用情况；

（五）影响次级债本息偿付的重大投资、关联交易等事项；

（六）其他对次级债债权人有重大影响的信息。

募集人进行了跟踪评级的，还应当包括跟踪评级情况。

第三十八条 募集人出现下列情形之一的，应当及时告知次级债债权人，并同时报告中国保监会：

（一）偿付能力状况发生重大不利变动；

（二）预计到期难以偿付次级债利息或者本金；

（三）订立可能对次级债还本付息产生重大影响的担保合同及其他重要合同；

（四）发生重大亏损或者遭受超过净资产10%以上的重大损失；

（五）发生重大仲裁、诉讼；

（六）减资、合并、分立、解散及申请破产；

（七）拟进行重大债务重组；

（八）中国保监会规定的其他情形。

第六章 监督管理

第三十九条 募集人应当在每年4月30日之前向中国保监会提交次级债专题报告，内容包括已募集但尚未偿付的次级债的下列信息：

（一）金额、期限、利率；

（二）登记和托管情况；

（三）募集资金的运用情况；

（四）本息支付情况；

（五）影响本息偿付的重大投资、关联交易等事项；

（六）中国保监会要求报告的其他信息。

第四十条　募集人按照第二十三条的规定登记、托管次级债的，应当于每季度结束后十五个工作日内向中国保监会提交次级债专项报告，内容包括：

（一）次级债登记和托管情况；

（二）次级债转让情况；

（三）其他需要说明的重要事项。

第四十一条　中国保监会可以对保险公司次级债的管理、募集资金的运用等情况进行现场检查。

第四十二条　对违反本办法规定的保险公司，中国保监会可以责令其限期改正，并可以根据具体情况采取下列监管措施：

（一）三年内不再受理该保险公司的次级债募集申请；

（二）暂停认定可计入该保险公司附属资本的次级债金额。

第四十三条　募集人或者其从业人员违反本规定，由中国保监会依照法律、行政法规进行处罚；法律、行政法规没有规定的，由中国保监会责令改正，给予警告，对有违法所得的处以违法所得 1 倍以上 3 倍以下罚款，但最高不超过 3 万元，对没有违法所得的处以 1 万元以下罚款；涉嫌犯罪的，依法移交司法机构追究刑事责任。

第七章　附　则

第四十四条　本办法规定的重大行政处罚，是指保险公司受到下列行政处罚：

（一）单次罚款金额在 150 万元人民币以上（含 150 万元）的；

（二）限制业务范围的；

（三）责令停止接受新业务一年以上（含一年）的；

（四）责令停业整顿的；

（五）计划单列市分公司或者省级分公司被吊销业务许可证的；

（六）董事长、总经理被撤销任职资格或者行业禁入的；

（七）中国保监会规定的其他重大行政处罚。

第四十五条 本办法由中国保监会负责解释。

第四十六条 本办法自发布之日起施行。中国保监会2004年9月29日发布的《保险公司次级定期债务管理暂行办法》（保监会令〔2004〕10号）同时废止。

34. 中国保险监督管理委员会关于加强保险资金投资债券使用外部信用评级监管的通知

（2013年7月31日 保监发〔2013〕61号）

各保险资产管理公司、保险公司：

为进一步加强保险资金信用风险管理，规范外部信用评级使用行为，根据《保险资金运用管理暂行办法》《保险资金投资债券暂行办法》及相关规定，现就有关事项通知如下：

一、保险资金投资企业（公司）债券（以下简称债券）的外部信用评级机构（以下简称评级机构），应当符合以下能力条件：

（一）已经获得国家相关部门许可的债券市场信用评级业务资质，具有持续经营能力和成熟稳定充足的专业队伍；

（二）具有完善的组织结构、内部控制和业务制度，公开披露评级方法和评级程序等信息，已经建立完善的评级基础数据体系、违约统计体系和评级质量管控体系；

（三）评级体系运作良好，评级结果具备稳健的风险区分和排序能力，评级报告能够充分发挥风险揭示作用，跟踪评级报告发布及时。

二、自评符合本通知第一条所列能力条件的评级机构，可以向中国保监会申请能力认可。中国保监会依照法定条件和程序，在20个工作日内对符合能力条件的评级机构予以认可，并公布认可结果。

三、评级机构应当遵守行业规范、职业道德和业务规则，诚实守信，勤勉尽责，切实防范利益冲突，保证信用评级的公正性、及时性、一致性和完整性。

四、评级机构应当接受中国保险业相关协会组织（以下称行业协会）的自律管理。行业协会每年组织保险机构，从投资者使用角度对评级机构评级质量进行评价，并公布评价结果。评价规则由行业协会制订发布。

五、评级机构应当配合中国保监会对相关信用评级业务的询问和检查，并在每年4月30日前，向中国保监会提交年度报告。年度报告应当包括公司基本情况、经营情况、专业人员及高管人员变动情况、评级方法、程序与业务制度变动情况、评级结果的准确性及稳定性的统计情况、经审计的年度财务会计报告等内容。发生可能影响公司专业能力或经营管理的重大事项的，评级机构应当在5个工作日内向中国保监会提交书面报告。

六、中国保监会将跟踪监测、定期检验评级机构的能力变化情况及评级行为，必要时可以聘请中介机构协助。评级机构不再符合本通知第一条规定的能力条件，或评级项目出现破产、债务重组、延期支付等重大信用事件，但未及时给予预警或采取适当评级行动，或行业协会评价结果为不合格的，中国保监会将不再认可其能力。

七、保险资金已投资债券的评级机构不再符合本通知规定的，不得增加投资，保险公司及保险资金受托管理机构应当认真评估相关风险，及时妥善处理。

八、保险资金投资其他信用类金融产品使用外部信用评级，参照本通知执行。

35. 保险公司关联交易管理暂行办法

（2007年4月6日　保监发〔2007〕24号）

第一章　总　则

第一条　为完善保险公司治理结构，规范关联交易，防范保险经营风险，根据《保险公司管理规定》及其他相关监管规定，制定本办法。

第二条　本办法适用于在中国境内依法设立的保险公司及保险资产管理公司。

对外资保险公司的关联交易另有规定的，按照其规定执行。

第三条　保险公司关联交易应当遵守法律、法规、国家会计制度和保险监管规定，符合合规、诚信和公允的原则。

保险公司关联交易原则上不得偏离市场独立第三方的价格或者收费标准。

第四条　保险公司应当采取有效措施，防止股东、董事、监事、高级管理人员及其他关联方利用其特殊地位，通过关联交易或者其他方式侵害公司或者被保险人利益。

第五条 中国保监会依法对保险公司关联交易实施监管。

第二章 关联方及关联交易

第六条 保险公司关联方主要分为以股权关系为基础的关联方、以经营管理权为基础的关联方和其他关联方。

第七条 以股权关系为基础的关联方包括：

（一）保险公司股东及其董事长、总经理；

（二）保险公司股东直接、间接、共同控制的法人或者其他组织及其董事长、总经理；

（三）保险公司股东的控股股东及其董事长、总经理；

（四）保险公司直接、间接、共同控制的法人或者其他组织及其董事长、总经理；

本条所称保险公司股东，是指能够直接、间接、共同持有或者控制保险公司百分之五以上股份或表决权的股东。

第八条 以经营管理权为基础的关联方包括：

（一）保险公司董事、监事和总公司高级管理人员及其近亲属；

（二）保险公司董事、监事和总公司高级管理人员及其近亲属直接、间接、共同控制或者可施加重大影响的法人或者其他组织。

第九条 其他关联方是指不属于本办法第七条和第八条规定的关联方范围，但是能够对保险公司施加重大影响，不按市场独立第三方价格或者收费标准与保险公司进行交易的自然人、法人或者其他组织。

第十条 保险公司关联交易是指保险公司与关联方之间发生的下列交易活动：

（一）保险公司资金的投资运用和委托管理；

（二）固定资产的买卖、租赁和赠与；

（三）保险业务和保险代理业务；

（四）再保险的分出或者分入业务；

（五）为保险公司提供审计、精算、法律、资产评估、广告、职场装修等服务；

（六）担保、债权债务转移、签订许可协议以及其他导致公司利益转移的交易活动。

第十一条　保险公司关联交易分为重大关联交易和一般关联交易。

重大关联交易是指保险公司与一个关联方之间单笔交易额占保险公司上一年度末净资产的百分之一以上并超过五百万元，或者一个会计年度内保险公司与一个关联方的累计交易额占保险公司上一年度末净资产百分之十以上并超过五千万元的交易。

一般关联交易是指重大关联交易以外的其他关联交易。

计算关联交易额时，保险公司与关联方以及该关联方的关联方之间的交易应当合并计算。

第三章　关联交易管理

第十二条　保险公司应当制定关联交易管理制度。

关联交易管理制度包括关联方的报告、识别、确认和信息管理，关联交易的范围和定价方式，关联交易的内部审查程序，关联交易的信息披露、审计监督和违规处理等内容。

保险集团（控股）公司可以制定统一的关联交易管理制度，规范集团（控股）公司内部以及集团（控股）公司及其控股子公司与其他关联方的关联交易行为。

第十三条　本办法第七条规定的保险公司股东和保险公司董事、监事及总公司高级管理人员，应当向保险公司报告本办法规定的关联方的相关信息。

保险公司应当建立关联方信息档案，并及时进行更新。

第十四条　保险公司重大关联交易由董事会或股东大会批准。

保险公司董事会在审议关联交易时，关联董事不得行使表决权，也不得代理其他董事行使表决权。该董事会会议由过半数的非关联董事出席即可举行，董事会会议所作决议须经非关联董事过半数通过。出席董事会会议的非关联董事人数不足三人的，保险公司应当将交易提交股东大会审议。

保险公司股东大会审议关联交易时，关联股东不得参与表决。

保险集团（控股）公司、保险公司与其控股子公司之间及其子公司之间关联交易的审查程序，可不适用前两款的规定，由公司依照本办法的原则要求，在关联交易内部管理制度中予以明确。

本条所称关联董事和关联股东，是指交易的一方，或者在审议关联交易时可能影响该交易公允性的董事和股东。

第十五条 已设立独立董事的保险公司，独立董事应当对重大关联交易的公允性、内部审查程序执行情况以及对被保险人权益的影响进行审查。所审议的关联交易存在问题的，独立董事应当出具书面意见。

两名以上独立董事认为有必要的，可以聘请中介机构提供意见，费用由保险公司承担。

第十六条 一般关联交易按照保险公司内部授权程序审查。

第十七条 保险公司与其关联方之间的长期、持续关联交易，可以制定统一的交易协议，按照本办法规定审查通过后执行。协议内的单笔交易可以不再进行关联交易审查。

前款规定的协议在执行过程中主要条款发生重大变化或者协议期满需要续签的，应当重新按照公司规定的管理制度进行审查。

第十八条 保险公司应当每年至少组织一次关联交易专项审计，并将审计结果报董事会和监事会。

保险公司董事会应当每年向股东大会报告关联交易情况和关联交易管理制度执行情况。

第十九条 保险公司应当按照《企业会计准则》及保险公司信息披露的相关规定披露关联交易信息。

第二十条 保险公司不得聘用关联方控制的中介机构为其提供审计或精算服务。

第四章 关联交易监管

第二十一条 保险公司关联交易管理制度应当报中国保监会备案。

第二十二条 保险公司重大关联交易应当在发生后十五个工作日内报告中国保监会。报告内容包括：

（一）交易协议；

（二）股东大会或董事会决议；

（三）独立董事的书面意见；

（四）交易的定价政策，成交价格与市场公允价格之间差异较大的，应当说明原因；

（五）交易目的及交易对公司本期和未来财务状况及经营成果的影响；

（六）本年度与该关联方累计已发生的关联交易金额总和；

（七）有助于说明交易情况的其他信息。

第二十三条　保险公司未按照本办法第二十一条和第二十二条规定向中国保监会备案或者报告的，中国保监会将根据有关法律、法规及规章予以处罚。

第二十四条　保险公司关联交易未按照公司规定的管理制度进行审查的，中国保监会可以责令其限期改正；逾期不改正的，由中国保监会依法对保险公司及相关负责人予以处罚。

第二十五条　保险公司关联方违反本办法规定，进行关联交易，给保险公司造成损失的，保险公司及其股东可以依法向人民法院提起诉讼。

第五章　附　　则

第二十六条　本办法下列用语的含义：

控制，是指有权决定保险公司、其他法人或组织的人事、财务和经营决策，并可据以从其经营活动中获取利益。

共同控制，是指按合同约定或一致行动时，对某项经济活动所共有的控制。

重大影响，是指对保险公司、其他法人或组织的财务和经营政策有参与决策的权力，但并不能够控制或者与其他方一起共同控制这些政策的制定。

近亲属，是指配偶、父母、子女、兄弟姐妹、祖父母、外祖父母、孙子女、外孙子女。

第二十七条　本办法由中国保监会负责解释。

第二十八条　本办法自发布之日起施行。

图书在版编目（CIP）数据

保险资金运用：法律合规与风险控制／高慧编著
.—北京：中国法制出版社，2019.9
ISBN 978－7－5216－0491－7

Ⅰ.①保… Ⅱ.①高… Ⅲ.①保险法－法律解释－中国 Ⅳ.①D922.284.5

中国版本图书馆CIP数据核字（2019）第188447号

责任编辑：刘晓霞　　封面设计：周黎明

保险资金运用——法律合规与风险控制
BAOXIAN ZIJIN YUNYONG —— FALÜ HEGUI YU FENGXIAN KONGZHI

编著/高慧
经销/新华书店
印刷/三河市紫恒印装有限公司
开本/710毫米×1000毫米　16开　　印张/24.75　字数/286千
版次/2019年9月第1版　　2019年9月第1次印刷

中国法制出版社出版
书号 ISBN 978－7－5216－0491－7　　定价：76.00元

北京西单横二条2号
邮政编码 100031　　传真：010－66031119
网址：http：//www.zgfzs.com　　**编辑部电话：010－66075800**
市场营销部电话：010－66033393　　**邮购部电话：010－66033288**

（如有印装质量问题，请与本社印务部联系调换。电话：010－66032926）